塞謬爾·斯邁爾斯——著

江利——譯

學會自立、理性投保、擁有正確金錢觀……

別說這些是老生常談,致富本來就沒那麼難!

西方流傳百年的

儉約財富管理術

FRUGAL WEALTH
MANAGEMENT

「大多數人為眼前而工作,少數人為未來而工作。

明智的做法是為兩者而工作

——既為眼前的未來,也為未來的眼前而工作。」

如何投資保險、管理收支計畫、理解財富的價值……

19 世紀的理財生活經典,開啟你自助自立的人生!

目錄

CONTENTS

第一章
勤儉之道

第一章　勤儉之道

並非我的擁有，而是我的所作所為造就了我的人生王國。

　　　　　　　　　　　　　　　　　　　　　　　── 卡萊爾

卓有成效的勤儉是使一個民族富強的唯一資本，它產生民族的繁榮和健康。所羅門說過，所有的勞動皆有益處。政治經濟學在這個問題上的說教多麼荒唐可笑啊！

　　　　　　　　　　　　　　　　　　　　　　── 薩謬爾‧蘭恩

透過農夫的勞動、工匠的技藝和辛勤的汗水、商人的冒險和交易，上帝把人世間美好的東西用來滿足大自然的需求……懶惰的傢伙如同長眠地下的死人，對世界的變化和需求置若罔聞；他活著只是為了打發時間和啃掉大地上生長的果實；像一個寄生蟲或一匹狼，當其生命終結時他就死亡並消失，在此期間他根本就沒有做過任何有益之事。

　　　　　　　　　　　　　　　　　　　　　　── 傑勒米‧泰勒

為了拔地而起的高樓大廈
我們爭分奪秒地建設；
我們的今天和昨天，
就是我們建成高樓大廈的材料。

　　　　　　　　　　　　　　　　　　　　　　　　── 朗費羅

　　勤儉是伴隨著人類文明的誕生而一同出現的。它產生於當人們意識到有必要既為今天也為明天做些適當準備的時候。其實，早在金錢被發明以前，勤儉就已經有很悠久的歷史了。

　　勤儉就意味著個人開銷要謹慎、要精打細算。它包括我們應該對家庭生活的節儉和井然有序地管理家務，而不是把生活弄成一團亂，把家庭財務弄成一塌糊塗。

如果說個體經濟學的目標在於創造和促進個人的幸福生活的話，那麼，政治經濟學的目標則在於創造和擴大整個國家的財富。

個人財富也好，公共財富也好，其實它們都有著一個相同的來源。財富都是由勞動創造的，創造出來的財富再透過儲蓄和累積得以保存，並且透過勤奮之道持之以恆得以不斷地增長。

正是個人的節儉累積了財富 —— 換句話說，累積了每個家庭幸福生活的基礎。另外相反地，也正是因為個人的揮霍浪費從而導致了國家走向貧困。因此，每個勤儉節約的人都可以被視為一個大眾的恩人，而任何一個揮霍浪費的人都應該被視為全民公敵。

就個人勤儉節約的必要性來說，這是不存在任何爭論的。每個人都會承認它是正確的，但論及政治經濟學就會出現許多爭論 —— 例如，有關資本的分配、財產的累積、稅率的高低、濟貧法及其他問題 —— 這都是我們不打算涉足的領域。因為單單是談論個人節儉的主題內容就足以占據本書的篇幅了。

節儉並不是一種自然的本能，而是由經驗、榜樣和遠見所催生出來的優秀特質。這種特質也是教育和才智的結果。只有當人們變得明智和深謀遠慮以後，他們才會變得節儉。因此，使人們變得節儉的最好方法就是使人們變得明智。

但不幸的是，其實，揮霍浪費比節儉更加符合人的天性。比如野蠻人是最不懂節儉，因為他們沒有遠見，沒有明天的概念。史前人沒有留下任何東西。他們生活在山洞裡，或生活在長滿了灌木的叢林窪地裡。他們靠在海邊撿到的水生貝殼動物或在森林裡採集的各種果實為生，他們還會用石頭殺死動物。這時期的史前人狩獵採用的方式有守株待兔式的，也有在

第一章　勤儉之道

動物後面跟蹤追擊然後捕殺。後來，他們學會了把石頭當工具來使用：把石頭做成箭頭和長矛的槍尖。利用這些工具幫助自己的捕食勞動，這樣就能更快地殺死鳥類和其他動物了。

最早的野蠻人對農業是一無所知的，只是到了人類發展比較晚期的時候，人們才開始採集種子來作為食物，並把其中的一部分節省下來以備來年之用。此外，當礦物被人類發現以後，火種就開始得到應用，還有些礦物被冶煉成了金屬，這是人類在文明的進程中邁出了巨大的一步。此後，他們就能製作出更加堅韌實用的工具了，比如鋒利的石器等，可以說那時候的人類以不知疲倦刻苦耐勞的精神去設計和駕馭著現代進步文明的多元化。

生活在海邊的原始居民在砍伐回來的大樹上燒出一塊凹陷地方，然後把這段大樹推入海中，聰明的原始人就站在上面捕魚覓食。這棵中間帶有凹槽的大樹就變成了一隻小船，人們還用鐵釘把它們拴在了一起，於是原始的粗糙船舶就更加能經得起風浪了。後來，小船依次變成了單層甲板帆船、海船、槳划船、蒸汽輪船，從此，「世界」這幅巨畫就被殖民風潮和航海文明的進程所打開。

如果沒有我們人類祖先的經驗累積和辛勤勞動成果的幫助，人類勢必還會繼續生活在那種野蠻的生活狀態之下。他們開墾土地、種植糧食、發明各種先進工具和紡織品，而我們則從先人的這些勞動中坐享其成，享受他們創造出來的豐富而巨大的勞動成果。你看，他們發現了藝術和科學，而我們則繼續從他們的勞動中受益。

大自然告訴我們：一切美好的事物一旦完成，它就絕不會隨著時間的流逝而消失。那些早已長眠地下的無數代人類的先人將永遠會提醒我們：生活來之不易。

早已消失了很久的尼尼微古城、巴比倫塔、特洛伊古城這些建築和雕刻方面的手工藝術和技能，千百年來一直流傳，直到今天。這些凝聚了先人們經驗與智慧的勞動成果勢必將會繼續存在下來，也許它不會造福於個人，但是它毋庸置疑會造福於整個人類。

　　我們的先人遺留給我們的那些物質財富，只是我們所繼承的遺產中的一小部分而已。在我們天生繼承的權利當中還包括某些更加不朽的東西，因為這些東西彙聚了人類技能和勞動中最有價值的成果。這些成果是我們無法透過學習而得到的，它只能透過教育的方式和榜樣的力量才能被後人繼承。是的，正是透過一代人教育另一代人的方式，我們才能得到傳承，就好比藝術和手工藝技術、機器設備和材料的知識就這樣被我們繼續保存下來。就是按照這樣的方式，我們一代又一代地豐富著人類的自然遺產 —— 這個就是人類文明發展和繼承的一個最重要的手段。

　　因此，我們先天就繼承了我們父輩的勞動成果中那些最寶貴的東西；除非我們自己也具有能力，並且已經開始獨立，否則我們就無法享受這種權利。這就是說，我們所有的人都應當去勞動，無論是從事體力勞動還是腦力勞動。因為沒有工作，生活就等於毫無意義，生活就會變質。當然，我們所說的工作絕不僅僅是體力勞動，還有許多其他的工作 —— 比如訴訟、司法工作、企業管理、慈善活動、傳教活動、醫療工作，以及科學實驗活動等等。

　　巴婁說過：「一個高貴的心靈，不屑於像懶鬼一樣靠別人的勞動而生活，像寄生蟲一樣靠偷食公共糧倉裡的糧食而生存，或像鯊魚一樣靠捕食弱小魚類而生存；相反，他會盡最大努力去履行自己的義務，去關心愛護別人，對社會奉獻自己的慈愛和力量；因為從君王的統治到農人的勞動，

這其中的任何一種工作若想要取得美好的成功、名譽和令人滿意的結果，都不得不付出許多腦力勞動或體力勞動，或同時付出兩者。」

勞動不僅是一種必要性，而且也是一種樂趣。過去被我們所詛咒的勞動今天變成了上帝給我們的恩賜。其實在某些方面，我們的生命就是一場同大自然的衝突，但在另外一些方面，它又是同大自然的合作。大自然經常從我們身上吸收生命力，我們也從大自然那裡獲取足夠的營養和溫暖。

大自然與我們同在，而且給予我們更多。她為我們提供了耕種的土地；她使我們播種的種子獲得豐收；她讓我們有了食物。同時在我們人類自己的勤奮勞動之下，她又給我們提供了食、衣、住、行，以及生活中所有的一切。所以，不應該忘記的是，無論我們是窮人還是富人，所有我們吃的、所有我們穿的、所有我們住的那些，都是用勞動換來的。

為了大家的美好生活，人們就應該相互合作，用勞動創造所有的一切。農夫耕耘土地為人們提供了食物；紡織工人和裁縫滿足了人們穿衣服的需求；水泥工建造了我們用於安居樂業的房子……正是勞動人民的辛勤工作為整個人類創造了今天的生活條件。

相反，如果一個人透過無恥的手段謀生，那麼一定會讓這個人名譽掃地。事實上，勞動是一種人道的生活；如果拒絕勞動或反對勞動，那麼，亞當的後代，我們人類就會立刻受到死亡的威脅。聖保羅說：「不勞動者不得食。」這位傳教士確實使自己獲得了尊榮，因為他用自己的雙手親自勞動，卻從來沒有給任何人增加過負擔。

有一個眾所周知的老莊園主的故事：當他臨終前，他把 3 個懶惰的兒子叫到自己身邊，告訴他們一個重大的祕密。他氣喘吁吁地說：「我的孩子們，在我留給你們的種植園下面埋藏了許多金銀財寶。你們應該把這些

財寶挖出來，這樣你們以後才能很好地生活下去。」「它們藏在哪裡？」兒子們迫不及待地問道。「我會告訴你們的，」老人說，「記住，你們應該馬上從地下把它挖出來——」正當他要說出那至關重要的祕密之時，他的呼吸突然停止了，老人由此一命嗚呼。懶惰的兒子們求金心切，還來不及給可憐的老人家辦理後事，就立刻在父親留給他們的種植園裡大肆挖掘起來。他們扛著鋤頭和鐵鏟，揮汗如雨地把種植園的土地翻了一遍，連那些雜草叢生、荒蕪許久的地也都被翻整了一遍。他們認真仔細地把土塊弄碎，以免疏忽漏掉金子。最終，當然他們還是沒有找到金子，哪怕只是可憐的一丁點兒。他們在懊惱之餘，才幡然醒悟到老父親那句話的真實意圖。從此，他們學會了工作，把種植園的土地全播了種，最後獲得了巨大的豐收，穀倉堆得滿滿的。其實，「埋藏」在種植園裡的巨大財寶就是他們那明智的老父親給他們一生的建議——勞動！

勞動既是一種沉重的負擔、一種受罪，同時也是一種榮譽，也是一種快樂。說到勞動，它似乎又與貧困結伴而行，但是，請記住勞動也具有尊榮，它絕對沒有絲毫的卑微與不幸，因為與懶惰相比，勞動見證並滿足了我們的自然需求和其他多種需求。沒有勞動，我們何以為人、怎麼生活、哪來的文明？人類生活中所有偉大的東西都來源於勞動——正像你看到的人類在文學、藝術、科學領域的偉大成就，還有就是人們常常形容的「我們用以飛向天堂的翅膀」的東西——知識！是的，知識也只能從勞動中獲得，因為學習正是一種勞動的體現，而有些人的天生才智，那也只不過是勤奮勞作的一種能力：即創造偉大和持久努力的能量。勞動也許是一份辛勞、一份受罪，但它確實也是一種榮耀。它是虔敬、職責、讚頌和不朽——這是送給那些具有最高人生理想並為最純潔目標而勞動的人的讚譽。

第一章　勤儉之道

可是還是有許多人在抱怨為什麼要工作，自己為什麼非要靠勞動來過生活？但是，他們根本不反思一下：付出的所有勞動不僅是在服從上帝的神聖意志，同時也是出於改善我們的生活、為了實現我們美好人生的需求。在所有悲慘的一類人當中，毫無疑問，懶惰者是最悲慘的。因為他們的生命之源是一片荒漠，他們除了滿足自己的感官快樂之外，總是無所事事。這些人難道不是所有的人當中最滿腹牢騷、悲慘透頂、無法滿足的人嗎？他們經常處於這種無聊的狀態之中，這樣的人對自己、對別人都毫無用處可言！當他們無聊地度過一生之後撒手人寰，沒有任何人會想念他們。又有誰會對他們表示懷念呢？這是人生的悲哀，是一個失敗的人生，所以世界上最悲慘和可恥的命運非懶惰鬼的命運莫屬。

而在推動世界前進方面，有誰做出過比勞動人民還要大的貢獻呢？文明、健康、繁榮——所有被我們稱之為進步的東西，還有那些在我們生活中的勞動成果，比如從種植大麥到製造蒸汽機輪船、從衣服的縫製到「使整個世界為之陶醉的」雕刻藝術等，它們無一不依靠勤奮和實作才能獲得。

同樣，所有那些崇高的思想也都是付出勞動、學習、觀察、研究以及勤奮思考的產物。那些流傳千年而不朽的詩篇沒有經過長期辛勤的思考是絕對不可能被創作出來的。世界上沒有任何偉大的工作是「在心中」完成的。它是反覆努力、經歷無數失敗才最後獲得的成功。偉大的事業往往就是從一代人開始，而下一代人前仆後繼，與此同時，後來人們必須不斷承傳、相互合作。偉大的帕德嫩神廟是從泥巴小屋開始建起的；傳世名畫《最後的審判》開始也只是沙灘上的糊塗亂畫而已。所以，對於個人來說，道理也都是一樣的：他們的成就往往開始於失敗，正所謂「失敗是成功之母」，但是透過持之以恆和堅韌不拔，最後都取得了偉大的成功。

勤奮的光輝歷史一直銘刻在人類品格的形成過程中。因為勤奮能使最窮苦卑微的人也獲得一生的榮譽。在文學、藝術、科學史上的那些最偉大、最榮耀的名字都是那些最勤奮工作的人。同樣，一個儀器工人奉獻給我們蒸汽機；一個理髮師發明了新髮型；一個紡織工發明了紡織機；一個小攤販改進了機車的功能；一代又一代來自各階層的工人們為機械技術的不斷完善做出了傑出的貢獻。誰能說他們就不偉大榮耀呢。

　　談到勞動者，我們指的不僅僅是用他們的肌肉和體力從事勞動的人。如果就是這樣的話，那麼一匹馬也能完成這些工作，而且會比人類做得更出色，但是，只有人才是世界上最偉大的勞動者，因為我們還用頭腦進行工作，我們的身體都是在這種更高能力的影響之下進行更加卓越的勞動的。一個人寫一本書、畫一幅畫、制定一條法律、創作一首詩歌，都是在從事更高級的勞動。在維持社會的生存方面，這些工作看起來似乎不如農夫或牧羊人的工作那麼重要，但是，在促進社會往更高的精神發展方面，腦力勞動的貢獻絲毫不亞於體力勞動。

　　前面我們談了那麼多勤勞的重要性和必要性，我們也看到了人類是如何從中獲得巨大益處的。很顯然，如果不是我們的先人所進行的比如技能的、藝術的、發明的、知識文化等方面文明的累積的話，那麼我們也許至今還是生活在一個野蠻人的時代。

　　正是勞動的累積塑造了我們世界的文明。累積是勞動的成果；只有當勞動者開始進行累積的時候，文明的成果才會彙聚起來。我們已經說過，節儉是同文明一起誕生的：我們似乎可以說，也就是節儉產生了文明。節儉產生資本，而資本又是勞動所累積的成果。那些人們所謂的資本家，其實就是一個不會花光他透過勞動所獲得的一切收入的人。

第一章　勤儉之道

　　但是你要知道，節儉可不是一種人類自然的本能。它是一種後天才被培養起來的行為原則。它包括自制，即克制眼前的享樂而為未來打算。節儉可以使人類天性中動物式的欲望服從於我們的理性、遠見和謹慎。節儉會理智地告訴我們，一個人不僅要為今天工作，也更要為明天而工作。它還會奉勸我們每一個人，請明智地把累積下來的資本用於投資，以便為未來作準備。

　　這正如愛德華·丁尼生所說的那樣：「理性告訴人們要有先見之明，這是為未來做準備的明智之舉……無論我們什麼時候談到節儉的美德，我們的意思都是要告誡人們，人應該具有先見之明。要知道，未來是不講情面的，為未來作準備就是最大的美德。」（《愛德華·丁尼生晚年書信集》）

　　讓我們看看西班牙的情形。在那裡，即使是最富饒的一塊土地，產出也是低得可憐。在瓜達幾維河沿岸一帶，過去曾一度存在著多達 12,000 個村莊，而如今，剩下不到 800 個村莊了，而且村村盡是些乞丐。有一句西班牙諺語說得好：「天空是美好的，大地是美好的，唯一糟糕的事情就是人們變得慵懶。」持久工作或辛勤地勞動是西班牙人不能忍受的事情。至於原因，我想多半是出於懶惰，又出於自豪，所以很不幸導致了他們不願辛勤勞動。一個西班牙人會為工作而丟臉，卻不會因為乞討而臉紅。（歐根·波依圖：《西班牙和它的人民》）

　　正是從這個意義上講，其實我們的社會主要是由兩大階級所構成的 —— 節儉者和浪費者，只顧眼前的人和為將來打算的人，勤儉的人和揮霍的人，有產者和無產者。

　　那些透過勞動致富卻又勤儉節約的人最終成了資本家，而他們又會在

這個基礎上開創其他的工作。於是，資本就在他們手中累積起來，而且源源不斷地日積月累。之後，他們雇傭其他人為他們工作，由此，商業和貿易就出現了。

勤儉的勞動人民建造房屋、倉庫和工廠，他們開辦用機器來從事生產的製造業，他們建造輪船並航行到世界各地，他們把資本集中起來用於建設鐵路、港口和碼頭，他們開辦煤礦、鐵礦和銅礦。總之，他們雇傭大批工人為他們工作，從而使社會的就業人數突飛猛進。

歸根結底，這所有的一切都是勤儉的結果。它也是節約金錢合理利用，並把金錢用於為社會造福這一美好事情的結果。那麼，你看吧，那些揮霍浪費之徒絕對沒有為世界的進步貢獻過。

他們花光了自己所有的收入，當然是無法幫助任何人了，也許他們還急需別人的幫助呢。所以，這類人無論賺多少錢，其社會地位也不會有任何改變。說到底，這一切後果其實都源自於那些揮霍浪費的人是從來不明白勤儉之道的人。他們在揮霍浪費之後，總是再向別人求助。實際上可以說，他們就是那些勤儉者的天生奴僕。

第一章　勤儉之道

第二章
如何擁有金錢

第二章　如何擁有金錢

重要的是學會駕馭自己。

—— 歌德

大多數人為眼前而工作，少數人為未來而工作。明智的做法是為兩者而工作 —— 既為眼前的未來，也為未來的眼前而工作。

—— 《真理的猜測》

所有成功的祕訣都在於克制自己……你一旦學會了駕馭自己，你就有了一位最好的老師。你能向我證明你能夠控制自己，我要說你是個有教養的人；缺乏這種品格，所有其他教育都於事無補、毫無價值。

—— 歐利芬特夫人

整個世界都在嚎叫：「能拯救我們的人在哪裡？我們需要一個這樣的人！」請不要捨近求遠地去尋找這樣的人：這個人其實就在你身邊。這個人 —— 就是你，就是我，就是我們每個人……怎樣才能使自己成為這樣的人呢？如果一個人不知道如何決心成為這樣的人，那麼沒有比這個事情更艱難的了；如果一個人痴心成為這樣的人，那麼沒有什麼事情比這更容易的了。

—— 大仲馬

其實，日子過得富裕而閒適是大多數人都能夠達到的一個目標，只要他們想方設法努力去實現它。那些擁有豐厚薪水的人們也許會成為資本家，在社會進步和生活幸福的果實中享有自己的那一份收穫，但是，這也還只是一個起點，只有他們付出更多的勞動、精力、誠實和勤儉，他們才能最終改善自己的處境，以及他們那個階級的處境。

當今社會的人們與其說是在遭受缺錢的痛苦，倒不如說是在遭受著大肆揮霍浪費錢財的痛苦。其實，賺錢比懂得如何花錢要輕鬆容易得多。因

為並不是一個人所賺的錢構成了他的財富，而是他花錢和存錢的方式造就了他的財富。當一個人透過勞動獲得了超出他個人和家庭所需開支的收入之後，那麼他就能慢慢地累積下一小筆錢財了，毫無疑問，他從此就擁有了在社會上幸福生活的基礎了。這點累積也許算不了什麼，但是它們足以使他獲得獨立。

但是令人費解的是，為什麼現在那些高薪階層竟然還無法累積下一筆錢財？之所以會有這樣的結果，實際上是他們在自我克制和個人節儉方面出現了很大的問題。確實，當今那些主要的業界領袖都是由社會各階層的人所組成。正是經驗和技能的累積把工人和非工人區別開來，而這又取決於工人自己是否養成節約或浪費的生活習慣。如果他是個勤儉節約的人，那麼他將發現他會有更多的機會把那些手頭上的資金用於從事更多有利可圖的事情。

「當我前天到達南開郡以後，」科布登先生對他那位米德哈斯特的老鄉說，「我同一些先生們參觀了一個紡織廠，該廠是一位史密斯先生的產業。當工廠運轉時，至少有 3,000 人或 4,000 人在工廠工作，整個工廠共有 700 臺電力織布機在運轉。當要離開工廠的時候，一個陪伴我的朋友以一種明顯地與南開郡人不同的坦率和隨便，拍著那位史密斯先生的肩膀，他說：『史密斯先生本人在 25 年前還是個工人，他是透過勤奮和節儉來獲得這麼巨大的事業的。』對此，史密斯先生也以同樣坦率和幽默的方式立刻回答：『不，我不把它完全歸功於我自己；我和一位擁有一筆財產的妻子結了婚，因為當她與我結婚時，她身為這個紡織廠的織工擁有每週 9 先令 6 便士的收入。』」

富蘭克林說過，「時間就是金錢。」是的，節省時間也就等於是在節省金錢。如果有人希望賺錢，那麼他就得正確合理地使用好任何一段時光。

第二章　如何擁有金錢

因為時間也可以用於做許多美好而高貴的事情。它可以用來學習、研究、從事文藝創作和科學探索。雖然時間每時每刻都在流逝，但是時間也是可以被有計劃地節省下來的。商人說「時間就是金錢」，任何一個商人做事都必須是有計劃和井然有序才行。同樣地，每個家庭主婦也應該如此。

世界上每件東西都應有它所屬的地方，而每個地方也都應該有它所屬的東西。任何事情都有屬於它的時間，而任何事情都必須及時完成才行。這就是我們所說的「計畫」一詞。計畫就是為實現某種目的所作的安排，以便在完成一件事情的過程中不至於浪費掉那些寶貴的時間。

我們沒有必要再向人們反覆宣揚節儉是有用的道理了，也沒有人能否認節儉是可以透過練習而變成一種生活習慣的。我們看到過這方面的許多例子。只要是許多人已經做過的事情，那麼其他人也可以做。因為，節儉不是一種使人痛苦的美德。相反，它能使我們免遭許多蔑視和侮辱。它要求我們克制自己，但也不要放棄正當的享受。它會帶來許多誠實的樂趣，而這些樂趣是奢侈浪費無法體會的。

任何人都不能說他不會精打細算。幾乎沒有什麼人不能從每週的開銷中節省下幾先令來。如果你每週節省下 3 先令的話，那麼 20 年下來就能累積 240 英鎊；如果再繼續節省 10 年，加上利息，到時候你的累積就能達到 420 英鎊了。也許有些人可能會說他們根本就不可能累積下來這麼多錢。如果你還不相信的話，那麼，就請你從每週節省 2 先令、1 先令或者 6 便士開始吧。無論你身在何處或者遇到什麼情況，都請馬上開始累積吧。每週到儲蓄所存上 6 便士，那麼，20 年後你的累積就會達到 40 英鎊，30 年後就是 70 英鎊。而你唯一需要付出的代價就是養成一個勤儉節約和自我克制的好習慣而已，請你相信，事情就是這麼簡單。

其實節儉也並不需要人們非得具有很大的勇氣才能做到，當然也不需要很高的智力或任何超人類的品德才能做到。它只需要我們知道某些常識和抵制自私享樂的克制力就行了。實際上，節儉只不過是人們日常工作和生活中的習慣而已。正如先前我們所說的那樣，它不需要強烈的決心，它只需要一點點耐心、一些些自我克制。只要馬上行動就立即能見成效。節儉的習慣越是持之以恆，那麼節儉也就越容易，這種行為也就會更快地給你所付出的自我克制帶來巨大的補償和回報。

面對一個很現實的問題，也許我們可以這樣提出來：當一個人需要把每便士的收入都用來養家糊口的時候，那麼對於這樣一個收入微薄的人來說，他還能節省開支並把它存放在儲蓄所嗎？不得不說，這樣的事實的的確確存在於我們的生活當中，而且這種事情就發生在那些勤奮和節制的人身上。他們確實能克制自己，把自己收入的一部分存放到銀行裡，而此外的其他形式的儲蓄也在為窮困人提供累積的途徑。如果有些人能做到這點，那麼在相似條件下，那些所有手頭緊巴巴的人也就都能做到這一點，並且這樣做根本就不會剝奪他們本來就應該享受的快樂和幸福。

而對那些收入豐厚的人來說，把所有收入都全部花在自己一個人身上，這種做法是多麼自私啊！即使他有個家，即使他把自己每週的收入全部都花在養家糊口上而不節省下一點錢的話，這也是十足的不顧未來的做法。當我們聽說一個收入豐厚的人死後，除了只留下妻子和一個赤貧的家以外，竟然沒有留下任何其他遺產的時候，我們不得不認為這是天底下最自私、最不負責任的行為了。儘管相對來說，這種事例比較少。在這種情況之下，也許有人會主張請善良的人們用捐款來幫助這個不幸的家庭，但是捐款也許能解決某些問題，也許根本沒用。最後，這種不幸的一無所有的家庭將會陷入貧窮和絕望的悲慘境地。

第二章　如何擁有金錢

　　然而，從很大程度上講，節儉行為就能夠避免這種結果的出現。是的，如果你能在生前減少任何一次，比如說喝杯啤酒或抽雪茄之類的感官享受和逍遙快活的話，那麼你就能使自己在歲月的過程中為其他人節省下來一些遺產，而不是浪費在自己身上。事實上，對於那些最窮苦的人來說，正是平日裡的精打細算，無論這種行為是多麼微不足道，但是當以後他和他的家庭遭受疾病或絕望無助的時候，他的節儉就會為他提供應急的手段，因為節儉帶給了他一筆可以救命的錢。

　　相對來講，能成為富翁的人畢竟只是少數；但絕大多數人都擁有成為富翁的能力，這種能力就是勤奮、節儉和自我的克制力。他們可以擁有充足的儲蓄，以應付當他們年老時面臨的貧困與無助。然而，在勤奮節儉的過程中，人們往往缺少的不是機遇，而是意志力。一個人也許會不知疲倦地辛勤工作，但同時他們仍然無法避免大手大腳地花錢，過著高消費的生活，這樣導致最後的結果將依然還是入不敷出和毫無積蓄。

　　不幸的是，絕大多數人就寧願這樣享受而不願去約束欲望。他們常常把自己的收入花掉，一毛錢都不剩。當然，不只是普通勞動人民中有揮霍浪費的人，我們也還聽說過有些人把自己多年的積蓄在一年之內就揮霍的故事，當這種人突然去世以後，不會給他們的孩子留下財產。在他們死後，連他們的房子也都早就屬於別人了，因為他們的孩子不得不把房子賣掉以便支付他的喪葬費和償還他生前因為揮霍所背負的沉重債務。

　　雖然金錢代表了許多毫無價值或者說毫無實際用途的目的，但金錢也代表了某些極為珍貴的東西，那就是自立。從這個意義上講，金錢除了代表的是這一種世俗之外，它還是一種人類重要而偉大的道德標準。

　　所以，作為自立的一種保障，節儉這種最樸素的特質就能立刻昇華成

為最值得稱道的高貴美德之一。「不要輕率地對待金錢，」巴威爾說，「因為金錢反映出人的品格。」人類的某些優秀特質就取決於能否正確地使用金錢——比如慷慨大方、仁慈、公正、誠實和高瞻遠矚。同樣，人類的許多罪惡也都起源於對金錢的濫用——比如貪婪、吝嗇、不義、揮霍浪費和急功近利的短視行為。

　　沒有任何一個賺多少就花掉多少的人能幹成什麼大事。那些賺多少就花掉多少的人永遠把自己懸掛在貧困的深淵上。這樣的人必定是軟弱無力的，他們的人生受時間和環境的奴役，而毫無有朝一日能夠獨立自主的可能性。他們使自己總是處於貧困的狀態，他們喪失了對別人的尊重，也喪失了自尊。所以這種人是絕對不可能獲得自由和自立的。不得不肯定地說，揮霍無度而不知道節儉，足以奪走一個人所有的幸福。

　　但是，如果一個人節省一點東西，無論節省的東西多麼小，那麼他的地位就會立刻有所改觀。因為他累積下來的也許是少量的資金，但是會在將來成為他創造財富的源泉。只有這樣，他才不會再成為時間和命運戲謔的對象。從此，他能夠抬頭挺胸地面對這個世界了。從某種程度上講，他成了自己的主人，他能支配自己的命運了。他既沒有必要被收買，也不用出賣自己。當他年老的時候，他也能夠毫無顧慮地過上舒適和幸福的晚年生活。

　　當人們變得明智和善於思考以後，他們就會變得深謀遠慮和樸素節儉。一個毫無頭腦的人，就像一個史前人一樣，把他的全部收入都花光。他們根本不會為未來做打算，更不會考慮到自己將來艱難時日的可能性或考慮那些依靠他生活的家人的困境。而一個明智的人則會為未來打算，會在自己處於好運氣的時候就會為將來有可能降臨厄運和不幸做些準備，並

且也負責地為他的親人朋友們做些打算。

　　一個已經結婚的人，就得承擔很多重要的責任，但是，也並不是所有人都曾認真地考慮過這種責任。也許這種責任早就由上帝非常明智地做了安排。因為當一個人回避婚姻生活及其責任時，上述眾多嚴肅的思考都會不存在。而一旦結婚，一個男人就必須事先做好心理準備，只要在他的能力所及的範圍之內，他就絕不應當允許窮困光顧他的家庭，即使當他不幸離開這個世界以後，他的孩子也不應該成為丟給社會的負擔。

　　所以，為此而進行勤儉節約是一項很重要的責任。沒有節儉，任何人都不可能是正直的，因為首先他們是不誠實的人。而沒有遠見、不替未來著想的話，對婦女和孩子來說是殘忍的，而這種殘忍又是源於一個男人的無知。假如說一個做父親的人把自己多餘的一點錢財都花在喝酒買醉上，沒有剩下積蓄，那麼當他死後，留給社會的只是一個赤貧的家庭以及孤兒寡母而已。世界上還有比這更殘忍、更令人遺憾的事情了嗎？然而，這種自私的生活模式在社會的每個階層中都存在著相當大的比例。中上階級跟底層階級一樣，都對此感到內疚，因為他們的生活所需都超出了他們的財力。他們過著揮霍浪費的生活，炫耀、輕浮和享樂是他們生活的意義。當然他們也拚命地致富，甚至不擇手段，因為只有這樣才能獲得滿足他們奢侈生活所需要的財力，然後去喝高檔酒、去吃美味佳餚。

　　幾年前，休默先生在國會下議院發表講話。當他談到英國人的生活方式總體來說實在是太奢華了的時候，這一話題立刻引起了一陣「大聲的嘲笑」，但是他的話完全是事實，而且如果我們把休謨的話放在當今，那麼似乎要比那時更加正確了。我們不得不承認，現在的生活節奏太快了，我們都生活在極大的壓力之下。總之，我們生活得太緊張了，而且我們的物

質生活也完全超出了我們的財力。這種生活的代價就是我們花掉了我們所有的收入，最後連生命本身也搭進去了。

　　許多人在賺錢方面都極為勤勞，卻不知道如何才能節省下賺來的錢，或如何明智地開銷那些賺來的錢。雖然他們有足夠的技能和勤奮去努力賺錢，卻缺乏必要的智慧去擁有更多的積蓄。滿足欲望的衝動俘虜了我們，而我們在沒有思考它的後果之前就向我們的衝動繳械投降了。當然，這也許是健忘造成的後果，其實人們是可以透過自己堅強的意志力來控制這種現象發生的，或者透過有力的手段來避免這種偶然的開支。

　　節儉習慣的產生，在大多數情況下，主要是人們為了改善自己的生活處境。節儉告訴我們要節省每一項不必要的開銷，避免任何奢侈浪費的生活方式。如果你購買一件多餘的物品，那麼即使它的價格很便宜，其實也是昂貴的。因為一些細微的開支匯聚起來可能是一筆巨大的花費。動不動就購買一些我們並不需要的東西，久而久之，我們就會養成在其他方面也同樣缺乏思考以及出手闊綽的壞習慣。

　　西塞羅說過：「不要養成狂熱的購物癖，這樣你就會從中享受一種無形的收益。」許多人被那種購買便宜貨的貪便宜心理沖昏了頭腦。「這真是便宜得出奇的東西，讓我們買下它。」「你買它有什麼用嗎？」「不，目前還派不上用場；但它一定會在將來某個時候派上用場的。」你是否也是這樣購物的？此外追隨時尚也為這種毫無用處的購物習慣加油添醋。比如有的人買下古舊的陶瓷器皿，其實那幾乎都是用來裝飾陶瓷商店的贗品而已；還有的人則買些古舊的油畫、古董傢俱，抑或是什麼時代的老葡萄酒，其實那都只是些便宜貨而已！當然，只要這些買賣不是損害到了我們家庭生活的話，那麼買這些舊東西就不會造成什麼損害。不過，我們還是

第二章　如何擁有金錢

得牢記賀拉斯‧沃波兒說過的一句話：「我希望在我身上別發生類似的買賣，因為我沒有一英寸的房間或四分之一便士可供出售。」

在青年時期和中年時期，人們應當為安享舒適而幸福的老年時光累積一筆錢財。再也沒有比看到一位老人的下述景象更令人悲傷和揪心的了：他早已度過了他收入豐厚時期的大部分人生階段，現在淪為靠乞討麵包度日，完全依靠鄰居對他的慈悲和陌生人給他的施捨。這麼一種悲慘的情形想必會喚起人們的決心 —— 在自己年輕時就下定決心努力工作並為將來進行儲蓄，這不但是在為我們自己，同時也是為我們家庭的未來生活奠定基礎。

年輕人有著漫長的未來，在這個過程中，他可以實行精打細算的原則。雖然我們都知道，一個人在走向人生終點的旅途中，他不會從這個世界帶走什麼，但是事實上，在人們年輕時就開始節儉儲蓄的話，這樣，當他們年老的時候，只要他們的生活不是入不敷出，那麼他們晚年的生活將會應付自如。

然而，現實生活中的情形卻並不是這樣。現在的年輕人勇於消費、渴望消費，消費起來無拘無束，甚至比他那即將結束人生的老父親更加慷慨大方、毫無顧忌。他在他父親結束人生的地方開始了自己的漫長人生，他的花費將遠遠大於父親在年輕時期所花費的總數，這樣，不久他就發現自己已經債臺高築了。為了滿足不斷湧現的欲望，他會運用卑鄙的手段來獲得足夠的收入。他夢想快速斂財；於是他進行投機，或者從事那些根本就不在行的生意，這樣一來，他會立刻遭受重創。雖然，在破產之後他獲得了經驗教訓，然而這種後果並未使他有所改變，在以後這種人的行為仍然將是劣跡斑斑。

蘇格拉底曾經建議那些有家室的男人耐心觀察他們節儉的鄰居的所作所為。因為那些把錢財都用在刀刃上的鄰居是我們的榜樣，我們可以從中獲得不少的學習。勤儉從本質上講是一種實際生活中的行為，它可以透過活生生的事實最清楚明白地傳授給人們。曾有這麼一個故事：有兩個人每人每天賺 5 先令。從家庭生活和開銷方面講，他們倆的情況可謂極為相同。然而，其中一人說他實在是沒辦法節約啊，於是他就從不節省；而另一個人則說他可以勉強節約一點錢，於是定期把他節省下來的錢存到銀行，最終，他成了一個有產者。

薩謬爾‧詹森深深地懂得貧困帶來的窘境。在一次簽名過程中，他把自己的名字寫成「絕食者」。他曾和朋友薩維奇走遍了整個街道，卻因囊中羞澀而找不到投宿的地方。詹森永遠也不會忘記他在年輕時期所遭遇的貧困，他總是力勸他的朋友和讀者要避免陷入貧困。像西塞羅一樣，他斷言財富或幸福的最佳源泉就是節儉。他稱勤儉是精明的女兒、是克制的姊妹，還是自由的母親。

他還說：「貧窮不僅剝奪一個人樂善好施的權利，而且在他面對形形色色的誘惑時，變得無力抵抗。不要輕易向任何人借錢，而要下定決心擺脫貧困。無論你擁有什麼，花錢的時候都不要傾其所有。貧困是人類幸福的一大敵人，它無情地破壞著我們的自由，並且，它使一些美德難以實現，使另一些美好的願望成為空談。節儉不僅是閒適安逸的基礎，而且是一切善行的基礎。一個本身都需要別人幫助的人是絕不可能幫助別人的。我們必須先自足然後才能給予。」

而當節儉被視為是一件必須付諸行動的事情時，人們就不會感到它是一種負擔了。那些從未奉行過節儉的人，有朝一日也會驚訝地發現，每週

第二章　如何擁有金錢

節省下幾便士或幾先令竟然使自己實實在在地獲得了道德上的昇華、心靈素養的提高以及個人的自主獨立。

是的，因為伴隨著每一點點節儉的努力而來的是一種尊嚴。這種節儉的行為會使人受益匪淺。節儉表現出來的是自我克制的能力和增強品格的力量；它還會產生一種自我約束的良好的心靈，它還能夠培養自我克制的習慣；它使精明謹慎成為顯著的性格，它更能使美德成為控制自我放縱的主人。在所有這一切當中，首要的是它能使人獲得安逸閒適的心態，驅散各種強加於我們身上的煩惱、憂愁和痛苦。

有些人可能會說：「我沒辦法做到這點。」但是，我想說每個人都是有能力做好某些事情的。「沒辦法做」只是一個人和一個民族走向墮落的徵兆，這只是一種推脫責任的藉口而已。事實上，沒有任何謊言比藉口「不能」更加可笑的了。舉個例子吧：每天少喝一杯啤酒，一年節省下來的開銷多達 45 先令。這筆錢若能節儉下來，到他死時，他就擁有 130 英鎊的可供支配的財產。或者，把這筆錢存放到銀行裡，在 20 年裡它就會增值到 100 英鎊。然而，絕大多數人每天都要喝半打啤酒（即 6 杯）。這一筆開銷在我們時代的人生中，可能在他臨死時總數會達 600 英鎊。每天在白酒上開銷 9 便士的人在 50 年時間裡就會花費總數為 2,000 英鎊的財富。這是多麼驚人的數字啊！

一個雇主建議他的一個工人：「為將來可能面臨的艱難時日累積點積蓄吧。」不久，雇主問他的雇員已經積蓄多少錢了。「老實講，一點兒也沒有，」雇員回答道，「我按你的建議去做了，剛開始也累積了一點兒錢，但是昨天我跟妻子狠狠地吵了一架，然後什麼都沒有了 —— 我酗酒去了。」

一個人能夠做到在不依靠別人幫助的情況下支撐起他自己和他的家庭生活，這本來就是一個人自尊感的起碼體現。任何一個名副其實的自立者都應當擁有自尊，這是他自己那個微小世界的中心。他的愛人、愛好、閱歷、希望和擔憂——這些對別人來講可說是微乎其微的東西，對他個人來講卻是多麼重要啊！它們影響著他的幸福、他的日常生活以及他身為一個人整個生命的歷程。因此，他不能只是關注與他有關的事情。

　　一個人若想要行事公正，他就不能僅僅為自己做打算，也應當顧及對別人的責任。他也不應當把自己的人生目標定得太低，眼光總是往下看，而應當把自己看作是造物主創造的「略遜色於天使的人」。他應當想想更高的人生目標，想想自己也擁有造物主賦予的聰明才智、愛的力量……這樣想想，他就不會狹隘地只為他個人著想了。可憐的人啊，你本身就是這兩種天賦的核心，造物主早就把它們全部融合在你身上了。

　　因此，讓每個人都尊重自己吧，尊重我們的身體、我們的心靈、我們的品格。自尊緣於自愛，它激發人們走向進步，它激發人們勇敢地站立起來，仰望天空，發展自己的才智，改善自己的境遇。自尊是正直、貞潔、敬畏、誠實、節制等美德的基石。狹隘自私地只為自己著想其實就是自我沉淪，有時甚至會墮落到臭名昭著的地步。

　　事實上，每個人都是可以幫助自己達到這種人生境界的。我們不是被扔到激流中任其沉浮的稻草，而是具有主宰自己行動自由的人，有逆流而上、勇立潮頭的能力和勇氣，我們能夠為自己事先選定一條方向正確的道路。我們可以相互幫助、互相進步，我們也應該珍惜純潔的思想、保持樂善好施的心靈。我們可以生活得莊重而節儉，我們能夠為將來做好打算，我們可以閱讀好書、聆聽明智的教誨。我們更可以高瞻遠矚，樹立遠大目

標，為最高尚的目標而生活。

「愛自己和愛社會之間並不矛盾，它們是相互統一的關係。」我們的一位詩人曾經這樣說過。改善並且提高自己的人同時也就是在改善和提高整個世界，那麼他也就在給芸芸眾生增加一位更加正直的人。而芸芸眾生又是由每個人組成的，顯而易見，如果每個人都改善和提高了自己，結果必將是整個社會也獲得改善和提高了。同樣地，社會的進步也是個人進步的結果。除非每個人都是純潔高尚的，否則，整個社會就不可能純潔高尚。所以說白了，其實社會在很大程度上就是組成它的個體狀況的一個複製品。所有這些話都含有一個不言而喻的道理，然而這些不言而喻的道理時常令人難以理解。

因此，從另一方面來說，一個已經改善和提高了自己的人，是能夠改善和提高那些與他來往的人。所以，當一個人的力量開始增長，他的視野開始擴大的時候，他對存在於別人身上的那些缺陷也就會看得更為清楚了。在提高和改善他人方面他就能提供更加積極主動的幫助，只要他自己已經盡了責任，那麼，他就有更多的權利號召別人也履行同樣的責任。一個陷於自我放縱的人怎麼能成為社會進步的促進者呢？而一個自身醉醺醺或骯髒的人又怎麼能教育別人去過克制和清白地生活呢？「醫生，請先治療好你自己的毛病吧！」這就是一位鄰居對醫生的回答。

我們的講話可以概括為這麼幾條主旨：在我們渴望社會變革或進步發生之前，我們首先必須從我們自己開始做起。我們必須在我們自己的生活中表現出真實才行。我們必須用自己的行為典範來教育自己。如果我們想改善別人，我們必須先改善自己。每個人都可以在自身的行為中展示出這一效果。這些改善，我們可以從收拾自己的自尊開始做起。

人生的變幻無常是我們為未來的壞日子做準備的一個強大動機。這樣做既是一個道德社會的義務，也是一個宗教上的義務。「但如果任何一個人不是自覺地盡這項義務，而是刻意為他的家人盡這項義務的話，那麼他就毀棄了這一信仰，這簡直比無神論者還要糟糕。」

人生的變幻無常這一道理的正確性可謂人盡皆知。即使一個最身強力壯、最健康的人也會被突如其來的意外或疾病給擊倒。如果我們充分了解了人類生活的複雜性和多樣性，那麼我們就不會不知道人生的變幻無常就像死亡一樣令人猝不及防。

我們常常聽到有人哭喊：「沒有人會幫助我們嗎？」這是一種垂頭喪氣、不可救藥的哭喊。有時，它也是一種令人作嘔的卑鄙自私的叫喊，特別是這種叫喊聲來自那些自己有能力可是不努力的人的時候。

然而，很多人還沒有意識到，其實美德、知識、自由和幸運都是源自於他們自身。如果有人想透過立法獲得這些東西，那麼就是妄想了，因為這一手段能為他們做的事情真是微乎其微：法律是不可能使他們變得有節制、有才智和有好品行的。大多數人不幸的根源可以說與國會的法律幾乎不沾邊。

但是揮霍者卻在一邊嘲笑著國會的立法，嗜酒如命者對它滿不在乎，他們只會把自己的悲慘結局歸罪於別人。那些讓成千上萬的民眾圍著自己轉的煽動家們在這個問題上更是壞得完全離了譜。他們不是盡力教育大批的聽眾養成節儉、克制和自我修養的習慣，反而鼓勵聽眾繼續喊叫：「沒有人會幫助我們嗎？」

毋庸置疑，這種叫喊會使一個人的心靈變壞。因為這種叫喊只是表明了一個人對自己獲得幸福的認知極其無知。是的，「沒有人會幫助我們」，

第二章　如何擁有金錢

因為幫助就存在於他們自己身上。人天生就有幫助自己和提高自己的能力，也必須擔負起自己拯救自己的責任。記住，勇敢和奮發向上的精神是能征服一切、能無堅不摧的。你看，就連那些最窮苦的人都能做到這點，那麼為什麼其他人就做不到這點呢？

在我們這個國家，有著良好收入的工薪階層的人數已經越來越多。為了改善他們的道德品質、為促進他們的高尚和獨立、為提高他們身為公民的社會地位，他們本來可以不費多大力氣就能辦到。然而，他們卻只顧眼前而絲毫不懂得節儉，以至於這種行為給他們個人和家庭生活都帶來了危害。

在那些「好日子」的時候，他們胡亂花掉自己的收入；當艱難日子來臨的時候，他們立刻就會陷入悲慘的困境之中。錢沒有被好好使用而是被濫用，照理說，身為工薪階層的人們更應該為晚年或為一個大家庭的需要做些基本的準備才行，然而，在大多數情況下，他們卻胡亂滿足自己的欲望，鋪張浪費和腐化墮落。恐怕沒人能說這是誇大其辭吧。只要看看自己周圍的任何一個花費巨大而又從不節省的鄰居就足夠了。人們收入的很大一部分都流進了啤酒館，卻只有很少的錢存到了儲蓄所或者做了善事。

所謂的繁榮時期實際上常常是所有時期裡最不繁榮的。在繁榮時期裡，工廠都在負荷運轉，男人、女人都得到很高的薪水，孩子們得到更多的零花錢，倉庫裡沒有積壓的貨物，產品生產出來後都出口到國外，貨車在大街小巷穿梭往來，鐵路貨車滿載貨物在大地上賓士，港口貨輪忙碌得不可開交。每個人似乎都正在變得更加富裕、擁有更多的金錢，但是我們不知道，男人和女人們是否因此就變得比過去更加明智、更加有素養、更少放縱自我，過上更加有節制的生活了呢？

如果仔細考察一下這繁榮景象下人們的生活，我們將會吃驚地發現，在繁榮時期，各個領域的開銷都增長了。人們要求更高的薪水，而一旦人們獲得更高的薪水，馬上就又會更快地花掉了。於是大手大腳花錢的習慣就形成了，這種習慣一旦養成，就會一直延續下去。到手的金錢轉眼就像流水那樣從指尖流走了，所以人們不斷增長的薪水非但沒有被節省下來，反而花得更加多了。

　　因此，當一個鼠目寸光的民族毫不顧及將來而又不懂勤儉之道的話，那麼任何物質上的繁榮都不會給他們帶來多大的益處。除非他們學會節儉和替將來打算，否則，他們將變相地處在一種「饑餓和撐飽」的惡性循環當中。有朝一日當經濟蕭條下來的時候，他們就會不知所措，他們根本就沒想到繁榮時期也有被證明是不長久的時候。

　　在繁榮時期，星期日不工作是被大家模範地遵守的。而假日銀行則是每週重複開放的。「工人們都到哪兒去了？」一個雇主問包工頭，他正四處尋找他雇來的那些建築工人，「這項工作必須不停地進行，必須在好天氣結束前把建築物封頂。」「可是，先生，」包工頭說道，「今天是星期日，建築工人還沒花完他們的錢呢。」波伊德教長在德文郡首府的埃克塞特布道時講過，工人們每年在棉紡織業、棉花貿易、建築業中的損失可達 700 萬先令（英國舊式貨幣單位）。

　　所以，如果一個人的人生目標主要是生產布匹、絲綢、棉花、五金器具、玩具或者瓷器什麼的，那麼他可以在最便宜的地方收購它們，然後在最貴的商店賣掉它們；如果一個人只是為了金錢而活著的話，那麼他完全可以囤積奇貨，之後高價轉手……但是，如果我們的生活目標僅限於此，那麼我們就該祝賀我們國家的繁榮了，但是，難道這就是人生的最終目的

嗎？難道一個人除了身體外，就沒有才能、情感和同情心了嗎？難道除了嘴巴要求外，人就沒有心靈的要求了嗎？難道除了腸胃之外就沒有靈魂了嗎？難道除了口袋中錢財的「繁榮」之外就不包括道德、才智和健康了嗎？

所以，單單擁有金錢絕不是一種繁榮的象徵。一個人的本性和沒有繁榮的時候沒有什麼差別，甚至當他在加倍地花費或一分一分地往他的錢箱裡存錢的時候，他的本性也許沒有受到多大的阻礙和扭曲變形，但是他們收入的增長只會用來成為滿足他們那無止境放縱的手段，除非他們的道德品格與他們的身體發展得到同步的改善。在經濟繁榮時期，如果讓一個沒有受過教育、勞累過度的人收入翻上一倍，你猜結果會是怎麼樣的呢？答案只有一個，那就是除了大吃大喝，你得不到什麼別的更好的結果。因此，只要這個問題仍然被人們所忽視，那麼，我們相信，這種繁榮所產生的後果就不是益處而是非常可怕的惡果。只有知識和美德才能賦予一個人生命的尊嚴，只有這種特質的昇華才是一個民族真正繁榮昌盛的象徵，而不是生產和銷售了無數的工業、農業產品和生活用品才算是繁榮。

當曼徹斯特的主教在伯列斯頓慶祝豐收的感恩聚會上布道時，他提到了一封他收到的來自英格蘭南部一位牧師的信函。這位牧師在信中對當地農民的收入越來越高這一事實表達了高興之情後，又對下述情形痛心疾首：「目前，高收入給他們帶來的唯一結果是他們喝掉了更多的啤酒。如果說這就是我們從繁榮中所能得到的益處的話，那麼我們就很難把這當作向主表達感激的恩賜了。一個民族真正繁榮昌盛的象徵，除了財富的繁榮以外，還在於這個民族的品行是不是也繁榮了，也在於舒適、安逸和滿足感在整個社會是不是更加多了。」

當然，在表達前面那些觀點的時候，我們也絕不是在提倡大家養成吝嗇鬼、苦行憎的生活習慣。因為我們厭憎小氣鬼、守財奴、吝嗇鬼。我們在本章所要表達的主旨無非是人們應該替未來做打算、做些準備。他們應該在衣食豐足的美好時期為將來有可能降臨的不幸做些準備，他們應該為免於將來的一無所有而累積、儲備一些東西，就像枯水期修好防洪堤一樣，並堅信哪怕是點滴的累積也都是有可能在將來派上大用場的。

節儉絕不是與貪婪、高利貸、吝嗇和自私同流合汙的行為。實際上，它恰恰是這些東西的對立面。節儉就意味著人們獲得了人格的獨立，節儉也要求我們妙用金錢而不是濫用它們。就讓我們一起透過誠實的手段獲取金錢，並且精打細算地花費它們吧 ——

不是為了要將它藏入金庫，
也不是為了要有僕人服務。
只是為了獨立的人格尊嚴，
和不受別人的奴役之苦。

第二章　如何擁有金錢

第三章
金錢也會帶來災難

第三章　金錢也會帶來災難

一個有妻室兒女的男人，務必承擔起相應的風險和責任。

　　　　　　　　　　　　　　　　　　　　── 培根勳爵

在任何情況和環境下，只有那些能夠約束自我的人，生活才會
康樂。

　　　　　　　　　　　　　　　　　　　　── J.J. 戈爾尼

他們的常識在哪裡？唉，他們是多麼魯莽啊！早婚，子女多，濟貧
稅，濟貧院……他們出生，他們受難，他們死亡……世界上沒有
任何一個國家，即使是遠比英國落後的國家，有這種見識短淺的
情況。

　　　　　　　　　　　　　　　　　　　　── 利頓勳爵

沒有人壓制你，或是取消你的自由和獨立的公民權；難道不是那只
愚蠢的白金酒杯在壓制著你嗎？沒有人能指使你來或者去，但這只
溼乎乎的荒唐酒杯能夠做到。你不是撒克遜人塞德里克的奴隸，而
是你自己那失去理性的欲望和酒杯的奴隸。而你竟然還在不停地嘮
叨著「自由」，你真是個十足的笨蛋。

　　　　　　　　　　　　　　　　　　　　── 卡萊爾

任何社會的不幸都不是憑空產生的。天災緣於我們人性中普遍的邪
惡；那毀滅人類的邪惡的星星之火，是人們親自提供了柴火，或至
少是人們提供了點燃柴火之風。

　　　　　　　　　　　　　　　　　　　　── 丹尼爾

　　英國是當今世界上最富裕的國家之一，因為我們的商人都非常富有進
取心，會努力地創造財富；我們的企業家也非常勤勉，而且我們的工人也
在發奮工作。所以我們的國家才會累積了過去無法比擬的財富，我們的銀
行擁有充足的黃金，在蒸汽機不知疲倦的轟鳴中，我們的工業產品被源源

不斷地生產出來。儘管我們有著如此之多的財富，然而，我們還有許多同胞遭受著貧窮。緊靠著富裕之國的大門，就能聽到悲慘之國的呻吟——奢侈、安逸是建立在痛苦與不幸的基礎之上的。

國會的報告一次又一次地向我們披露了相當一部分勞動者所忍受的不幸。據描述，這些人在工廠、車間、礦山、磚廠以及鄉村中勞動。我們一直在透過立法與他們所遭受的悲慘環境做鬥爭，但事實似乎無情地嘲笑了我們。那些深陷貧困的人雖然得到了救濟，但他們依然貧窮。那些救助他們的人正在失去熱情，而那些被救助的人也並不領情。在施捨者與接受者之間連同情的紐帶都沒有了！因此，那些擁有一切和一無所有的人，富人和窮人，他們仍然站在社會的兩個極端，一條巨大的鴻溝就橫亙在他們之間。

對原始時代的人來說，貧困的狀況是相同的。因為他們僅有的願望很容易滿足，他們對痛苦已經麻木。而在奴隸制社會，那時的貧困就不為人所知。因為使奴隸僅夠溫飽正是雇主的利益之所在，奴隸主漸漸只關心奴隸們最基本的生存要求了。只有當社會變得文明和自由的時候，只有當一個人生活在自由競爭的環境中，他才不會遭受貧困和不幸。文明在這個國家已達到了最高點，巨大的財富已被創造出來，所以應該讓貧困階級生活得舒適起來，否則，衝突就不可避免。

許多不幸都是自私造成的，或者說是出於對財富的貪婪，或者是揮霍浪費。累積財富已經成了我們這個時代巨大的動機和熱情。「力爭第一」是正在流行的一句格言。很多國家，無論是富國還是窮國，都把它作為主要目標。我們研究政治經濟學，並且讓社會經濟按照它自身的規律發展，但是當人們不管付出什麼代價、用什麼手段獲得那些高額利潤的時候，人

第三章　金錢也會帶來災難

們的信念只有一個——金錢就是上帝。人們也會信奉這樣的理論——「只有魔鬼才不選擇金錢」。所以這種精神成了人們行動的最高主宰——

財富之神引領人們前進，

財富之神，所有精神中的最後支柱，

從天堂上墜落下來。

讓我們來看看那些更貧窮的人們。在我們這個所謂的文明社會中，他們的遭遇又如何呢？他們中的絕大部分生活在文明世界之外，雖然他們也生活在基督的國家，基督的光輝卻從沒有眷顧過他們。他們是不文明的異教徒，猶如 1,900 多年前凱薩大帝統治下的特魯貝特人。然而這些不文明的人並非只存在於古老的歷史中，他們其實就生活在我們中間。在倫敦的公園裡，你可以看到黃金是如何被人們狂熱地崇拜的，但是同樣在倫敦的東端，你卻可以看到那裡人們的苦難有多深。

這些在苦難中掙扎的人也工作、吃飯、喝酒和睡覺，這一切構成了他們生活的全部。他們從不期望在明天、下一週或下一年自己的生活狀況能夠有所改善。他們沉浸於感官的享樂中，從不為將來做點準備。他們也從來沒有考慮過比如哪天會遇上不幸、悲痛或是無助、生病的情況。從這些方面來看，他們跟原始部落十分相似。他們不知道什麼是更好，也不會去做得更壞，就像北美的印第安人那樣，他們在文明化的進程中所產生的種種惡習，不僅沒有讓他們享受到文明的任何好處和優勢，反而使情況變得更糟糕。

帕里船長在北極附近發現的愛斯基摩人，其不文明程度與居住在我們城市貧民窟內的那些不幸的人們是一樣的。他們像原始人一樣揮霍，從不積蓄。他們總是饑一頓飽一頓。每當他們發現了大量的鯨脂後，就會敞開

肚皮飽餐一頓，然後躲到某個地方去睡覺。可是，他們從不為他們的揮霍
而擔心。即使很長時間他們沒有食物，他們也還是和平常一樣高興和幽
默。他們從不考慮明天應該如何度過，這跟原始人差不多，在他們的頭腦
裡面根本就沒有為將來而儲蓄的概念。

　　據說寒冷是節儉之母。因此，歐洲北部的國家把他們繁榮的部分原因
歸功於嚴酷的天氣。因為寒冷迫使他們在夏天就必須為冬天準備好食物、
煤炭和衣服，寒冷也促使他們建造更好的溫暖的房子。於是，德國人就比
西西里人勤勞，荷蘭人和比利時人就比安道爾人勤勞，美國人和加拿大人
就比墨西哥人勤勞。

　　當已故的來自紐渥克的國會議員愛德華・丹尼遜先生以一種無可比擬
的自我犧牲精神，花費大量的時間和精力去教化倫敦東部那批相對未開化
的人的時候，他做的第一件事就是為他們建立一座兩層鐵皮房子的教堂。
底下的一層作為學校和講堂，還可以當作俱樂部供人們讀書、玩遊戲以及
做任何其他足以讓他們遠離酒館的活動。「這個地區的情況為什麼這樣糟
糕呢？」丹尼遜先生說，「這個地區老百姓的居住環境都非常差。他們除
了一日三餐外，基本上無事可幹。他們缺乏教育，對宗教也漠不關心。所
有這一切的後果就是產生了揮霍、骯髒以及犯罪和疾病……沒有人鼓勵他
們去奮鬥，沒有人指導他們去追求知識，也沒有人阻止他們墮落……」他
接著說：「那位傳道的牧師是一位富有感情、精力充沛的人，他所從事的
教化人的工作正在取得預期的進展，但是，他的大部分精力都花在了一日
三餐上，他的每一根神經都要用來考慮如何使人們避免挨餓，所以，也就
不可能取得任何更大的成績了。這種情況每一個冬天都要發生……對於世
界上一個最富裕的國家來說，每年都有一大批人在無人救助的情況下，去
面對饑餓與死亡，這是一件多麼荒謬的事情。不過，這一切說起來容易，

第三章　金錢也會帶來災難

但是，究竟怎麼樣去幫助他們呢？現在的情況畢竟和我們祖父的時代大不相同了，他們會有許多辦法，他們也沒有遇到過每一個冬天都會有數千人餓死的悲劇。現在的事實是，最近 20 年來，我們已經享受到了巨大的繁榮，但我們並沒有去考慮與此相關的一切，沒有提醒自己去努力承擔起相應的義務。」

丹尼遜先生清楚地看到，如果人們受到充分的教育，如果教會他們如何去節儉，那麼許多悲劇也許就不會發生了。他說：「是人們自己給自己製造了貧困和疾病。實際上，絕對貧困的人是不會存在的，只要人們能夠適度節儉或稍有遠見，他們就無須為失業、生病等臨時的困難而把自己置於尷尬的境地了……在領到週薪前，我從不低估面臨的困難，我認為有困難是合乎常理的。一個碼頭工人，在他年輕力壯還沒有成家的時候，完全可以把他一週薪水的一半累積下來，而且可以肯定這種人是幾乎不會失業的。」

在介紹了已婚男人的節約之道後，丹尼遜先生繼續說：「節約幾乎是每個男人都能做到的事，即使他們生活在社會的最底層也能做到。如果節約成為一種普遍風尚的話，那麼，這個城市的貧困和疾病就會大大地減少了。在未來的哪一天這一切都將會發生，但是我可能沒有機會活著看到這一天了，然而它必定會在兩代人的時間內實現。不幸的是，如果人們的精神境界沒有一點提高的話，那麼這一切也許永遠都實現不了，但是如果人們得到強有力執行法律、普及的教育，再加上自己無條件的努力的話，那麼將會給人們帶來無限的希望，必定會引導他們養成勤儉的習慣，這無疑會明顯地收到意想不到的美好結果。」

丹尼遜先生還這樣談及英國工人和固爾西地區的居民在節儉方面的差異：我以自己的親眼所見，徹底了解到了貧窮和貧窮之間的區別。在英

國，我們的工人拿到高薪水後，就開始去奢侈地揮霍了。而這時固爾西地區窮人們的薪水卻被緩發了。這裡的人們從來不依靠別人的幫助，他們完全依靠自己，他們按照自己的意志在生活，他們的生活方式是節儉的，就連當地的地主們也在呵斥聲中把這種方式傳授給了他們的佃農。我們同情這些農人，他們基本上只吃些蔬菜，每週只吃一次豬肉。固爾西農民的飲食主要由油脂湯構成，據說，這種湯是由捲心菜、豌豆加上少許的油滴燜製而成。這就是那些也許是只擁有三四頭奶牛、一兩頭豬和為數不多的家禽的主人每日的生活了，但是，他們會把自己生產出來的產品都拿到市場上去賣，把賺來的錢再投資到土地、股票或地租的生意上。（已故愛德華‧丹尼遜議員的書信和其他作品選）

令人遺憾的是，丹尼遜先生還沒有能夠實現更多的理想就去世了，他僅僅開了一個頭。他所深惡痛絕的那種因為揮霍而導致的貧困依然存在，而且似乎還呈蔓延之勢。這不僅僅是因為技工們毫無節制地花掉了他們全部的收入，而且，比他們有錢的那些上層社會的人，也決不能僅僅用無知來推脫自己的責任。許多所謂的上層階級，他們用來辯護的理由，不會比下層階級更多。他們把金錢都花費在了死要面子上，他們過著一種荒淫無恥、揮霍放蕩的罪惡生活。

沒有人能夠譴責我們英國的工人們缺乏勤勉，因為他們比任何一個國家的工人都更勤奮、技能更嫻熟，但是如果他們在節儉方面也能夠做得跟勤勞一樣出色的話，那麼他們也能夠生活在舒適與富足的環境中，但是，令人遺憾的是，這個階級也存在著揮霍的缺點。即使英國工人中薪水最高的那部分人，他們的收入比專業人士的平均水準還要高，但是由於他們不計後果的消費方式，還是導致了他們中的大部分人依舊屬於比較貧窮的那

類人。在經濟景氣時，他們不習慣為將來的壞日子做準備，所以，一旦社會壓力來臨，他們的處境就可想而知了。

因此，一個能幹的工人，除非在節儉方面養成了好習慣，否則，他收入的增長只能夠滿足他的畸形消費願望的膨脹。查德威克先生說，在棉荒期間，「許多家庭排著隊到為最貧困的人設立的救濟站去領取救濟。實際上，這些人以前的收入超過了許多助理牧師的收入」。（愛德溫·查德威克：《關於經濟和貿易的演說》）

在經濟景氣時，工人們逍遙快活、狂歡作樂，一旦情況逆轉，他們就傻眼了。他們的薪水，用他們自己的話說，就是「小管子進，大管子出」。當經濟蕭條了，於是他們被解雇了，之後就只能靠運氣和上帝的保佑了。

經濟週期是生意場上永恆的規律，就像埃及法老夢中的瘦牛和肥牛必定交替出現一樣。在一陣突然繁榮之後，接踵而至的必然是市場飽和、人心惶恐、社會貧困。那些不願動腦筋和揮金如土的人不注意吸取教訓，對將來缺乏足夠的準備。揮霍似乎是人最不可救藥的缺點之一。貝克先生最近在一份報告中指出：「所有在工廠區附近居住的人，他們不僅沒有任何積蓄值得一提，而且，失業兩個星期的工人們，因為缺乏最基本的生活必需品而正在挨餓。」雖然沒有發生罷工事件，但工人們已經迅速陷入了貧困的絕境。他們的傢俱和鐘錶都被源源不斷地送到了當鋪，當不幸的懇求聲充斥慈善機構的時候，許多家庭已經在指望濟貧稅了。

這種習以為常的揮霍是導致工人們墮落的真實原因，也是導致社會不幸的重要根源。這種不幸完全是人性中的無知和自我放縱的結果。雖然造物主已經給窮人創造了貧困，但窮人並非命中註定不幸。導致所有不幸的罪魁禍首就是因為他們個人的邪惡與揮霍。

羅瑞斯先生在談到南斯塔夫謝爾那些有著高薪水的礦工和煉鐵工人時說：「用揮霍來形容他們的習性顯得多麼蒼白，更準確的說法應該就是魯莽。這裡的年輕人和老人，已婚者和未婚者，都竟然一致公開承認自己是揮霍放縱的人。每個人都聽任這種魯莽的性格來損害他們人性中的高貴特質。他們面對困難時的作法類似蠻幹；除了彌補因為閒散或狂宴而損失的時間外，他們很少會緊張地工作；他們熱衷於為他們生病的朋友或是結婚的朋友舉行聚會，而這一切似乎僅僅是為了花掉他們以前的積蓄；從某種程度上說，他們是那種虔誠得讓人奇怪的人，在困境中，他們經常舉行祈禱會。他們真正的信條常常使他們墮入狂熱的宿命論。所以當人們痛苦的同時也確定無疑地看到，一年底到另一年底，過剩與匱乏總是交替出現，所有的人似乎都感到猶豫不定。發薪水之後就是通宵達旦地揮霍狂飲，星期天沉醉不醒，星期一也許到星期二都拒絕上班，接下來的兩三週內，整個家裡都是滿地狼藉，不到下一個發薪日前，他們是絕對不會再去收拾和整理的。他們的孩子離開了學校，他們的妻子和女兒去了礦井，他們的傢俱都進了當鋪，他們居住在擁擠泥濘的鄉間，他們的房子常常從屋頂到屋腳都裂了縫。沒有下水管道，沒有通風設施，沒有足夠的水來供應 —— 就是這樣一種可憐的狀況，是與他們領取不菲的薪水同時存在的。本來這些高薪水足以保證他們過上舒適甚至富足的生活，但是上述情況似乎表明，沒有任何法律能夠救治他們的毛病。」

我們已經在進行各種改革。我們已經有了家務投票權，家務事也可以透過選票來表決了。我們的政府也已經在著手減輕有關穀物、牛、咖啡、糖和其他供應品的稅收，我們國家也已經把相當一部分本來應該由窮人上繳的稅轉嫁到了中層和上層階級的身上了。這些措施已經出臺，但對於改善勞工階級的狀況還是收效甚微。因為我們的工人階級本身還沒有落實這

第三章　金錢也會帶來災難

些主要的改革措施，他們也尚未在自己家裡實行改革。然而，全部改革的結果對於每個個人來講就未必是好事。因為對個人有害的東西肯定也會對社會有害，當一個人變壞以後，社會也就會隨之變壞了。

富蘭克林是一位富有遠見卓識的人，他評論說：「勞工階級的負擔真的非常沉重。如果只有政府的那部分稅收，我們還可能容易償還一點，但是我們還有許多其他的負擔，這些負擔對於我們中的一些人來說可能是非常沉重的。人們為自己虛度光陰而背上的負擔和政府的稅收一樣重，為傲慢背上的負擔則是它的 3 倍，為愚蠢背上負擔更是它的 4 倍。而所有這些負擔都不是政府同意減輕稅收就能夠得以消除或轉移的。」

約翰‧盧塞爾勳爵曾經向一個為了請求減免稅收而拜訪他的勞工團體作過類似的評論，他說：「你們總是在抱怨政府的稅收過重，但是，想一想你們是如何加重自己的負擔的？你們每年花在喝酒上的錢就高達 5,000萬。請問有哪個政府還敢收你們如此之高的稅？實際上，你們自己就完全有能力大幅度地減輕自己的負擔，而根本就用不著向我們做任何請求。」

僅僅抱怨法律的不公和稅收的沉重是無濟於事的，即使是阿裡斯多克洛蒂政府的殘暴也比不上貪婪欲望帶給人們的危害。男人們就容易被引導到痛苦的路上去，他們中的大部分人都是心甘情願虛度光陰、揮霍浪費、自我放縱、行為不端的。因為我們自己受到了痛苦而去責備別人，這可比責怪自己更容易被我們的自尊心所接受。非常清楚的是，那些一天到晚沒有計劃、缺乏條理、從不事先考慮問題的人，他們花掉了自己的全部收入，沒有為將來留下任何積蓄，這正在為今後的痛苦種下苦果。如果一切只為了今天，那麼在將來必然會遭到損害。信奉「只管今天吃好喝好，哪管明天是否去死」的人，還會有什麼希望呢？

這一切看來似乎是沒有什麼希望了，但也不能說絕對就是這樣。是的，那些收入較高的工人們如果能首先行動起來的話，這將會是非常關鍵的。另外，隨著教育的慢慢普及也將教會他們如何合理地使用金錢、如何防止浪費以及如何過上舒適生活的方法。他們得到的有關節儉的知識越多，將會越容易幫助他們養成一種更加嚴謹、更加高尚、更加符合宗教規範的生活方式。丹尼遜先生曾認為這一切「需要兩代人的時間來完成」。是啊，社會的進步總是緩慢的，而文明的進步又是多麼遲緩啊！

在文明的進化史上，一代人也許僅僅相當於一天。在征服一個國家之前，許多國家都為此忍受戰爭的痛苦。在基督教正式確立之前，它就受到了長達四個世紀的迫害和折磨。在英國改革正式鞏固之前，經歷了兩個世紀的內戰。農奴從封建農奴制中被解放出來之前也經歷了漫長的苦難。從我們英格蘭人的祖先在出征前穿上盛裝的那一天起，當所有的勞動者都是僕人和農奴的時候，他們可以隨他們耕種的土地一起買賣。到我們今天生活的時代，這個區別有多麼大啊，對比起來又多麼讓人高興。所以，我們堅信我們的社會是會進步的，徹底結束撒旦在揮霍、酗酒和浪費方面的邪惡影響，相信這不會是一件困難的事。

第三章　金錢也會帶來災難

第四章
走向自立之路

第四章　走向自立之路

自力更生和自我克制將教會一個人飲自己水池裡的水，吃自己的麵
包，透過學習和工作而自食其力，透過精打細算來恪盡職責。

—— 培根勳爵

愛和勞動，即使你不靠它生活，它仍可能是一劑良藥。它對於你的
身體和精神將會大有益處，它可防止懶惰的惡習。

—— 威廉·彭恩

父母不教給孩子一門手藝，就意味著教孩子做小偷。

—— 婆羅門教經文

有一個非常奇怪的現象，就是那些往往嘴上說「不合常理」的人可能
不知道，實際上許多勞工階層的收入都遠遠超過了專業人士，他們才是真
正的富裕者，可是他們卻因為揮霍而貧窮。

這就是事實，這也決不是什麼不為人知的祕密。這些事實也都已經發
表在藍皮書上了。而且這些事實還作為證據提供給了當時的國會委員會，
並刊登在報紙上了。任何一個煤礦主、鐵礦主和棉紡業主都會問心無愧地
告訴你，他付給工人們的是高薪水，並沒有壓榨他們。

在當時，由於許多孩子也被雇用充當員工，因而許多的受雇於棉紡工
廠的家庭每個星期的收入都能超過 3 英鎊。（受雇於南卡謝爾亨利·愛希
伍斯先生工廠的 7 個家庭的收入，已經公布在藍皮書上。這本書被稱為
「1867 年巴黎博覽會報告」。這 7 個家庭中，收入最低的家庭每週能達到
2 英鎊 14 先令 6 便士，而最高的家庭則為 3 英鎊 19 先令）這樣算下來，
他們每年的收入就能夠達到大約 150 英鎊 —— 這一數字在當時看來是多
麼的龐大啊！這個可要比許多專業人士的收入都高得多了 —— 可以說是
高於全國外科醫生的薪水的平均水準了，也高於所有教派牧師的薪水的平

均水準，也高於公立學校教師的薪水的平均水準，甚至他們的薪水也許會漸漸地高於英國中產階級的薪水的平均水準。這是多麼驚人啊！

布萊克伯恩的一位雇主曾經告訴我們說，在這裡，許多人每個星期的收入基本上都超過了 5 英鎊。像這樣的一些家庭的生活狀況，這位雇主說道：「這樣一個家庭，他們每個星期的花銷不應超過 3 英鎊，其餘的錢都應該儲存下來，但是在他們中的大部分人並不是這樣，他們除了吃和穿之外，把其餘的錢都花在喝酒和放蕩生活上了。」

伯恩地區的薪水水準和布萊克伯恩相似，在那裡，食品、飲料和衣服花掉了工人們的大部分收入。在這種情況下，這裡的工人的生活是和其他工廠區一樣的，「參加了工作的年輕人在能夠獨立以後，透過自己的工作來供養他們的父母是非常盛行的一件事情，在他們看來，這是一種感恩的回饋，但實際上這在一定程度上損害了父母的權威和尊嚴」。另外一個記者說：「工人們的薪水在不斷地增加，但隨著錢的增多，他們花錢的時間也就更多了，而在同時，他們的自我節制則減弱了，這一點在女性身上尤為明顯。」

毛紡廠的工人每個星期的收入大約是 40 先令，有一些熟練工則可以多到 60 先令，這些收入裡，還不包括他們的孩子所賺的錢。這樣的一個家庭，他們每個星期的收入究竟可以達到多少呢？

一個機車廠的優秀機工每星期可賺 35 ～ 45 先令，其他的一些技工則賺得多一點。如果把每個星期的收入加起來，那麼他們每年的收入將會達到 100 ～ 120 英鎊。

但是，煤礦工人和鐵礦工人的收入要比紡織工和機工、技工高得多。最近的一次調查中，某個最大的鐵礦主在一家報紙上公布了他的企業中

第四章　走向自立之路

一批週薪在 4 英鎊和 5 英鎊之間的礦工的名字 —— 他們每年的收入在 200～250 英鎊。（國會議員理查·弗思吉爾先生隨後公布了一封信，現錄刊如下：毫無疑問，這些人的收入遠遠高於牧師和受過教育的人，後者雖然受過昂貴的教育，卻還常常不得不為了麵包而努力工作；但是他們（指礦工）的收入依然是其固定體力勞動的合法收入；在這裡，我很高興能做點補充：在所有有固定的工廠，心地善良的礦工們在身體沒有任何問題時，他們的薪水可能是很高的。在南威爾士，有數以千計的礦工們在默默無聞地做著同樣的工作，他們甚至能做得更多：在我的企業中就有這麼一個固定的礦工，他是和他的兩個兒子住在一起的，在過去的 12 個月裡，他每月的平均收入是 30 英鎊。我所知道的另一個礦工卻沒有這麼幸運，雖然他也有兒子的幫助，但他過去 5 個月中每月的平均薪水也只有 20 英鎊左右。因為他並不只是一個出賣體力勞動的普通礦工 —— 他同時還具有一個消防工人的身份 —— 現在，他已經建造了 15 間房屋了，並且他還不顧一切危險，繼續保持著勤勉的習慣，也是因為這樣，他希望家庭在一切方面都能變得更加自立，在未來可以獲得舒適的生活。）

在英國，煉鐵工人的薪水水準也一直很高。比如說一個薄鋼板的軋鋼工，他一年很容易就能賺到 300 英鎊。而在鋼軌工廠工作的軋鋼工常常賺得更多。如果是在忙的時候，他們一週甚至能賺 7～10 基尼，或是一年賺 300～500 基尼。（即使到現在，經濟很不景氣時，軋鋼工每週的平均薪水仍是 5 英鎊 10 先令）

煉鐵工人就像棉紡工廠的工人們一樣，他們也常常得到兒子的幫助，而他們也會被付給高薪水。這些祕密的幫手一般是 14 歲或 14 歲以上的男孩，他們當中，14 歲以上的每週大約賺 19 先令，14 歲以下的每週大約能賺 9 先令。

所有這些收入如果都加起來的話，已遠遠高於專業階層的平均收入了。做一個比較就不難發現：一個鋼軌軋鋼工的薪水相當於女王近衛軍中一個中校的收入；一個薄鋼板軋鋼工的薪水相當於近衛軍的一個少校的收入；而一個粗鋼工的薪水相當於一個中尉或是一個營副的收入。

古爾德·史密斯把鄉村助理牧師稱為「擁有 40 英鎊年薪的極其富有的人」。自從古爾德先生說這話以來，那些助理牧師們的薪水也肯定有所增長了，但他們的收入還是難以和熟練工人甚至非熟練工人相比。如果牧師們工作僅僅是為了錢的話，那麼我相信他們肯定早已跳槽，去當礦工或是煉鐵工人了。

筆者年前去參觀任忽魯謝爾時，得知那裡的礦工們每天賺 10～14 先令。按照當時的一種普遍的說法，他們「賺錢就像是印鈔機一樣」。舉個例子來說，有一位父親和他的 3 個兒子每個月賺 60 英鎊——那麼，他們一年的總收入將超過 700 英鎊。這位父親是一個嚴肅認真、非常穩健的人。當高薪水持續不斷時，他依舊是早晨第一個進工廠、晚上最後一個離開的人，工作一如既往地認真。一年中他只有 5 天落空——這 5 天就是齋戒日和假日。當他們確信高薪水為期不長了後，他就和他的兒子們拚命地工作，然後把錢存進銀行。所以後來他們累積了一大筆錢，還買了好幾間房子；此外，他們還接受了教育，並且獲取更高的社會地位。他們的生活走上了自立之路，擁有了尊嚴。

在與此相鄰的一個地區，還有另一個礦工，他有 4 個兒子，他們的生活境遇雖然小有差別，但非常相似。這位礦工和他的兒子每個人以同樣的水準賺錢，一個月總共大約 75 英鎊，一年是 900 英鎊。這個家庭在一年內買了 5 處房子，還節省了一大筆錢。現在我們知道的有關他們最近的消息是，這位礦工父親現在已經成為了一個承包商，他雇用了 60 個礦工

第四章 走向自立之路

和清道夫（「清道夫」是指那些專門為礦工們清掃道路的人。他們掃除碎片，並隨著煤礦廠的推進修建工棚），並獲得了許多特許權。兒子們幫助父親照看企業，他們都是嚴謹、勤奮和明智的人，並且他們還從教育中獲益良多，更使其周圍的人的道德和生活也得到了相應的提高。

在同一時間，這兩個礦工家庭都做得非常好，他們都取得了成功。這是大多數礦工與他們不可比的。那些人每週大約只工作 3 天，他們當中的一些人把薪水花在了酒館裡買一個酩酊大醉；而其他的一些人則帶酒到海邊尋歡作樂。為此，他們甚至提前兩個星期就雇好了短期表演隊、敞篷馬車、計程車隊和機器，其結果已眾所周知，他們一直狂歡到星期一的早晨才回來。在鄰近的小鎮有一個法官，他發現每當這時，就有許許多多眼圈發黑、頭破血流的男男女女被帶到他面前，請求裁決。如果是在高薪水時代之前，那麼每件到法院的業務一個小時就能夠辦完了，甚至有時候根本就沒有什麼業務，但是當薪水翻了一番後，這位法官很少能把一天的案子辦完的情況，即使是他很努力地工作，也不得不拖延到第二天。對那些礦工來說，似乎高薪水就意味著更多的閒置時間、更多的酒、更多的人頭破血流。

對於礦工們來說，高薪水的時代無疑是一個「動盪的時代」，如果有一點必要的自我克制精神，他們本來是可能發些小財，但是事實上是有許多在煤礦工作的人，一週有 3 ～ 4 天無所事事；那些等著燒煤的人卻因為缺煤而饑寒交迫。那些本身不是礦工的工人們也許會永遠記得那段煤荒的日子。在煤荒期間，在埃科勳爵前往特倫特 —— 那是一個在洛廷東部的一個小村子 —— 向那些企圖透過他們的揮霍、懶惰以及聯合行動來要求保持煤價的礦工們發表演講。

他用他驚人的道德的力量和勇氣 —— 一種在那個時代特別需要的特質 —— 告訴選民們一些強硬的但絕對真實的道理。他和他們就煤荒以及延長煤荒的想法展開辯論。他們一個星期工作 3 天，其餘的時間就虛度了。他們中的有些人一個星期甚至兩個星期根本不工作；而另一些人一年竟然休了足足有 100 個法定假日。而且，他們把賺來的錢都拿去幹什麼了？他們為今後困難的日子做準備了嗎？當「動盪時代」不再繼續，他們難道還要厚顏無恥地準備去求助於濟貧稅來生活嗎？他發現了這樣一個例子：一個礦工有 2 個兒子，他兩個星期就賺了 7 英鎊。埃科勳爵說：「我非常願意看到那些正在採礦業工作的蘇格蘭人，並且充分利用他們的價值快樂日子，讓他們自己能夠透過努力工作來提高他們目前的地位 —— 自力更生，累積財富。如果可能的話，我也想，有朝一日他們還能成為一個富有的煤礦主。」

「有一家報紙曾經說一個礦工所賺的薪水竟然相當於一個陸軍上尉，一個挖礦的小男孩兒的收入，都相當於一個女王陛下服務隊的中尉。我只知道，」埃科勳爵說，「我有一個兒子，當他剛加入女王的服務隊當掌旗官的時候，他的薪水還沒有你現在的薪水高，更何況目前還是經濟不景氣的時候 —— 他每天的薪水僅有 5 先令。」據說那位礦工賺錢時，會像戰士那樣不顧生命危險。而勳爵所提到的那個勇敢的兒子，在後來的一次戰鬥中獻出了寶貴的生命。

高薪水時代並沒有在大眾的心目中留下過什麼好印象。當時的物價變高了，但道德水準變低了，工作也是開始變得越來越壞。過去的英國工藝中那些值得稱道的東西，如今已經有了相當程度的惡化。現在的我們已經開始越來越依靠外國人了。貿易在很大程度上遭到了破壞，我們的資本流

失巨大，並且還在持續，這種情況是工人和雇主共同造成的。阿伯戴爾勳爵認為，在最近南威爾士的一次罷工中，僅由工人單方面造成的損失就達300 萬英鎊。很快，這 12 萬工人就變得更加懶惰了，在他們無所事事的這段時間裡，每週損失的薪水數就達到了 15 萬英鎊。

　　那些雇主們是如何看待最近曇花一現的繁榮的呢？這一點很容易想像出來。在這裡，我們引用記者們的一些描述，這個並非多餘。南開郡南部的一位大雇主說：「工人們的酗酒之風在增長，個人暴力活動也得不到有效制止。在人們為變革做好準備之前，高薪水和公民投票權就突然降臨在他們頭上，這讓人有些無所適從。」

　　在紐卡斯爾附近的一家大的鋼鐵廠，男人們由於從事軋鋼工作而被付給最高的薪水，在這裡，他們每年能賺到 300 ～ 400 英鎊，一位業主說：「除了極少數的情況外，我們非常擔心工人們和他的家庭會在不必要的地方花掉他們大部分的薪水。」南斯塔弗德郡的另一位業主說：「在大多數情況下，鋼鐵廠的工人們會在下一個星期結束前花掉他們全部的薪水。當然，也有一些人例外。不幸的是，這種例外的人真是少之又少。」還有一位南威爾士的業主說：「關於工人們節儉習慣的情況是：一小部分人謹慎而且節約，他們會慢慢地把錢投資到房產上，但絕大部分人都會在把錢賺到前就提前向銀行借貸，花光了未來的薪水去銀行贖回自己典當進去的東西，而且他們的消費還是以一種最為魯莽的方式持續著。他們把大部分錢花在了喝酒上：這不可避免地導致了他們的懶惰；同時，由於酗酒和懶惰，致使許多人在第二天的時候都無法準時上班。因此，在每週三以前，工廠的人手都是處於一種短缺狀態當中，只有到此時，大部分吊兒郎當的人才從睡夢中清醒過來，他們花光了自己的錢，他們不得不開始工作。當然，

當薪水降低後，工人們反而工作得更多了。因為錢少了，所以喝酒的也少了，事實上喝酒越少，這個地方每一個方面的情況就會越健康，在道德方面和物質方面均是如此。

另一位觀察者注意到，在比爾斯的大約 6,000 名礦工中，他們每年花在買啤酒和白酒上的錢就超過 5 萬英鎊。這種揮霍浪費已經被比爾斯頓精明的商家研究並正在加以利用。相對於這裡的人口來說，沒有別的市場會供應如此豐富的精細的家禽肉，而且主要是 —— 如果不是全部的話 —— 供這裡的礦工們消費。這裡的居民很少有人直接與礦工們為友的。每到星期六，人們常常可以看見這些下賤的、容貌醜陋的礦工來這裡購買許許多多的雞、鴨、鵝肉作為晚餐，還有的人會用瓶裝著苦啤酒和葡萄酒回家。由於礦工們以前積蓄是如此之少，甚至於根本就沒有，以至於如果他們一旦失業的話，在一兩星期的時間內，他們就不得不去典當家中少得可憐的傢俱和衣服，以維持生存和喝酒。

愛丁堡的查博先生在有關桑德蘭的工人階級狀況的描述中，用了如下評論：「我懷著一種深深的痛楚之情提起我在很多地方得知的事情。在很大程度上，那些工人們被放縱支配著一切。他們的高薪水被無謂地浪費在了卑鄙的縱欲上，沒有人關心明天，工房完全成了難民營。有一個在鑄鐵廠工作的熟練的技工，他因為多年來薪水很高而被人注意到。他每天的收入是 1 基尼，一個星期是 6 基尼。他把收入全花了，大部分花在了喝酒上。現在，他已被調到了一個薪水較低的部門工作，每星期只能賺 1 英鎊。雖然這樣，可是他還是過著放縱的生活，可是薪水少了，酒也就少喝了一些。可以說，他們是一群有多少就花多少的人，絲毫不知道要儲蓄。

這裡還有另一個例證。布萊克伯恩的一位公務員以每年 20 英鎊租了

棟房，他把地下室以每年 5 英鎊的價格轉租給一位礦工。這位公務員有 1 個妻子、4 個孩子和 1 個傭人。那位工人有 1 個妻子和 5 個孩子。這位公務員的家庭總是穿戴整齊，而礦工家則是一部分人去工廠上班，另外一部分人去臭水溝嬉耍，但就是沒有人去學校。礦工的家人也總是衣衫不整，只有星期天除外，因為只有這一天他們才會領取高額的薪水，才能從當鋪取回自己的衣服。每到星期六來臨的時候，地下室的扁平鍋就開始不停地工作，這樣的熱鬧一直會持續到星期一的晚上。而每到星期四時，礦工家的一大捆衣服又會被送回到當鋪。然而，住在這座房子裡的上層階級的公務員的家庭年收入是 100 英鎊，比在地下室居住的下層階級家庭的年收入還要少 50 英鎊 —— 也就是說，他們的年收入為 150 英鎊。可是，結果卻是礦工的家庭生活窘迫、邋遢，甚至於需要靠典當來度日。

　　鄰近地區一位雇主常常說：「我買不起羊肉、鮭魚、嫩鴨和綠色豌豆布丁、新上市的土豆、草莓以及類似的東西。一般要等到這些時鮮珍饈上市三四個星期後，我才捨得買它。」

　　那些高度自私、揮霍和愚蠢的高薪水工人很少能夠讓人信賴。反感他們的人常常稱之為「下層社會」；但是，假如這些上層階級的人同樣注重感官的放縱揮霍的話，那麼他們也將是「下層社會」的一員。如果真是這樣，揮霍就不僅僅是罪惡或罪惡之源了，而簡直是殘忍。假如有一個家庭的父親，他已經把許多無助的生命帶到了這個世界，那麼如果他把錢都用在個人的放縱上（如喝酒），就是極度的冷酷與自私。這不會給父母親帶來任何好處，而且母親和孩子們有了這樣代代相傳的壞榜樣，他們的不幸也就無可挽救了。

　　父親一旦生病，並且失去工作的話，孩子們馬上就會無以為生。那些

不計後果的父母甚至不會採取任何預防措施 —— 如加入某個團體或互助團體，因此，當身為一家之主的父親生病失業後，那麼他的妻子和孩子就將不得不忍受饑餓的劇痛。如果他死了，那些可憐的生命就被扔給了陌生的慈善機構，或是依靠從濟貧稅中索取的少量的津貼度日。

　　似乎任何希望擴大他們權利的勸誠都是沒有用的，他們是如此怠惰，對自己的幸福毫不關心，對自己的家庭的未來也從不考慮，他們實際上也無意於提高自己。那些勤勉的朋友應該忠實地告訴他們：如果他們真的願意從妄自菲薄中站起來，成為一個有尊嚴的人，他們就必須謹慎、節儉和自我節制。只有履行自力更生的原則，他們才能在社會上得到應有的尊嚴、安定和關心，或是在社會福利的天平上得到足以提高他們地位的影響和權力的砝碼。

　　牛津的鞋匠布朗曾經說道：「一個好的技工就是世界上最自主的人。」不管別人如何，至少他自己是這樣。他的技能總是能夠找到屬於他的市場；如果他能勤奮、自制和聰明一點，他就有可能成為一個有用的、健康的和快樂的人。如果他一個星期能賺 30 ～ 40 先令，那麼他只要在使用上節儉一點，他就能穿得好、住得好，他的子女也能受到令人稱道的教育。當休斯·米勒先生還是一個石匠的時候，他每個星期的收入從來就沒有超過 24 先令，以下是他 15 年經驗的總結：

　　「無論是在藝術上，還是報紙上，把勞工階級的狀況描繪成那種令人悲傷的畫面似乎是非常時髦的，但我要說，在我當石匠的第一年年底，當我拿著木槌和鑿子離開時，我都不知道什麼是缺錢：我的兩個叔叔、我的祖父以及在我做學徒時和我一起工作過的其他石匠 —— 所有的工人 —— 都有類似的經歷；我的父親也是如此。我並不懷疑在一些特殊的情況下，

第四章　走向自立之路

有一些能幹的技工也可能遭受匱乏，我也不懷疑還有例外的情況，但大部分遭受痛苦的勞工階級，都是因為他們在學徒期間或是浪費了一部分精力，或是忽略了一些小的環節。這一點跟學校的情況很相似，正是自我放縱才把那些社會地位低下的勞工推向了不幸的位置。」

有些現象是令人沮喪的：英國竟然有如此之多享有高薪水的工人，他們卻把那麼大的一筆錢花在了個人的感官滿足上。許多人把他們全部薪水的三分之一花在喝酒上；另一些則花掉了一半。對於已經受過教育的那部分人來說，勞工階級自我放縱到如此地步是令人恐怖的 —— 他們把四分之一的收入花在了妻子和孩子們根本分享不到的目標上。

在最近召開的一次公開會議上（即勞工研究會在約克郡的第斯伯利召開的一次會議），羅布克先生不禁發問：

「一個年薪在 200 ～ 300 英鎊的勞工，為何會是一個狂暴、粗俗、殘忍的人？他沒有理由這樣。他為什麼不期望能像個紳士呢？他的房子為什麼不應該像我的房子呢？當我下班回家時，我發現了什麼？我發現了一個快樂的妻子 —— 她是一個優雅的、受過教育的婦人。我有一個女兒，她也是這樣。你為什麼就不能在家裡得到同樣的快樂呢？我想知道，一個工人下班回家時，為何不能發現他的桌子像我家的桌子那樣，已擺放整齊？他為什麼不能發現他的妻子穿著得體、整潔、可愛、善良，他的女兒也同樣如此呢……我們都知道，許多工人拿著高薪水，把錢花在了啤酒館和酩酊大醉中，而不是花在了為妻子和家庭買衣服上。我的薪水比那些人還少，但是他們在花薪水時為何不能像我那樣，把錢用在知識的樂趣上，讓全家一起來追求知識？工人們為何不能像我那樣，在吃完晚飯、感謝上帝的眷顧後，把精力轉移到享受知識上，而不是外出到附近的啤酒館喝得大

醉？我敢說，每一個工人都應該記住這些事情。如果一個人不告訴工人他們的職責是什麼，而只是誇誇其談讓人相信他是國家的一個大人物，那麼，他就不是工人們的朋友。」

要解釋清楚工人們的浪費與奢侈的具體原因是很難的。我們只能推測說它一定是過去原始人遺傳下來的舊習，一定是歷史殘餘。原始人熱衷於揮霍與酗酒，直到一無所有；然後他們才去捕獵或去戰鬥，這樣的生活就是原始人的生活。或者，它也可能是奴隸制度的殘餘。奴隸制是人類社會最早的制度之一，強者迫使弱者做奴隸。好戰的民族征服不好戰的民族，並強迫他們成為奴隸。因此，奴隸制從最早的時代就開始了。在希臘和羅馬，戰鬥由自由人進行，苦力由奴隸擔當。

奴隸制已經在我們中間存在很長時間了。當凱薩登陸時，它就已經存在了。在撒克遜時代它也存在，當時的家務主要是由奴隸來做的。撒克遜人都是臭名昭著的奴隸販子，而愛爾蘭人則是他們最好的主顧。最有名的奴隸交易中心是在布里斯托爾，在那個地方，撒克遜人向愛爾蘭出口了大量奴隸，如果是按照愛爾蘭史學家的看法的話，沒有哪個愛爾蘭家庭沒有英國奴隸在裡面工作。

諾曼人征服英國後，繼續保持了奴隸制。諾曼人把撒克遜人變成了自己的奴隸，並宣布他們是壞人和奴僕。據末日審判書留下的蘇塞克斯市路斯鎮市收費場收費處的記錄：1便士可買一頭牛；4便士可買一個奴隸──不是農奴，而是無條件的奴僕。從那個時代起，奴隸制就以各種形式繼續存在。直到亨利四世（1399-1413）統治時，法律才允許奴隸、農奴和技工送他們的子女上學。法律頒布很久以後，沒有主人的許可，他們還是不敢叫他們的兒子去學基督教。英國的國王，在與封建貴族政治做鬥爭的過程

中，慢慢地放鬆了奴隸法。他們制定了設立皇家自治市的法令；並且規定當奴隸逃跑後如果能夠藏匿一年零一天的話，他們就成了自治市的自由民，法律將宣布他們獲得自由。

在伊莉莎白一世女王統治時期，英格蘭的最後一批農奴獲得了解放。蘇格蘭的最後一批農奴則是一直到 18 世紀末喬治三世統治時才獲得解放。在此以前，礦工和鹽工都屬於土地，他們隨著土地一起轉讓和買賣。他們沒有權力決定自己的薪水應該是多少。就像美國南部各州的奴隸一樣，他們得到的食物僅僅能夠維持他們勞動中體力和精力的消耗。

當然他們也從來沒有被要求為了任何目的而儲蓄，一個奴隸，除了僅僅的溫飽外，也無權建立個人的儲蓄。他們也無須為了明天而做準備；因為他們的主人已經為他們準備好了。浪費的習慣就是這樣形成且一直保留了下來的。現在那些每天能賺 10 ～ 14 先令的蘇格蘭礦工，是 18 世紀末才被解放了的奴隸的孫子。在 1799 年透過的法案的序言中寫道：「鑒於在 15 世紀國王陛下的法案透過之前，許多礦工、煤炭搬運夫、鹽工的生活已經固定，他們工作的煤礦、鹽廠已有了改變。根據上述法案，他們的奴隸身份已經被取消，他們業已被宣布為自由人，儘管目前許多人仍繼續保留著奴隸身份，服從有關條款的規定，接受有關條款的處罰。」等等。這項新法案接著宣布他們從奴役下獲得自由。奴隸們以前賺錢只管養活自己，沒有為將來攢下任何東西。所以，我們說，煤礦工人和鐵礦工人揮霍的積習，是奴隸制度留存在我們今天政治體制中的殘餘。

現在情況已經變得完全不同了。無論是從事什麼行業的工人都相當自由。奴隸的消失帶給他的唯一痛苦，就是他還對喝酒保持著熱情 —— 這個方面他跟愛斯基摩人和北美印第安人很相似。他必須抑制自我、調節自

我，為了將來更高層次的喜悅而犧牲個人目前的利益。只有透過改過自新和自我節制，工人才能提高自己的地位。否則的話，他們的生活依舊會是老樣子！

現在的工人比過去任何時候都自由，他們有了更多的公民權。他們的權利得到了承認，他們已被接受並且成為憲法中平等的一員。對他們來說，有關勞工的協會、報紙、福利團體等，一切文明的現代機構都已相當廣泛地存在。他們已被納入了知識份子的範圍；從他們的中間時不時會湧現出偉大的思想家、藝術家、工程師、哲學家和詩人。知識從來都是沒有高低貴賤之分的。文明推動社會向前發展，勤勉把人推向更高的社會地位。在現實中，不滿意的情況也許存在，但唯有不滿意才是提高的前提和動力。因為一個人除非對自己地位的低微表示不滿，否則他是不會有動力去努力提高自己的地位。一個人對自己境遇的滿足意味著他已經停止努力了。

只有當一個人常常感到不滿足時，他才會放眼未來，動腦筋、去工作、去行動。勞工階級常常過低地估計自己的能力。雖然他們拿到的薪水高於專業人士的平均水準，他們中的許多人卻沒有去考慮如何改善一下自己破爛不堪的居住環境，而是把剩餘的時間和精力都花在了喝酒上。他們似乎希望自己和他們的階級受到社會的尊重，他們卻固執地認為自己沒有任何錯誤，也不想改變什麼。他們支持這樣一個觀念，即貶低勞動是非常錯誤的。所有的勞動都是高尚和光榮的，只有懶惰的人才是可恥的。

斯特林先生說：「讓工人把他每天的工作 —— 不管它是如何下賤 —— 都設法同他所能理解的最高深的思想結合起來，只有這樣，他們才能使自己的人生變得安全可靠，並把他們的生存狀態提升到一個極佳的境界上

去。正是因為工人在這個方面曾經失敗過，也正是因為那些應當幫助他的人沒有幫助他們，所以一直到迄今為止，那些工人的命運也老是與卑賤和墮落的生活狀態連繫在一起。」

談到報酬問題的時候，正如我們已經知道的那樣，一個熟練技工的平均報酬高於助理牧師。工程師的報酬高於軍隊中的外科醫生。一個鋼軌軋鋼工一天的收入超過 1 基尼，而一個海軍助理外科醫生只有 14 先令，如果是 3 年助理期滿後，那麼他每天的收入也只有 21 先令。事實上大部分非英國國教傳教士的收入比一個好的熟練技工要相差很多。而受雇於帳房或庫房的辦事員的收入就更低得可憐了。

如果熟練工人們願意的話，他們是能夠像我在上面提到過的那些受過教育的人一樣占據較高的社會地位。那麼是什麼東西阻止他們獲得更高的社會地位呢？其實很簡單，這是因為他們沒有把多餘的時間用來休養心性。雖然他們有足夠的錢，但是他們缺少的是文化。他們應該知道，人的社會地位不是取決於他收入的多少，而是取決於他的品性和知識。他們曾經喪失過很多機會——因為奢侈浪費的生活把他們的收入花費在動物般的享樂之中，甚至於是因為他們根本就不願意開發他們本性中最高尚的部分——這些東西被這些人從他們本來就參與其中的社會權利或其他權利中排擠了出去。

雖然他們有著高薪水，但是從很大程度上講，他們仍然在墨守他們那個階級的服飾、語言和品行。在休閒時間裡，他們的衣著總是髒兮兮的，雙手也不洗淨。無論這些工人的技能是如何爐火純青，他的心靈與品格卻老是沉淪於他的同事中最低檔次的水準。即使是他透過嫻熟的技能所賺來的錢，通常也只不過是敗壞他的道德和使他墮落而已——揮霍，鋪張，

浪費，花天酒地。然而他也許穿得好、日子過得好，並被同行的那些肉體的享受和知識的豐富所包圍，但一週一週，他的薪水都被這樣浪費了，有多少薪水就花多少薪水，他從來不會存一分錢。他是酒館的上帝，他們把錢都送給了酒館；但是當經濟蕭條或是身體一旦生病的時候，他的唯一的避難所就是工房了。

我們應該如何來救治這許許多多的罪惡呢？一些人說，我們應該給這些人提供更好的教育；另一些人說，我們要用道德和宗教來引導他們；還有一些人說，透過更好的住房、妻子和母親來潛移默化地影響他們。所有的這些影響，對於改善這些人的品格是會產生巨大作用的，這一點毫無疑問。還有一件事情是極為顯而易見的 —— 在下層階級的品格得到提升之前，無知與他們形影相隨，而且這種無知會不斷擴散。因此，想要提高他們的生活品質，就必須要想辦法改善他們的性格，在他們的早期生活階段就應教會他們如何養成深謀遠慮和自我克制的習慣。

我們常常聽說「知識就是力量」，但我們很少聽說無知也是力量的。然而在世界上，有時候無知總是比知識的力量更加強大。無知也一直占據著統治地位。也正是由於人們的這種罪惡習性，才導致了現代專制制度的存在。

無知導致人們之間的衝突，它使社會上產生了監獄和收容所、警察和警衛。國家的所有物質力量也是由無知提供，為無知所要求，並且常常被無知所使用。所以，我們最好還是承認吧，無知就是力量。

無知是強大的，因為知識只是被少數人的心靈所獲得。讓知識傳播得更廣泛一些吧。讓大多數人都變得富有教養、善於思考和充滿智慧吧。那麼，知識在與無知的鬥爭中可能會獲得優勢，但這一時刻還沒有到來，至少現在還有一些遙遠。

第四章 走向自立之路

　　看看犯罪記錄你就會發現，如果是有一個擁有知識和智慧的人犯罪，那麼同時就會有 100 個無知的人犯罪。反之我們看看所有類型的酗酒者和揮霍者的統計數字，無知者占據著絕對優勢。另外，我們從貧困的編年史來看，也還是無知者居多。

　　致使我們這個國家的人焦慮的主要原因就是由於無知所產生的社會痛苦和疾病。為了減輕這種困擾，我們形成了組織、結成了社團，並花費大量財力和人力支持其運轉，但是對於我們來說，無知的力量實在太強大了。在我們與之鬥爭時幾乎絕望。我們感到我們的許多努力都白白浪費了。我們常常準備在沮喪中放棄，或者在罪惡面前退縮回來。

　　「正確的言辭多麼動聽！」雅各呼喊道。是的，但如果公平一點地說，他也可能會說，「錯誤的言辭多麼動聽！」對於無知的心靈來說，錯誤的言辭比正確的言辭威力更大。因為它滿足了他們錯誤、偏見和空虛的腦袋，並且支配著他們變得更加無知。正確的言辭常常對他們沒有意義，就彷彿它們是死的語言一樣。聰明人的思想不能在大眾的腦袋裡停留，他們的腦袋充斥不下這些，所以這些思想飛過他們的腦袋，只有極少數的人能夠理解他們，所以也只有極少數人是不那麼無知的。

　　生理學家可能會討論一些健康的原則，而衛生委員則會寫一些小冊子在群眾中發行；但是實際上有一半的人可能根本就不會去讀；而剩下的一半人中，可能也只有極小部分的人有思考的習慣。因此健康的原則被忽視了。一旦感冒降臨時，可能就會有很多原因可找：沒有排水設施和髒兮兮的街道與後院；噪音、傳染病地區；惡臭的、不乾淨的居住環境；缺乏淨水和清新空氣供應的大批人口 —— 是這些導致了疾病。

　　是死亡導致了毀滅。

在英國有許多缺衣少食的寡婦和孩子都不得不依靠濟貧稅為生。這些情況讓我們不得不承認，其實無知就是力量。

減少這種無知的力量的唯一方法就是增長知識。就像太陽在天空中升起後黑暗就會消失，貓頭鷹、蝙蝠和其他潛行動物也消失了。如果我們給人民知識、給人民教育，那麼犯罪就會減少 —— 酗酒、揮霍、無法無天以及一切邪惡的力量都將會在一定程度上消失。（特摩赫爾先生最近在給內務部大臣的報告中，談到了鐵礦和煤礦區的情況，反映出他對教育的結果很有信心。他從全國各地找來的證據表明，不道德情況隨著薪水的增長而增長，這歸因於人們低下的嗜好和願望；在工作中，他們使出的力氣還不到自己能力的三分之二，由此導致的後果是產品的成本極大地上升、資金被套住、大眾深受其害，造成這些現象的原因還是如出一轍；他們很容易就成為工聯主義者和煽動家的犧牲品，而這又源於他們缺乏最基本的思想原則；每週在生產過程中發生的許多重大事故也是由他的愚蠢和無知所引起的；然而只要他們在那方面取得了知識的進步，他們就會變得更加有技能、更加順從、更加勤奮。這些事實使那些深思熟慮、目光遠大的有識之士確信：在不斷劇烈的外國競爭面前，保持工人的近況和避免危機的唯一方法就是用教育來改善技工們後代的素養）

然而，我們必須承認，僅僅靠教育是不夠的。聰明的人也許會是一個聰明的惡棍；他越是聰明，也就越是一個聰明的惡棍。因此，我們應當把教育立根於宗教和道德的基礎上，也只有這樣才能根除邪惡之癖性。知識文化對道德品行的影響可說是微乎其微的。在生活中你也許會看到許多頭腦聰明、受過教育的人，但是他們卻缺乏良好的品行 —— 他們揮霍浪費、奢侈浮華、喝酒買醉和邪惡墮落。因此，結論就應當是教育必須立根於宗教和道德的原則基礎上。

第四章　走向自立之路

　　同樣地，窮苦人民的墮落狀況也並不像通常人們所設想的那麼厲害。這實質上還是一個道德的問題。即使是勞動者的收入突然翻了一番，那他們的幸福也並不一定就會增長，因為幸福不在於金錢；事實上在大多數情況下，增長的薪水可能非但不是福而是禍。因為薪水的增長總是伴隨著酒量的增長和它帶來的後果 —— 由酗酒而導致的暴力的增長，甚至導致犯罪的增長。

　　布賴斯頓犯罪改造所的牧師克萊先生曾把酗酒視為一種極大的罪惡。他寫道：「這種罪惡還在以一種粗野的方式不斷地滋長著，它抗拒任何源於秩序和宗教的東西，阻撓真理與和平進入窮苦人們的家庭和心靈的道路……無論引發這種罪惡的主要原因是什麼，但顯而易見的是 —— 無知，主要是宗教信仰上的無知，這是促成這種犯罪性格中的主要成分。這種罪惡與喝酒的衝動相結合，二者一起產生了無數的罪惡。」

　　已故的亞瑟‧赫爾普斯爵士在談到高薪水和低薪水、賺錢和花錢的方法時，表示了自己的看法。他在《議會中的朋友》一書中寫道：

　　「我的信念是：即使在目前薪水水準較低的情況下，全英國每年發放的薪水也是非常多的，這些錢足夠使勞工的貧困狀況得到改善，但是有一條，就是這些薪水必須得到很好的使用，但我不認為那些窮人能夠單獨做到這一點。他們卻可以得到上層階級的支持、指導和幫助（不是送給他們錢，而是借給他們錢以產生利潤），至於其餘的事，想來那些窮人自己也能夠做到了吧。實際上，所有的富人都能幫助那些不能發揮自己長處的窮人有所提高，同時他們也能夠得到窮人的回報，如果窮人能夠克服掉他們最大的毛病 —— 酗酒 —— 的話。那麼他們的生活一定會得到很大的改善。

從生存之道的角度來說，窮人（實際上我們所有的人也如此）有兩件事是必須考慮：一是如何賺錢；二是如何花錢。現在，我相信雇主們的經驗將證實我的說法：常常有這樣的情況，那就是一個每週賺 20 先令的人卻不如一個賺 14 先令的人生活得舒適、存錢更多 —— 而這兩個人的家庭人數和總的環境實際上都是一樣的。這種情況是真實存在的。如果他能夠非常謹慎和善於思考，那麼他所賺的錢就會比那些不知道如何花錢的同行的平均數要高，或是在花錢的方式上比那些只知道用喝酒來滿足口腹之欲的同事能夠高出一籌。」

　　雖然這些情況令人沮喪，但是我們必須相信，在經過一段時間的教育後，人們的品格會有所提高 —— 變得更加實際、更加道德、更有良心 —— 他們會學會怎樣更合理地使用收入，考慮到節儉、事先做出安排並承擔起身為父母的責任養育子女、教育他們、經營好一個家庭。一位德國作家曾說，教育是給予孩子的最好的財富 —— 這個就和在銀行裡存錢一樣 —— 父母把它們存了下來。當孩子們長大成人後，他們有的可能需要教育，有的可能需要錢，但是實際上，孩子們擁有這兩者中的任何一種，都沒有任何的爭議。當然，教育的價值就跟錢的價值一樣，主要是要正確使用。知識的一個長處是能夠在知識增長的同時來提高人們正確使用它的能力，這當然不是說它能夠增長錢。

　　無論如何，獲得知識對一個人來說總是有益的。即使是僅從物質增長的角度來說，追求知識也是值得的，更不用說在道德方面上能夠提高人的品性和知識了。萊思·普雷菲爾博士堅持認為，那些工業化國家之間的競爭不久後一定會變成以知識為主導的競爭，英國必須在工業階級的教育方面做更好的準備，否則，它就準備落在其他工業化進步國家的後面，沒有另外的選擇。

第四章　走向自立之路

　　愛丁堡的布魯斯特先生說：「如果物質世界的偉大真理只被某些受過教育和明智的人所知曉的話，那麼，這對社會的和平與幸福將不會產生什麼作用。這麼有限的群體也不會給社會帶來福祉。作為人類知識的生命氣質的兩股潮流——世俗知識和道德知識，在它們能撫育和淨化社會之前，它們不應該只是來源於社會結構這個粗顯的大動脈，它還應當是來自社會結構中那細微的血管。知識是我們道德的快速解毒劑，是給我們帶來幸福的東西。罪行是毒藥禍根，知識就是解毒劑。一個社會也許能躲過傳染病和度過饑荒，它卻無法躲避由愚昧無知這個惡魔所製造的災難。無知這個惡魔在邪惡和騷亂這兩個冷酷的助手的幫助下，把人間拖進災亂的地獄，摧毀我們的制度，把社會和家庭這個天堂般的場所變成野獸的樂園。因此，法律應該擔負起它巨大的責任。正如它懲罰犯罪一樣，它也有義務防止犯罪；正如它強迫我們服從法律一樣，它也應當教育我們了解法律。而一旦它這樣做了，它就必須展示偉大的立法者的力量和智慧，將高貴的真理教給我們。因此，國家推廣教育的過程也就是推廣知識的過程；這就會使人們變得知足常樂和謙恭，使人們成為溫和守法的公民。」

　　公立學校的教育已經開始了。在全國內建立起完整的教育體系，卻還有許多工作要做。現在我們還無法判斷這個體系的效果如何，但是如果英國的普通教育能夠發展到跟德國一樣的話，那麼這個國家在今後 20 年內將得到巨大的進步。我們可以看到，教育幾乎已經杜絕了德國的酗酒之風，如果英國也杜絕酗酒、沒有人揮霍、沒有人不計後果地生兒育女，那麼英國社會的悲劇就會減輕很多。

　　因此我們必須相信，隨著勞工階級中知識的普及，他們中間就會形成一種更好的道德風尚，他們就會很快養成謹慎、節儉和遠見的習慣；而這些就是一個社會進步最牢固和最可信的基礎。

出身於工人的諾丁漢姆市已故市長威廉‧費肯先生說：「如果一個人想改善他生活的環境，他就必須盡量賺得多、花得少，他所有的花費都應該給他和他的家庭帶來實際的享受，而不是債務。要做到這一點，從薪水中拿出一部分作為儲蓄是第一步；這也是至關重要的一步，是走向真正自立的根本。現在，自立已經被出身貧寒但勤勉和節約的工人所實踐，這就像那些貿易者和商人一樣，這是一種偉大並且值得尊敬的福音。同樣的方法值得人們注意，那就是，整個開銷必須低於自己可拿到手的收入，所有偶然的開銷需求都必須認真地得到考慮並為此做好準備，多餘的開銷必須節省，以便把它們用於責任或良知所可能承擔的重要目標或願望之上。這需要勤奮的努力、嚴格的節儉、些微的遠見和某些的犧牲才能做到。對所有值得嚮往的目標來說，這只不過是很普通的目標而已。因為我知道這對那些用雙手長時間勞動而收入又微薄的工人來說意味著什麼！正如我曾在向工人發表的演說中所指出並親自實踐自我克制的那樣，基於這種經驗，我敢斗膽宣稱：獲得我所呼喚的那種獨立或者說自力更生的價值，要遠遠大於為獲得它們所付出的成本；而且，獲得或多或少都可以根據個人狀況因人而異，這是在我們的製造業中從事生產的許多技藝熟練的工人們力所能及的事情。」

第四章　走向自立之路

第五章
傑出人物的成功祕訣

第五章　傑出人物的成功祕訣

榜樣昭示了成功的可能性。

—— 科爾頓

一個人所具有的美德的力量會為他開闢成功之道。

—— 莎士比亞

我們想提醒讀者的是：無論你的心靈是在極地之上做浪漫的翱翔，
還是在塵世的黑洞裡艱難地探索，
你都應當了解 ——
明智、審慎和小心翼翼地自我節制是智慧之源。

—— 伯恩斯

在一個家庭中，或是一個國家中，最好的財富之源是節儉。

—— 西塞羅

正確的行動是正確信念的結果；只有在正確的行動過程中，一個真
正正確的信念才能得以維持、得到深化和傳播。

—— 姆康貝

在所有家務的原則中節儉是靈魂，它的目標就是節儉地管理家庭的一
切資源，防止浪費，避免不必要的花銷。節儉是理性和深謀遠慮的結果，
而不是一時心血來潮之行為。節儉也不是為了存錢而存錢，而是努力做到
物盡其用。它意味著一個人可以為了別人的利益而愉快地做出自我犧牲，
或為了明天的生活更美好而心甘情願地放棄眼前的享受。

《平凡的故事》一書的作者英奇伯爾德夫人就是這方面的典型例子。
她憑著節儉的生活習慣，能夠從她很少的收入中分出一半來資助她貧弱的
妹妹。結果她們每個人每週只有 2 英鎊來維持生活。她說：「在漫長的冬
天裡我無數次因為寒冷而哭泣，每當這時我就會對自己說：『感謝上帝，

我可憐的妹妹不必離開她自己的房間；她每天早晨都將發現火已經為她準備好了。因為她還小，她現在忍受困苦的能力遠不如我。』」顯然，英奇伯爾德夫人是非常貧困的，然而她仍然感到在她的家人受苦受難之時給予他們支持是正確的。這種情況只有用善心才能解釋：雖然自私和揮霍毀掉了千千萬萬的人，但善心卻從來沒有毀滅任何一個人。

在沃爾特‧司各特爵士的廚房裡的壁爐上刻著如下一句話：「不浪費則不虞匱乏。」寥寥數語，便道出了一個使物質充裕的計畫。計畫安排在所有的管理活動中被廣泛地運用 —— 它們包括家務、商業管理、工廠管理和軍隊管理等。有關計畫安排的格言說：每一樣東西都有其位置，而且每一樣東西都應該在其應在的位置上。井然有序就是財富。無論何人，只要他能正確地計畫好其收入的花銷，那麼他幾乎就等於增加了一倍的收入。計畫不好的人很少富有；計畫有方的人則很少貧窮。

我們說有條不紊的計畫是時間最好的管理者。因為除非工作被很好地安排，否則時間就浪費了。而時間一旦浪費就再也不會回來了。對事情預先做出井然有序的安排，能夠產生許多重要的結果。從某種意義上來說，人們對道德和自然法則的遵守，是一種秩序；同樣，尊重我們自己和我們的鄰居，這也是一種秩序；承擔起我們每一個人的責任和義務，也是一種秩序。美德也是一種秩序。世界源於秩序，在秩序建立起來之前，世界上的混亂曾一度盛行。

在人類生活中，節儉是確保生活井然有序的靈魂，是個人經濟節約的主要動力。節儉給很多家庭帶來了和睦幸福。在社會生活中，一般都是由婦女來管理家庭事務的，因此，也正是她們的節儉才使她們成了社會福利的基石，所以也更有必要讓她們接受養成節儉的美德和習慣的教育。

第五章　傑出人物的成功祕訣

　　貴族、商人、職員、工匠和體力勞動者都具有相同的人類天性，天生就有相同的要求，也同樣受到相似的影響。他們的確是出生於不同的社會階層，但生活得高尚還是卑劣是由他們自己決定的。他們也許不能選擇富裕或是貧窮，但他們能夠選擇做好人還是做壞人、做一個有價值的人還是無用的人。

　　從文化教育角度看，那些出生於上流社會的人經常要承受與普通工人同樣的貧困。他們經常花錢如流水但又身不由己，他們必須透過一些手段來保持自己的社會地位。他們必須衣著華麗，否則會被人看不起，出於健康的考慮他們不得不過一種優裕的生活。雖然他們的收入可能還不及礦工和鐵匠，他們卻承擔了教育孩子並把他們培養成紳士的道德義務，以便他們長大以後能夠獲得相應的體面工作。

　　第十代巴肯伯爵靠每年不超過 200 英鎊的收入支撐了一個有很多孩子的大家庭，而其中一個孩子後來成了英格蘭的大法官。我們不難發現，其實合理地支配自己的收入與收入的多少相比更能體現誰是真正的英雄。從這個角度看，良好的感覺、高雅的品味和健康的精神文化都只存在於最優秀的經濟學家當中。

　　已故的艾頓博士曾經提到過，他的父親收入只有巴肯伯爵的一半，但是他需要撫養的家庭卻比巴肯伯爵大很多。下面這段話是他在寫作《牧師經濟學》之前寫的，我們每個人都應該記住：「認真地履行做父親的職責是受人尊敬的。雖然他現在已有 83 歲高齡，他每年的收入從來沒有超過100 英鎊，然而他竟然把 12 個孩子中的 4 個培養成了自由的專業人士，當我們的幾個孩子上大學的時候，父親經常把最後一個先令都掏出來供我們讀書。」

我當然也可以透過自身的例子來說明節儉的好處。我的母親有 11 個孩子，並且很早就失去了丈夫，而當時最小的孩子才剛出生 3 個星期。雖然因為身為別人的擔保人而欠下了大筆債務（債務已償還了），但她還是勇敢地面對生活的困難並以堅忍不拔的毅力克服了它。儘管她的收入比很多高收入的普通工人還低，她卻使自己的孩子們接受了很好的教育，並以宗教和美德來薰陶他們使其長大成人。她的孩子們走上了成功的道路。即使他們沒有成功，那這也不是他們母親的責任了。

　　歷史學家休謨出生於一個富裕的家庭，但由於他是兄長，所以他的財產相當有限。他還是個嬰兒時父親就去世了，他是由母親一手撫養大的。休謨的母親嘔心瀝血地撫養和教育她的孩子們。23 歲那年，年輕的休謨去法國繼續他的學業。他在《自傳》中說：「在那裡我制訂了一生的計畫，我執著地追尋並且後來成功地達到了這一目標。我下定決心過一種非常節儉的生活以彌補財力的不足，並使我的自立不受損傷。在那時，我除了努力提高我的文學才能以外，我鄙視其他任何一個目標。」他出版的第一本書徹底失敗了，但他毫不氣餒，撰寫並出版了第二本書。雖然這本書獲得了巨大的成功，但他並沒有從中得到一分錢。因為他成了駐維也納和都靈軍事代表處的祕書。一直到 36 歲時，休謨自認為已成為富人了。這是他自己說的話：「我節儉的習慣使我擁有了一筆財產，這些財富確保了我的自立。我經常這樣說，我擁有接近 1,000 英鎊的財富，我的朋友們聽到之後就會露出會心的微笑。」誰都知道以年息 5% 計，1,000 英鎊一年就意味著可以獲得 50 英鎊的利息收入。休謨的朋友亞當斯密提到過他，「即使是在他最為貧困的時候，他那偉大而必要的節儉習慣也並沒有阻止他在適當的時候採取仁慈而慷慨的行動，休謨的節儉不是基於貪心，而是基於對自立的熱愛。」

第五章 傑出人物的成功祕訣

　　一個最著名的節儉例子是尊敬的羅伯特·沃克先生 —— 了不起的羅伯特·沃克，在他居住的坎伯立區至今還有人這麼叫他。在 18 世紀的晚期，他在裡斯維特做助理牧師。根據當時的約定 (1735 年)，助理牧師一年的收入僅有 5 英鎊。他的妻子給他帶來了 40 英鎊的嫁妝，如果僅靠一年 5 英鎊的薪水和他妻子的財產的利息，再加上他身為牧師的勞動所得，他們能努力維持生活嗎？是的，他做到了這一切，儘管很簡樸他卻生活得很好，而且還有積蓄，有能用於改善家庭的福利。他透過勤勞、節儉與自制的品行，做到了這一切。

　　首先是他的勤勞，與助理牧師一職有關的工作他都做得一絲不苟。在各個方面他都把安息日看成聖潔的一天。在早晨和晚上工作做完後，他會把整個晚上的時間都用來讀《聖經》和做家庭禱告。平時他給教區的孩子們教課時卻從不因教書而向孩子的家長們開價，而只拿人們自願給他的。教區教堂成了他的學校，當孩子們在他身邊複習課文時，他就像申斯通學校的女教師一樣認真地紡紗織布。他在山上有放牧的權利，他可以在那裡放養幾隻羊和兩頭牛，但是需要他的看護。在這種田園牧歌式的生活中他參加了耕作這樣的體力勞動，除此之外他還租用了兩或三英畝土地，他還擁有一個花園 —— 所有這些工作都是由他自己親手完成的。屋裡的泥煤也是他從附近的泥煤沼澤中親手開採來的。當然他也幫助過教區的居民們收割乾草或修剪羊毛，後來他的技藝達到了很精湛的地步。作為回報，鄰居們也給他一些乾草或是羊毛，作為對他提供幫助的感謝。

　　他在被任命為里斯維特助理牧師 20 年後，每年生活費漲到了 17 英鎊10 先令。他的卓越品格已為人所知並得到了很高的評價。卡萊爾的主教為他提供了相鄰的愛爾法教區的助理牧師的職位，他卻謹慎地拒絕了這一任

命。因為這一任命「易於引起兩地居民的不滿，因為兩地都認為受到了歧視，這或者需要在兩地交替供職，或者背叛職責，或者有人會把這歸結為我的貪婪。所有這些不滿與牢騷，我希望都能避免」。然而當時沃克已有8個孩子了。後來他還把一個孩子送到了都柏林的修道會學院學習，直到那個孩子擔任牧師職位為止。

教區牧師當然是最節儉的人，在他的一生中他都沒有表現出一絲一毫的哪怕是最小限度的吝嗇或貪婪。另一方面，他一生的行為都表現出了最大的無私與慷慨。他從不知奢侈為何物，他更少關心這些。在他家裡用來招待客人的唯一東西是茶水。他們家也用牛奶，為了健康這是很必要的，但除了牛奶，他家人飲用的另外唯一一種飲料是取自山泉的清水。家人的衣著也是樸素而體面的，衣服卻都是自己家裡做的，就像他們的飲食一樣簡單。偶爾為了吃肉，他們也會宰殺一頭羊；到年底他們會殺一頭牛，然後把牛肉醃製，這樣就可以吃上一個冬天。他們家人會把獸皮製成革，或者用羽毛來裝飾鞋子。透過這些以及其他的節儉方式，這位令人尊敬的牧師養育了他那人口很多的家庭。正像他高興地說起的那樣，不僅要維持生活「使生活必需品免於匱乏」，而且要給孩子們提供「足夠的教育以及在社會中足以安身立命的資本」。（關於沃克先生最好的描述可見沃茲沃斯詩歌的附錄。沃茲沃斯在他的《遠足》和十四行詩《達頓河》的注釋中提到了沃克先生，他對這位牧師的品格非常欣賞）

為了在這個世界上獲得發展和提升自己的社會地位，很多人「對享受不屑一顧，過著終日勞碌的生活」。為了實現更大的抱負，他們都過著謙恭而簡樸的生活。他們靠自己雙手的勞動來維持生存，直到他們能靠腦力勞動來安身立命。有人斷言這是不公平的，無產階級無法在社會上獲得地

位的上升是一種罪惡，而且「鞋匠永遠只是鞋匠」。而只有建立一種更好的社會制度才能使個人的自我發展成為征服科學與知識的唯一手段，世界才會獲得永恆的進步。

歌德說過：「既然知道如何理解及很好地適應社會，那麼對一個誠實正直的人來說，無論在哪種社會形式下生活完全是沒有區別的。」他又說，「誠實而富有進取精神的意志會為自己開闢道路，在任何一種社會形式之下都會採取有利的行動。」「什麼樣的政府是最好的政府？」歌德答道：「最好的政府就是教會我們如何自治的政府。」在他看來，我們的全部所需就是個人自由和自我教育。他說：「讓每個人只做他應做的事情，不要讓自己捲入這個世界的混沌之中。」

無論如何，也不可否認是個人主義促使了事物的發展，實現了知識的提高和社會的進步。正是個人的意志力和決心推動了世界在藝術、科學及文明的一切手段方面不斷發展向前。

如果單個的人願意自我克制，那麼合作的團體並不願自我克制。大眾太自私了，總擔心好處被別人獲得而犧牲卻要自己付出。因此正是在那些具有高貴的堅毅精神的人當中，我們找到那些既提升了自己又推動了整個世界的人。他們的所作所為對其他人發揮了很大的激勵作用 —— 振奮人的精神，激發人的意志，鼓勵他不斷努力向前。

艾爾柯勳爵在對東洛錫安的煤礦工人作演講時，他提到好幾個從煤礦走向成功的人。首先，他提到了麥克唐納先生，他是斯塔福德人。「我開始初識麥克唐納先生的時候，」他說，「是有人告訴我有個煤礦工人想在下院門廳見我。於是我走了出去，看到了麥克唐納先生，他交給我來自該地區的一份請願書，希望我能向下院提交。我開始和他交談，他所表現出的

知識和智慧讓我吃驚。他告訴我，他一開始是南開郡一個煤礦的童工，年輕的時候在夏天工作省錢，冬天把錢用於在格拉斯哥大學的學習生活。正是在那裡，他掌握了書本知識和寫作能力。我認為這個例子足以成為蘇格蘭煤礦工人的榮耀。另一個例子是赫格博士，他一開始是英格蘭的一個礦工，他早晨工作，下午就去學校讀書。後來上了 4 年大學，又在神學院做了 5 年研究。再後來由於健康問題他去了國外，現在埃及做一名傳教士。再有就是艾略特先生（即現在的喬治爵士），他是北特勒姆人，他的成功是證明礦工擁有實用知識的再好不過的例子。他一開始是一名普通礦工，他努力工作不斷進取直到雇傭幾千名工人。他從最卑微的地方做起，並且累積了巨額財富、擁有顯赫地位。其實在座的諸位或多或少都能這樣做，也毫無疑問地可以獲得相應的東西，只要你能做到節儉與勤勞。」

艾爾柯勳爵或許還提到了地理學家哈頓博士，一個有著極高天賦的人。他是一位煤礦檢查員的兒子、首屈一指的木藝雕刻家。別維克據說也是一名煤礦工人的兒子。坎貝爾博士也是羅漢德一名礦工的兒子，他在南非的貝專納（即波札那的舊稱）進行了長途跋涉的傳教活動，他是發現莫法特和利文斯頓的先驅。詩人艾倫・萊姆薩也是礦工之子。

喬治・斯蒂芬森從一個礦工成為地位最高的工程師也是源於勤奮、節儉。喬治一開始就非常勤奮，當他累積一小筆錢以後就把這些錢用於學習。當他的薪水一週能上漲 12 先令時是多麼幸福啊！當時他就宣布他是「在生活中獲得成功的人」！他不僅用自己的收入維持自己的生活，還能幫助貧窮的父母、支付自己的教育費用。他的技能也在不斷提高，當他的薪水達到一週 1 英鎊時，他就像所有深謀遠慮、富有智慧的人一樣開始儲蓄。當他節省下第一個金幣時，他對一位同事自豪地宣布，他「現在已經是一個富有的人」！

他說得很對。對一個人來說，如果在滿足自身所需又有所積蓄之後，他就再也不會陷於貧窮。可以肯定地說，從那天開始斯蒂芬森再也不必去追思過去的歲月了，身為一個不斷進取的人，他的發展就像旭日東升一樣充滿希望。一位閱歷十分豐富的人說過，在工人當中他從來還沒有見過這樣的例子：一個收入很少卻能積蓄到 1 英鎊的人最後需要靠施捨度日。

當斯蒂芬森計畫製造他的第一部火車頭時，他並沒有足夠的財力來擔負巨額的費用，但是在生活中他身為一個工人已經建立起了信譽。他是一個被信任的忠誠的人，他是一個值得信賴的人。後來拉文斯沃斯伯爵得知了斯蒂芬森想製造一部火車頭的事，他馬上就給斯蒂芬森提供了足夠的資助，使斯蒂芬森能把自己的願望變為現實。

瓦特在研製壓縮蒸汽機時是靠製造和賣教學器具來維持生活的。他製造長笛、風琴和圓規 —— 總之是任何能用來謀生的東西，直到他發明了壓縮式蒸汽機。與此同時，他還在不斷完善自己的教育，學法語、德語、數學和自然哲學原理。這持續了好多年。到瓦特發明他的蒸汽機並找到馬修·布林頓時，他已經經過自己的努力成了一個完善的人和精通科學的人。

這些偉大的人物並不以用自己的雙手謀生為恥，但是他們也感覺到，在從事體力勞動的同時，他們也具有從事腦力勞動的能力。一邊用雙手謀生，一邊從事發明和研究，事實證明這樣做為這個世界帶來了多少福利啊！休·米勒用他自己的生活提供了一個很好的例子，在生活事務中奉行切實可行的做法，這一點米勒極力向其他人推薦。當他開始創作詩歌並意識到自己身為一個作家的才能在不斷提高時，他仍然在做採石工，而且很勤奮。

赫萊斯・沃爾浦爾提到過卡洛琳王后曾庇護過一些富有才華的年輕人，但反而敗壞了他們沒能使他們成為詩人。這個例子和休・米勒早期的成功不一樣。他說：「對一個地位還很卑微卻有著文學才能的工人來說，沒有什麼比把他看得很高、所犯的錯誤更大更為致命。然而人們卻經常犯這樣的錯誤。我見過好幾個貧困潦倒的技工，他們自認為是詩人，認為自己現在所從事的體力勞動僅僅能維持生存，實際上卻貶低了他們自身的價值，他們最後的結局只是略微比行乞度日強一些 —— 太優秀而不能僅為麵包而工作，然而不能因為太優秀而恥於乞討。我把他們視為警醒的例子，我下定決心，在上帝幫助之下，我應當避免他們所犯的錯誤，不要讓誠實的天性被任何自私的念頭影響，或者因為自視甚高而不能自立。」

對一個有著一份好工作的人來說，透過學習與勞動激發出他的能量，做到自我克制，並把充沛的精力用於對知識的學習，這樣做是完全正確的。而諸如認真、節儉、閱讀的習慣、勤於工作這些優秀的品格將幫助這樣的人不斷進步，走上自立的道路。

作者在童年認識 3 個在農用器具製造廠門市部工作的人。他們一天到晚擺弄著木頭和鐵，製造兩輪單馬車、鐵犁、鐵耙、鑽具等等用具。有一天他們產生了一個想法：或許他們能幹上比造馬車和鐵耙更好的工作。他們並沒有鄙視體力勞動，他們卻希望體力勞動能夠成為通向未來美好生活的臺階。當時他們的週薪水還沒有超過 20 先令，所以他們其中的兩個在同一個工作臺工作的年輕人設法積蓄足夠的錢，以使他們在冬天上得起大學。每個學期結束後他們回來繼續從事體力勞動，在夏天賺足夠的錢以便在冬天能夠回到學校，但是第三個人並沒有走這條路。他參加了機械協會，這種組織在他所居住的城鎮中才剛成立，他透過參加講座和在圖書

第五章　傑出人物的成功祕訣

館讀書，掌握了化學、機械原理和自然哲學的很多知識。他學起來全神貫注，就連晚上時間都在努力學習，這使他最終成為了一個知識很完備的人。

沒有必要再描述他們的歷史了，但他們最後的成就一定要提一下。前兩人中的一個成了一所大型公立學校的教師和校長；另一個成了內閣大臣；第三個不辭辛勞勇敢地開闢自己生活道路的人，成了全球最大的汽船公司的總工程師和經理。

機械學會是一個很破舊的機構，在很早的時候就得到了工人的支持。即便如此，卻還是酒館更有吸引力、更受歡迎。然而儘管機械學會在約克郡和南開郡南部很少為人所知，但它已經對社會產生了很大的有益的作用。透過在少數願意學習和利用知識的人中傳授有益的機械學知識，它把很多人都推到了具有很大社會影響力的位置上。我們曾聽一個著名人物公開說，是機械協會造就了他；如果不是機械學會為他提供了接觸各種知識的機會，他將處在一個完全不同的地位上。簡而言之，機械協會使他由一個有執照的酒店店主成了一個偉大的工程師。

我們已經提到了很多人富有智慧的做法。比如在一個無足輕重的位置上透過他們的職業來維持生存，直到他們聽到召喚，看到一條通向更高職位的道路。赫雪爾透過音樂來維持生活，同時還在進行天文學方面的研究。當他在巴斯一個藥用水調配室裡演奏雙簧管時，只要跳舞的客人一停下舞步在房間裡休息，赫雪爾就會馬上走到屋外用自製的望遠鏡看一眼天空，然後他會再安靜地返回演奏室。正是在靠音樂謀生期間他發現了天王星。當皇家協會承認他的發現時，這位雙簧管演奏手突然一舉成名。

富蘭克林長期靠印刷業來維持生活。他是一個努力工作的人，節儉、

樸素、非常珍惜時間。他為薪水而工作，同樣也為塑造自我的品格而工作。當他被普遍以為是個值得信任的人時他就成功了。最終他成了大政治家，並被視為那個時代最傑出的科學家之一。

天文學家福格森在其身為天文學家的才能得到認同之前是以繪畫為生的。約翰·唐倫德在斯匹特爾費爾德斯時一直是個絲綢紡織工。在他的研究過程中，他對折射望遠鏡做了很大的改進，他所發明的無色望遠鏡使他躋身於當時最傑出的人物之列，但是在他生命中的大部分時間裡他都在做著最初的工作，一直到46歲。最後他決定全力以赴地研製望遠鏡，這個時候，他才放棄了紡織工的職業。

維克爾曼是古代經典藝術品和純藝術方面的著名作家，他卻是一個鞋匠的兒子。只要力所能及，他的父親就努力讓他接受足夠的教育，但由於健康狀況的惡化和勞累過度，他的父親被送到了醫院。維克爾曼和他的父親已經習慣了一到晚上就到大街上賣唱，以便能夠為他賺得上語法學校的費用。於是小維克爾曼承擔起了責任，他透過艱苦的勞動來支持帶病的父親的生活；後來透過教書，他獲得了足夠的收入，他能夠上大學了。每個人都知道最後維克爾曼有多麼著名。

薩謬爾·理查森寫小說的時候一直在幹賣書的活。他在外間賣書，在里間寫書。他從來不會放棄著作權，因為他珍愛自立。他對友人德福萊弗爾說：「你知道我有多忙，你也知道我是多麼珍惜一分一秒的寫作時間，我決不能掉以輕心，我要保持著生活安寧的自立。我從不想尋找庇護人，自己的勤勞和上天所賜是我全部的依靠。如果偉大不意味著善，那麼對我來說它就不是偉大。普通人享受一項重要的特權——他能保持自立，能偶爾對這個世界說他怎麼看待這個世界，並希望能夠為改進這個世界的狀

第五章　傑出人物的成功祕訣

況盡綿薄之力。」

　　已故的奧林薩斯‧格利高里博士在但甫福德機械協會的一周年慶祝會上傳了演講，他利用這個機會提到了很多人（有幾個他曾親自幫助過），這些人都是從最微不足道的地位起步，透過自己的能力、努力和自我克制，最後能在知識上創造很大的成就的人。他描述了幾個例子：有一個原先在收費公路上幹體力活，後來成了有名的希臘學學者；一個吹笛手和一個士兵透過自學獲得了成功，後來一個成了出色的學校校長，另一個成了自然哲學的講師；有一個制馬口鐵的熟練工，是他發明了三次方程規則；有人從一個鄉下教堂司事成為音樂教師，由於對音樂研究的熱愛，他從一個酒鬼變成了模範丈夫和模範父親；一個煤礦工人（一個和格利高裡博士通信的人）竟然是在評論高等數學方面富有才華的作者；另一位通信者是一個白鐵匠，他也對抽象數學——就是劍橋、都柏林和陸軍學院所講授的那些東西——很熟悉；有一個裁縫是優秀的幾何學家，他竟然發現了沒有被牛頓發現的曲線，而他一直身為一個裁縫很勤勞安分地工作到60歲，經過科學界的朋友的推薦，他被任命為領港協會的航渡檢查官；林肯郡的一位農夫，在沒有他人和書本的幫助之下，發現了地球的旋轉、天體天文學的主要原理，還發現了與第谷相似的行星系；一個鄉下的鞋匠成為英國最有才華的哲學家，在他50多歲的時候由於出色才華和非凡價值從故鄉移居倫敦，在倫敦他受命編寫了很多有益的出版物，以傳播知識並服務於人類的最高利益。

　　追求藝術的人不得不以多種方式來做到自我克制。

　　魁丁‧瑪特孟斯愛上了一位畫家的女兒，並且決心要贏得她的芳心。雖然他只是個普通陶匠和蹄鐵匠，但他發奮研究藝術，並獲得了出色的成

績。後來，原先拒絕這位鐵匠求愛的心上人接受了這位畫家的愛，但福萊克斯曼在與妻子結婚時，他還沒有在藝術方面取得任何成就，他只是一個技藝熟練、充滿希望的初學者而已。當約希瓦·雷納爾德爵士聽到他結婚的消息，他曾經大叫：「福萊克斯曼毀掉了一個藝術家！」但事實並非如此。當福萊克斯曼的妻子得知這一評論後說：「讓我們努力地工作，節儉地生活。我決不會讓別人說，安娜·德漢姆毀掉了約翰·福萊克斯曼，使他無法成為藝術家。」他們果然很節儉。為了賺錢，福萊克斯曼承擔了徵收地方稅的工作。充滿對藝術的熱愛並加上勤勞，這對耐心、勤勞、節儉的夫婦經過 5 年的小心積蓄，雙雙動身前往羅馬。在那裡福萊克斯曼邊研究邊工作，大大地提高了自己的藝術素養；在那裡他獲得了英國第一雕刻家的榮譽。

很多的藝術家都出身貧寒。如果他們生於富貴之家的話，也許永遠也成不了藝術家了。貧窮使他們不得不依靠自己的努力從人生的一個驛站走向另一個驛站，他們透過戰勝困難而加強了自己的力量。賀加斯的職業生涯是從刻印帳單開始的；威廉·夏普一開始則是刻寫門牌；塔西，這位雕刻家和獎章設計師，最早是以鑿石為生，由於偶然的機會，他看了一次畫展，於是立志成為藝術家，隨後他進入一所專業院校學習繪畫基本功。在這期間，他一直從事著過去的工作，直到他的新職業能夠養活他為止。他透過艱辛勞動提高了技能，並獲得更好的職業。

謝菲爾德的夏特雷在時間和金錢方面都堪稱經濟學家。身為一個雕刻師和鍍金工，他能從收入中節省出 50 英鎊的錢，然後把這筆錢給了他的主人以解除契約。隨後他去倫敦做了一個熟練的雕刻工，他開始製作半身雕像，透過不懈的努力，最後他成功地坐上了雕刻家的頭把交椅。

　　卡塔瓦是一位採石工人，就像他父輩和祖輩所做的一樣，透過採石這一工作他卻走上了雕塑之路。離開了採石場後，他來到了威尼斯並且為一位藝術家服務，但他的工作只獲得很小一點回報。他說：「我付出了很多的勞動卻只得到一小塊麵包，但這已足夠了。這就是採取決斷行動的後果，於是我開始鼓勵自己，快樂地期待得到更多的榮譽。我從未想到過財富。」他繼續他的學習——在繪畫和雕塑造型方面，也在語言、散文、歷史、考古和希臘羅馬經典著作方面。伴隨著漫長歲月的流逝，他的才能才得到認同，於是他一鳴驚人。

　　英國雕塑家盧夫是自制和勤奮工作的另一個例子。小時候他就喜歡畫畫。上學後，他用畫馬、畫狗、畫牛、畫人物來換別針：這是他獲得的第一筆報酬，他在回家時經常滿口袋都是別針，接下來他和兄弟們開始用黏土製作人物造型。把「教皇的荷馬」放在父親的窗臺上。幾個孩子非常樂意這樣做，他們做了數千個造型——有的是希臘人，有的是特洛伊人。等家人都上了床，盧夫兄弟就開始設計大劇場的造型，並在裡頭放上角鬥士。當盧夫兄弟長大以後，他們就開始從事一般的農田工作，跟在犁後面幹農活，但在農閒時他們還在從事雕塑。在耶誕節前後盧夫成了最受歡迎的人，每個人都想請盧夫做幾個耶誕節用的好看的糕點——鄰居們的要求尤其強烈。盧夫後來說：「這就是主要的鍛鍊。」

　　盧夫最終從紐卡斯爾去了倫敦，去開拓屬於自己的藝術生涯。因為他認識船長，所以他得到一艘煤船上的通行證。在到達倫敦後，只要是煤船還停泊在泰晤士河，他晚上就會在煤船的甲板上睡覺。他和船上的人相處得非常融洽，他們都勸他回到老家。在倫敦他沒有朋友、沒有資助、沒有錢，他怎麼能夠面對這樣一個處處不利的局面？但是一旦跨出這一步，

他就勇往直前 —— 他決不能回去，至少現在不能。當他向船上的人告別時，他們都為他感到絕望、哀嘆：他在倫敦孤身一人，孤獨地行走在聖·保羅的幽靈之下。

　　他的下一步就是在伯雷夫大街的一座陌生的二層樓上找了一個住處，樓下是一家水果商店。他在那裡開始創作了他那著名的雕塑《麥洛》。為了讓麥洛的頭能伸出來，他把屋頂掀掉了。在那裡海頓發現了他，對他的天才頗為賞識。海頓說：「我去看年輕的盧夫，他是位雕塑家，他初出茅廬就產生了很大的影響，考慮到當時的條件，他的《麥洛》堪稱現代雕塑史上的精品。這是又一個天才的例證。」（海頓的《自傳》）當時盧夫一定是貧窮到了極點，因為在他創作《麥洛》期間，他已有 3 個月沒有吃過肉了。當彼得·柯克斯發現他時，他不得不撕爛了自己的衣服用來做成溼布放在雕像上，以保持黏土的潮溼。他僅僅靠一個米浦式耳的煤來對付整個冬天。當時他習慣於躺在這一不朽作品的黏土造型邊上睡覺，隨著黑夜的來臨，他常因寒冷而數小時瑟瑟發抖，直到睡著為止。

　　夏特雷曾對海頓說：「只要我有足夠的錢，我就會投身於高雅藝術。」但是雕塑占用了夏特雷的時間。他慷慨地支付生活費用，在他的專業範圍內僅從事能賺錢的工作。當後來海頓在布里奇頓看到夏特雷時，海頓對夏特雷說：「我是一個從鄉下來到倫敦的人，現在正做著你一直夢寐以求的工作。」

　　《麥洛》的展出獲得了巨大成功。威靈頓公爵去看了，訂購了一尊雕像。馬特薩·懷特·利德雷爵士被年輕的盧夫的天才迷住了，成了他最大的資助人。雕刻家決定要為自己開闢一條新的道路。他認為希臘已經消滅了泛神論者，異教的神已被破壞了。盧夫開始了對抒情式雕塑藝術的

研究：他將成為英國的偉大「詩人」，但是僅僅透過一種人物的姿勢來講這個人物的故事顯然存在很大的困難。這就像思想的火花。「真正的藝術家，」他說，「必須立足於現實，但思想之筆要揮舞在空中。」他又說：「我的意思是要把靈魂與身體相結合、理想與現實相結合、天堂與人間相結合。」

　　沒有必要花大量篇幅來描述盧夫先生身為雕塑家的成就。他的雕塑《懺悔者》在全世界聞名遐邇。他能用雕塑來刻畫莎士比亞和彌爾頓。他的《精靈》《泰坦》以及其他偉大的作品都為人所知，他的天才受到廣泛的尊敬，但值得一提的是，他著名的雕塑《麥洛》到 1862 年才鑄成了青銅像，在當年的國際博覽會上展出。

　　德比伯爵在最近給利物浦學院（這一部分內容應該收錄在德比勳爵令人尊敬的《對年輕人講話》一書中）優秀學生頒贈獎學金時作了如下評論：

　　「在世界各國不同年齡的人中，大部分人都是不勞動不得食，在英格蘭，即使那些沒有必要這樣做的人，往往會由於榜樣、習俗或某種認為正當的感覺的驅使，也會以某種方式這樣做……如果存在某種必然性的話，那就是一個社會的成員必須為社會做點什麼，只有這樣他才能從社會中得到他想要的回報。除生理上的殘疾和缺陷以外，無論是學識淵博，還是極其富有，或是其他託辭，這些都不能成為我們逃避這項簡單的個人職責的藉口……像我們這樣的社會裡有人卻不這麼看。今天我想要說的是，在我看來，各行各業的人太喜歡把我們自己視為『謀生』的機器，然而我們忘記了一點：每個人都具有多方面的才華和技能，但很多才華和技能是無法被雇傭的，人的很多需要無法透過職業來滿足。當你們全身心地投入事業當中勤奮工作時，我絕對沒有任何意見，但是我所認識的一個最睿智、最

有修養的人在 50 歲之前就從收入豐厚的職位上退休了,因為他認為自己已經賺到了他和他家人所需要的足夠的錢,他不需要把晚年的歲月用來賺錢了,有人認為他愚蠢至極,我卻不這麼看。我相信那位先生決不會因此而後悔的。」

德比勳爵提到的那位先生就是蒸汽錘的發明人納斯密斯先生。既然他自己都同意他一生的故事可以公開出版,那就沒有必要對他的姓名遮遮掩掩了。他的一生為我們的公民提供了最好的典範。還是個孩子時,他就已經具有活潑、積極和樂觀的氣質了。他肯定是從父親那裡繼承了機械技術方面的出色能力,他父親不僅是位技術工人,同時還是畫家。正是在父親的工作間裡他第一次接觸到了那些工具。而他有個小夥伴的父親是開鐵匠鋪的,他經常去鐵匠鋪看鐵的制模、熔化、鑄造、定型以及接下來的一道道工序。

納斯密斯先生說:「我把小時候星期六的下午在這個小鐵廠的各個車間裡來回跑動,到處看看的時光視為我一生中唯一的真正的學徒時期。我不相信透過讀書能學到這些東西。我看他們怎樣做,只要是力所能及就親自操作一下,給他們幫個忙。與這些工作相關的想法再清晰不過了,永遠地印在了我的腦海裡 —— 其實我在那裡得到的東西和一個工人沒有什麼兩樣。」

在那段時間裡,小納斯密斯已經能夠用他父親的工具做一些事情。他用鋼鐵製成火絨箱,然後賣給學校同學。他製作了蒸汽機模型和組合模型,在學校裡的課堂裡用。透過賣這些模型,他賺到了足夠的錢,這些錢能讓他去愛丁堡大學聽自然哲學和化學的課程。當時他的工作之一是製作用於一般道路上的蒸汽車的活動模型。模型的效果相當棒,他忍不住做了

更大的模型。使用獲得成功以後，他把蒸汽發動機賣給了一家小工廠。

　　那時納斯密斯已 20 歲了，他希望自己的才能有用武之地。他想在大型的發動機製造廠找到一份工作。在他看來，首選當是倫敦亨利‧馬德斯雷的公司。為了能成功，他自制了一臺小型蒸汽機，機器的每一部分工作，包括鑄鐵和鍛造都是他親手做的。他動身前往倫敦向亨利‧馬德斯雷這位偉大的工程師毛遂自薦，拿出圖紙並展示模型，不久他就成了馬德斯雷先生的門生。

　　接下來就是薪水的問題了，納斯密斯離開家前往倫敦靠的是他自己的錢，他決心以後不再花他父親的一分錢。早在 11 歲時，他就相信自己有能力能維持自己的生活而不再花家裡的錢。他果然實現了自己的決心，其行為是何其高尚啊！他相信薪水既然能維持其他工人的生活，也必定能維持他自己的生活。他不得不自我控制和自我節制，他能做到這些。雖然他還只是個小夥子，他卻具有足夠的智慧與自尊，為了保持已獲得的良好狀況，他能在每件不必要的事情上做到自我克制。

　　還要說說薪水問題。馬德斯雷先生把這位年輕人領到會計那裡領取週薪水，納斯密斯的週薪水是 10 先令。他知道，如果過一種拮据的生活，他能用這點錢活下來。他設計發明一個小灶具，這個東西我們現在還能描繪出來，卻沒有必要描述他如何做飯、如何生活，我們只要說明他的小灶具使他能實現目標就足夠了。他量入為出，真的再也沒有花他父親一分錢。

　　第二年他的薪水就提高到一週 15 先令。這樣他就開始省錢，但他並沒有把錢存到銀行去，而是添置器具，後來他就是用這些器具開始了創業。在他工作的第三年，他的薪水翻了一倍 —— 這是基於他的業績。他曾經說過：「我不知道在我以後的生命歲月中，還會不會有我在馬德斯雷

的公司度過的這樣有趣而充實的 3 年時光了。對一個像我這樣的人來說那真是太好了 —— 我以無限的熱誠投入到一切與機械相關的工作中去，我在研究機器同樣也研究人。我希望很多年輕人都能像我這樣做。我深信他們將會不斷地提高，他們可以在每天的進步和真正的自立感中得到回報，這對那些努力工作渴望開闢自己的生活道路和那些想成為好人的人都具有很大的吸引力。」

在馬德斯雷的公司幹了 3 年之後，納斯密斯回到了愛丁堡，並且在那裡開了一家不大的機械工具商店，這很適合作為他創業的起點。為了賺更多的錢、添置更多的工具，他建立了一個車間做各種機械工作。他在那裡花了兩年的時間。1834 年他把全部的工具和機器都運到了曼徹斯特。他在那裡創業的起點非常低，成長卻非常迅速，這使得他獲得了信心。後來他在位於帕奇克勞夫特的布裡奇運河岸邊買了一塊土地，這就是現在著名的布里奇鑄鐵廠的開始，而當時只是木頭工棚而已。

他說：「在那裡我嘔心瀝血、不辭辛勞地工作，一直到 1856 年 12 月 31 日，從那時開始我就安然引退，開始享受閒暇、享受充實而充滿樂趣的生活。在上帝的保佑之下，我用一生的黃金歲月幹了一番我引以為傲的事業。我相信我可以毫不誇張地說，我在這個機械時代的很多有用的發明創造上打下了自己的烙印，而且這些發明創造絕不是少數。很少有汽船或火車頭是不用我發明的蒸汽錘的，沒有蒸汽錘也就不大可能有阿氏槍、惠氏槍和鐵皮軍艦。」

雖然納斯密斯 48 歲就功成身退了，但他並沒有在百無聊賴中靜養天年。他繼續過著極其忙碌的生活，但內容是不同的。他已經擺脫了現實的束縛，在理想的星空裡遨遊。透過自制的望遠鏡，他觀察太陽並發現了太

陽的「椰葉紋」。他觀察月球並拍下了照片，在他出版的專題論文中，他向我們詳細地介紹了月球的地理狀況。他還是一位地道的藝術家 —— 雖然因過於謙遜而沒有舉辦畫展，但他有大量的時間用於作畫。上次我們去哈墨費爾德參觀他那漂亮的住宅時，他正在對用在新望遠鏡上的玻璃進行拋光，而所用動力竟然只是安裝在外面房屋上的風車。

　　在結束本章之前還要說句話。納斯密斯說：「如果我要把我勤勉而成功的一生中所形成的經驗用一句話表述出來，那就是幾個詞：『職責第一！享受第二！』這在任何情況下都可以成為年輕人通向成功之路的規則和祕訣。從這句話我已經看到了年輕人以後的進步了，而一般所謂的『厄運』『不幸』與『苦命』之所以降臨，十之八九都是因為採取相反的做法、不聽規勸的結果。從我已有的經驗來看，絕大多數情況下，成功遲遲不來就是因為缺乏自我克制和缺乏常識。最有害的原則正好反過來：『享受第一！工作與職責第二！』」

第六章
開創幸福人生

羅馬人把勇氣和美德看成同一個詞，這飽含了深刻的智慧。而事實
上不戰勝自我就沒有美德可言。那些不需要付出代價的東西也一文
不值。

—— 德‧梅斯奇

人與低等動物相比所具有的全部優勢幾乎都來自於與同類合作行動
的能力，人能夠透過幾個人的聯合行動來做到單個個體的努力所做
不到的事情。

—— J. S. 穆勒

在未來，我們主要的安全保障在於財富更為廣泛的分布，也在於有
利於出現上述結果的法律。占有財產後，人就具有保守的本能，厭
惡激進的或無法無天的做法……因此我們很希望鄉下人都成為地
主，城裡人都成為資本家。

—— W. R. 格萊格

　　實踐節儉的方法很簡單。就是賺多花少，這是第一條原則。把一定比
例的收入應該用於將來可能會遇到的困難，這個是必須的。那些賺少花多
的人必定是傻瓜。民法對待揮金如土的人與對待瘋子的做法很接近，就是
經常取消他們管理自己事務的資格。

　　第二條原則是要支付現款，不要在任何地方欠債。因為一個債務纏身
的人往往喜歡欺騙他人，這樣就容易變得不誠實。「償還債務的人會使他
本身變得富有。」

　　第三條原則是不要預計不確定的利潤並在錢到手前就把它們花出去。
利潤未必能到手，這樣的提前消費就會使你債務纏身而且有可能永遠難以
自拔。在將來的某一天，也許債務就會壓垮你的雙肩，就像《辛巴德》中
描述的老人一樣。

節儉的另一個方法是把你的所得和花銷做成定期的帳目。一個規劃得當的人事先就知道他要什麼，並能為這些東西拿出必要的錢。這樣他的家庭預算就能夠平衡，他的花銷也必能受到自我的節制，以收入為界。

　　約翰・魏斯雷就通常這樣做。雖然他收入很少，但他的眼睛總是緊盯著自己的各項事務。在他去世的前一年，他用顫抖的手在開支的帳目本上寫道：「在 86 年多的時間裡，我都做到了帳目清晰。我並不在意是否還有必要這樣做下去，但我確信能經濟地規劃我的所得，並捐贈了我能夠捐贈的東西——也就是說，我擁有的一切。」（桑斯的《魏斯雷傳》）

　　除此之外，家長或女主人也有必要注意不要有東西丟失，還有每樣東西都能做到物盡其用、放置得當，並且所有東西都能體面得當、井然有序。即使是那些最有成就的人親自來過問一下自己的家務，那也不是什麼羞恥的事情。對於中等收入者來說，家長關注家裡的每一件事就像關心自己的生意一樣是絕對必要的。

　　節儉的精確限度難以確定。培根說過，人應該懂得量入為出，花銷不應超過收入的二分之一，餘下的應積蓄起來，但這樣做可能太精確了，這些連培根自己都沒有做到，一個人的多少收入應花在房租上，這應該取決於環境。比如在鄉下是十分之一，在倫敦是六分之一。無論如何，賺得越多花的越少，那就得到的越多。第一次所犯的錯誤可以彌補，但以後的錯誤補救起來就沒那麼容易了。對於那些很大的家庭來說，積蓄的錢越多，就對以後的幸福生活越有利。

　　節儉很有必要，對中等收入者和相當貧窮的人都一樣。不節儉就不會慷慨，因為他沒有能力參加社會上的任何慈善工作。如果他把全部收入都花在了慈善上，他以後就無力幫助任何人，或者還需要別人的幫助，這樣

的行為是給社會增加負擔。他不能以適當的方式來教育孩子，使他們的孩子有一個適當的生活與事業的起點。培根的例子說明，即使最高超的才智，但若是忽略了節儉也同樣是危險的。而每天都有成千上萬的證據證明即使是一個智力最一般的人也能成功地實踐節儉這一美德。

　　雖然英國人是一個勤勞、努力工作、一般也是自我克制的民族，他們也肯定能夠以他們本身和他們的努力在世界上得到相應的地位並獲得發展，但他們有點忽視了能改善狀況並確保社會福利的某些最好的有用方法。他們在做到性情溫和、節儉樸素和深謀遠慮上接受的教育還嫌不夠。他們現在只是為現在活著，極少考慮將來的問題。身為丈夫和父親，如果他們只是供給了現在的家庭所需，而沒有考慮到將來，那麼他們通常被認為已經盡到了職責。所以說，英國人雖然很勤勞，卻缺乏遠見；雖然他們很能賺錢，卻揮金如土。他們並未做到足夠的深謀遠慮和節儉的美德。

　　在英國各行各業的人們受這樣的想法影響的人實在太少了。他們習慣於入不敷出——至多是收支相抵的生活。上流社會在為炫耀而生活，他們必須保持自己的「社會地位」，所以就必須要擁有豪華的住宅、漂亮的馬匹和馬車，吃山珍海味、喝名酒，女人們必須要穿昂貴華麗的衣服。這樣奢侈浪費的做法不顧一切，卻往往讓人心碎，使人的希望破滅、雄心受挫。「上梁不正下梁歪」正是一句最準確的評價：中產階級努力模仿貴族氣派，他們要裝修住宅，穿華麗的衣服，給馬車加上豪華的布篷。他們的女兒要學習家政，關注上流社會，騎馬駕車，經常去歌劇院和戲院。社會上炫耀風行，人們互相攀比，各種荒唐有害的做法更是一浪高過一浪。現在，這樣的惡習依舊還在蔓延。對於勞動階級來說，他們的收入更少，而且剛剛達到收支相抵的程度，但只要他們有點錢，他們對如何對付以後

可能的艱難歲月考慮也很少；一旦不幸降臨的時候，就只有家徒四壁的屋子能發揮到遮風避雨的作用，但這並不能解決物品的匱乏造成的貧窮和災難。

因貪婪而吝嗇與因節儉而省錢是完全不同的。節省錢的做法都是一樣的 —— 為了不浪費，節省每一樣東西的目的有很大的差別。吝嗇鬼的唯一快樂就來自吝嗇。節儉的精明人在享受和舒適上花的錢往往以他的承擔能力為限，而餘下的則要為將來而積蓄。貪婪的人會把金子視為神物，視為他的生命，他會對之頂禮膜拜；而節儉的人則把金子視為有用的工具，視為一種提高他個人以及家人福利的手段。吝嗇鬼從不知道滿足，貪得無厭，他累積的財富遠遠超過了他能花銷的程度，但往往死後那些財富卻被他人揮霍一空，尤其是那些揮金如土的浪子。自己吝嗇一生來換取後輩的揮霍，不得不說這是一種悲哀。而節儉的人則沒有想過要累積多少財富，而是著眼於在財富和舒適方面都確保得到相對公平的一份。

經濟節儉地支配收入是所有人的職責，年輕人和老人都一樣。薩利公爵在他的《回憶錄》裡提到，他的富有源於節儉，在他年輕的時候，他手頭上總是有些現金以應付突發事件。如果一個人結婚了呢？履行節儉的義務就更有約束力了 —— 他的妻兒是他這樣做的最強有力的理由。萬一他過早地去世了，難道他要讓妻兒在這個無助的世界上掙扎嗎？慈善之手是冰冷的，施捨得來的東西與勤勉、艱苦勞動、誠實的積蓄所獲得的東西相比一文不值，後者的本身就意味著福祉和舒適，而且不會對無助者和一無所有的人的情感造成任何傷害。因此讓每一個能這樣做的人努力地去節約和積蓄，不揮霍浪費，要他的積蓄豐厚起來，這有助於增加他本人以及他過世後其家人的幸福。

第六章　開創幸福人生

　　在為有價值的目標而節省金錢這樣一個努力過程中體現了尊嚴，即使這種努力最後並沒有取得成功，它卻產生了井然有序的想法，使節儉戰勝了奢侈浪費，使美德戰勝了邪惡；它能控制激情，消除憂慮，確保人們獲得舒適的生活。節省金錢，即使節省不多，也可以少流很多眼淚，避免痛苦與心神不安，否則的話，這些痛苦與不安就會降臨到我們頭上。擁有一小筆錢，讓人的步伐更為輕鬆，心也跳得更加歡快。當發生失業或不幸降臨時，他仍舊能夠泰然地面對這一切，他可以依靠自己的資本來避免或中止情況的惡化。透過節儉樸素我們了解到了一個人的尊嚴，生活將因此成為一種福祉，而晚年也將因此享有榮譽。在節儉的做法之下，當我們走到生命的終點之時，我們會意識到我們並未給社會增加負擔，或許恰恰相反 —— 我們是社會的財富與榮耀；而且我們還會意識到，由於我們的自立，孩子們同樣會以我們為榜樣，並得到我們留給他們的財富，這樣他們就會以快樂和自立的方式生活在這個世界上。

　　人生的第一職責是發展、教育和提升自我，同時也要以合理的方式來幫助想要自立的兄弟。每個人所共有的自由意志和自由行動的能力都很大；這一事實已經為很多例子所證明，他們最初的環境非常不幸，但他們成功地在逆境中抗爭並克服了困難；他們從社會最底層和貧困的深淵中脫穎而出，彷彿是為了證明精力充沛、目標堅定就可以使自己在社會上獲得上升、發展與進步。難道人性的偉大、社會的榮耀、國家的力量不正是這種勇於直面並克服艱難困苦努力拚搏和堅持的結果嗎？

　　一個人一旦決心要成功，那麼他已經跨出了走向成功的第一步。良好的開端是成功的一半。正是在這種發展自己的過程中，他才最有可能去推動他人的利益進步。他用事實給了別人最有說服力的說法，榜樣的力量與

言辭上的教誨相比更具有感染力。他做的事，其他人會爭相仿效。以他為榜樣，他以一種最令人難忘的方式教會了別人要履行自我改造和自我提高的職責，如果大多數人像他那樣做，那麼從總體上說社會將會變得多麼開明、多麼幸福、多麼繁榮啊！社會是由個人組成的，因此社會的幸福與繁榮（或者與之相反）程度是與組成社會的個人狀況相一致的。

對於社會待遇不公的抱怨自古以來就有。在色諾芬的節儉中，蘇格拉底問：「為何有的人生活富裕而且有所積蓄，而其他人生活必需品都很匱乏同時債務纏身？」伊斯馬薩斯答道：「原因在於前者專注於他們的事業，而後者卻對事業不加考慮。」

大部分情況下，人的差別基於才智、行動與精力。那些最優秀的品格從來不會碰巧出現，而是在美德、節儉與深謀遠慮的影響下造就的。

當然，世界上還有很多人在犯錯誤。那些指望他人垂青而不是自力的人註定難以成功。吝嗇鬼、無足輕重的人、揮金如土和鋪張浪費的人必定會失敗。事實上大多數人的失敗是他們本身應得的 —— 他們以錯誤的方式來安排工作，而經驗好像對他們沒有任何幫助。其實在現實中，運氣並不像有些人想的那樣能產生那麼大的作用。幸運只不過是對實際事務有效管理的代名詞罷了。黎塞留過去常說他不會繼續雇用一個不幸的人 —— 一個缺乏實際能力、不能從經驗中得到教益的人。過去的失敗常常是未來失敗的徵兆。

有些最優秀、最有才華的人也缺乏老練的作風。他們既不能忍受環境，又不能改變自己以適應環境，他們固執地堅持著自己的做法，但他們的結局僅僅是搬起石頭砸自己的腳。他們制訂了偉大的計畫，做了周密的準備，但他們還是沒有完成自己的目標 —— 就像華盛頓·歐文提到的那

個荷蘭人一樣。

　　在現實生活中，我們希望一切條件都已就緒，而不必為它做任何準備。我們自然就喜歡那種目標清晰並能以迅捷直接的方式達到目標的人；喜歡那些能以生動的語言描繪做事步驟的人。沒有行動，語言只是無意義的嘮叨罷了。

　　成功的願望便是累積財富的願望，他們並不是沒有用處的。毫無疑問，人的內心深處總希望生活變好而不是變壞。事實上累積財富的願望構成了人類社會不斷發展的最重要動力之一。它為個人的精力與活力提供了堅實的基礎，它是海運和工商企業的開端，它是勤勞同時也是自立的基石，它鞭策人們努力工作、從事發明並去超越別人。

　　沒有一個懶惰的人或奢侈浪費的人能成為偉人。正是在那些珍惜一分一秒的人中，我們發現了推動這個世界發展的人 —— 透過他們的知識、他們的科學或創造發明推動了世界的進步。勞動是生存的一種條件。「勞動是上蒼強加於優秀子民身上的負擔」，這一思想在蒙昧以來就為人所知，在基督教時代同樣有其價值。

　　我們以後就會發現，每一件事都取決於累積的財富的用途。在新奧倫斯的約翰·道諾夫的墓碑上刻著如下格言，作為這位商人對青年人人生道路的教益：

　　切記，勞動是生活的一個條件。
　　時間就是金錢，不要浪費一分一秒，要利用每一分鐘。
　　你喜歡別人怎樣對你，你就怎樣對待別人。
　　今日當做之事勿候明日。
　　自己當做之事勿候他人。

勿取他人之物。

不要忽略小事。

不要花掉還沒有到手的錢。

不要老是花錢，要賺錢。

用最有效的方法來約束你生活中的行為。

在你的一生中努力去達到最大的善。

生活的必需品不要吝嗇，但要過一種簡單樸素的高尚生活。

努力達到你生命的最大價值。

很多人牢記在心，他們透過節儉地安排生活來防止將來災難的發生，防止淪落到窮困潦倒的境地。他們能透過自己的努力做到這一點，也能透過合作的制度來做到，合作使得這一做法不斷擴展。處境最艱難的人可以透過財富的聯合與互相幫助，以多種方式來克服貧困的壓力，改善生活狀況，甚至促進整個社會的發展。

個人能夠為改善和發展社會狀況做一些工作，雖然微不足道，但當聯合其他人為了同一個目標而共同努力時，他就能發揮到很大作用。文明本身就是合作的產物。穆勒先生說過：「人與低等動物相比所具有的全部優勢幾乎都來自於與同類合作行動的能力，人能夠透過幾個人的聯合行動來做到個體努力所做不到的事情。」

社會發展的奧祕就在於合作，也只有藉由合作，才能為提高經濟水準和社會生活這樣的重大問題找到完滿的答案。要想在很大範圍內推動慈善事業，人們就必須合作起來共同努力。那些為了普遍的善成立的組織從各方面來看運作起來都是最成功的社會，也就是有著最好制度的社會。

中產階級廣泛地採取了互相合作的做法。沒有一個階級像中產階級一

第六章　開創幸福人生

樣發展如此迅速，能夠依靠他們自己的精力和勤勉為英格蘭的國力強盛和繁榮進步做那麼大的貢獻。為什麼呢？因為其活躍分子隨時準備互相幫助、互相合作與聯合。遭受攻擊時他們聯合起來，戒除惡習時他們聯合起來，為了達到一個偉大目標他們更要聯合起來。他們聯合起來，一起制定商業的規則，開掘運河，建設鐵路，成立天然氣公司，建立保險公司和金融公司，他們一起做了大量的實業工作。透過小額資本的聯合，他們能累積巨額資本，因此，他們能承接工程浩大的專案。

與那些更急需合作的階級相比，中產階級透過合作做出了更大的成就。所有股份制公司都是合作之果。鐵路、電報、銀行、礦場和工廠大多數情況下都是透過中產階級的儲蓄建立起來的。

勞動階級只是剛開始採用同樣的做法。透過這樣做，他們能取得多麼大的成就啊！把節省的收入放到一起聯合起來，他們就可以成為自己的主人。在過去一些年裡，數百萬先令花在罷工期間的薪水上，一年有1億先令花在喝酒與不必要的專案上。這是一筆巨額財富。花掉或支配這樣一筆財富的人可以很容易就成為資本家。如果這樣的錢花在建築、廠房和蒸汽機上，那麼他們就可以使自己為自己工作，而不再是為個別資本家工作。

蒸汽機是沒有任何偏向性的，它並不懂得特別地尊重一些人，或者是鄙視某些人，它既會為百萬富翁工作，也會為勞動者的利益而工作。當它為最能熟練地操作它的人、最懂行的人工作時，它運轉得最好。

大部分工人除了他們的勞動力外僅有一點兒錢，正如我們所看到的那樣，很多人都把他們的大部分收入隨意花掉或浪費掉了，而不是從事儲蓄並成為資本家。節儉的人聯合起來，他們很快就能成為資本家，而且資本能達到很大的規模。在現在這樣的社會，每個人不僅應當而且必須履行一

個公民的職責，透過一切公平、高尚的做法來累積財富，以確保自身最後的成功和自立。

　　我們不認為人應該為了節省或儲蓄本身才節省或儲蓄，那樣做就是吝嗇或者貪婪了，但我們認為每個人都應該要累積足夠的財富，這樣，他們足以在以後到來的困難歲月裡保證自己和家人的舒適；足以保證在疾病纏身和處境悲慘之時能維持生活；如果有老年的話，他們就要保證手裡有一筆錢，足以保證自己在老邁時不必依靠他人的施捨度日。

　　絕大多數工人都願意聯合起來，但聯合有時候並不總是有好處。有時會出現反對雇主的聯盟，這在罷工時很普遍，但這通常是不幸的。工人們也罷工反對同一階級的其他人，為的就是不允許其他人進入他們的特殊行業。他們努力阻止更可憐的人學會他們的行當，這樣就使得勞動力供不應求。雖然這樣的制度可以存在一時，但在未來的某一天必將以毀滅而告終。

　　並不是金錢的缺乏使得熟練工人不能成為資本家、不能開啟雇傭之門的 —— 雇傭那些比他們更為貧窮、更不熟練的工人。在布賴斯頓罷工期間工人們浪費了 50 萬先令，罷工結束後他們又按原先的條件上工了。倫敦建築業協會在罷工上已扔掉了 30 萬英鎊，即便他們透過罷工達到了他們的要求，但也要花 6 年時間才能挽回損失。在迪安森林的礦工們進行了為期 11 週的罷工後以原來的工作條件復工了，其間的損失是 5,000 英鎊。諾森伯蘭郡和特勒姆的鐵廠工人因罷工有 4 個月無所事事，損失了 20 萬英鎊，復工時他們的薪水反而下降了 10%。南威爾士的煤礦工人和鐵廠工人在最近的罷工事件中有 4 個月沒有工作，按照阿伯德勳爵的說法，他們僅薪水的損失就不少於 300 萬先令。

第六章　開創幸福人生

　　工人能夠支配的錢又有多少啊！—— 很多錢他們是可以很好地利用
的，他們卻沒有。在他們罷工期間所耗費的 300 萬先令中，他們只要拿出
100 萬先令就可以建立一個煤礦、一個鐵礦或一家工廠，這樣就可以以合
作制的形式從事生產來服務於工人本身的利益。

　　格萊格先生說過，如果養成了節儉的習慣，一個條件不錯的工人在 10
年內在銀行擁有 500 英鎊的儲蓄並不困難。如果再找同樣 20 個願意合作
的工人，那他們就有 1 萬英鎊，那時候他們就可以成立任何一種他們懂行
的工廠。（「勞動階級每年僅用於喝酒和香煙的花費不少於 6,000 萬英鎊。
因此勞動階級依賴其自身的能力都能在某種程度上成為資本家（只要節約
不必要的和有害的花銷就能做到）；他們用自己的錢至少可以建 500 家棉
紡廠、煤礦或鐵廠，或者至少可以買 50 萬英畝土地，這樣就可以使 5 萬
個家庭成為擁有 10 英畝土地的小康之家。沒有人能反駁，也沒有人能否
認這一事實。」—— 《每季評論》）

　　這是一種切實可行的做法，要想證明這一點其實並不難。合作制很長
時間以來就為英格蘭各地的工人們所採用。很大一部分漁場數百年來都採
用了合作制。漁民們一起造船並在船上裝配捕撈設備，然後一起駕船捕
魚。在海上捕獲的魚在他們當中分配，有的是按船的股份，有的是按勞
力。維茨泰伯牡蠣捕撈公司雖然直到 1793 年才得到國會法案的認可，但
其實「已不知存在多久了」。（《巴黎博覽會上的報告》，1867 年）科內華
錫礦工人也是按這一原則合作的。他們開採錫礦，然後洗煉、銷售錫，將
所得的收入在他們中間按一個確定的比例分配 —— 主要是根據腓尼基人
在地中海上把貨物運到他們港口的時間來定的。

　　在當代，合作制已發展到很大的規模了。在 1795 年，赫爾抵制工廠

產業協會成立了。成立協會的理由在由協會的最初成員向赫爾的市長和市議員提交的請願書中得到了明確的闡述。請願書一開始說:「我們,也就是上述城鎮的貧民,以前我們個人和家庭已經受了太多的困難與痛苦,有時我們還要忍受麵粉昂貴的價格。現在儘管價格已經有所降低了,但我們仍有必要為未來做適當的準備,以免受貪婪之徒和唯利是圖之人的壓榨之苦。」為了實現麵粉的自我供給,他們簽署協議成立了麵粉磨坊。政府對他們的請願要求表示了認可,並支持工人們自願加入。麵粉磨坊建立了起來,到今天還在那裡,並且現在已經有 4,000 多個股東,每人持股 25 先令。其成員主要是來自勞動階級。其他的磨坊主則採取行動,試圖透過法律手段來解散工人的麵粉磨坊,但這種努力毫無疑問遭到了失敗。麵粉磨坊協會生產麵粉以市場價格賣給其成員,每年按每個股東成員家庭消費的數量來分配利潤。事實證明協會給工人帶來的回報非常高。

　　赫爾貧民的例子之後很多年才出現了追隨者。直到 1847 年,里茲的合作制成員買了一家麵粉磨坊;1850 年羅徹德爾的工人也買了一家麵粉磨坊,從那時開始,麵粉磨坊就是為合作制股東的利益而生產的了。里茲的穀物磨坊主試圖向里茲產業協會傾銷麵粉,但他們很快就失敗了,而麵粉的價格也真的降低了。里茲麵粉磨坊一年的業務額竟然超過了 10 萬英鎊,資本金達到了 22,000 英鎊,他們除了為成員提供最好的麵粉以外,1866 年它還向 3,600 位股東支付 8,000 多英鎊的紅利。羅徹德爾地區穀物磨坊合作社也獲得了極大的成功。它為羅徹德爾附近 15 英里範圍內的居民供應著麵粉。它也為 62 個合作社供應麵粉,成員超過了 12,000 人。在 1866 年它的業務額更是達到了 2024,000 英鎊,創造的利潤超過了 18,000 英鎊。

第六章　開創幸福人生

　　羅徹德爾穀物磨坊合作社起源於羅徹德爾平等先鋒社，羅徹德爾平等先鋒社堪稱產業合作組織發展史上的里程碑。平等先鋒社始建於 1844 年，當時的經濟狀況極其糟糕，工人們普遍都對未來的狀況不抱任何希望，缺乏任何信心。28 個或 30 個絨布紡織工為了經濟而節儉地花每一分血汗錢，成立了一個互助社。大家都知道，工人一般比在更合理的情況下要多花掉至少 10% 的錢，福塞特教授估計是 20%，而不是 10%。那些錢在進入工人的口袋用於必要的花銷前就已經被花掉了 —— 換句話說，它們進了店主的腰包，而工人們則希望能省下這筆錢。

　　所以他們每人每週要捐贈 2 便士，當每個人都交了 52 次 2 便士後，他們發現能買一大袋燕麥了，然後他們就在互助社成員間按成本價分配。互助社的人數增加了，基金增長很快，他們能夠買茶葉、糖和其他日用品，然後按成本價分配。就這樣，他們越過了商店的老闆，並且開始自己做生意。他們一開始就要求支付現金，不允許賒帳。

　　互助社的規模越來越大，他們建立了一家賣食品、生火用具和其他必需品的商店。幾年之後他們就建立了一家合作制穀物磨坊。他們還透過發行 1 英鎊的股票來籌集資本，開始製造和銷售服裝。他們還賣布，但主要的業務還是買賣日用品 —— 肉、雜貨、麵粉等。儘管棉荒期間出現了巨大的困難，但互助社仍然生意興隆。從最初設立起他們就拿出一定比例的錢用於教育投資，他們建立了新聞閱覽室和圖書館。圖書館現有超過 6,000 冊的藏書。

　　互助社的規模不斷擴大，除了在陶德蘭第一家機構以外，他們在羅徹德爾及其附近擁有了銷售商品的 11 家分支機構。在 1866 年末，協會擁有 6,246 位股東，99,980 英鎊的資本金。在這一年裡，它的商品銷售現金收

入達 249,122 英鎊，總利潤達 31,931 英鎊。

但這還不是全部情況 —— 他們每年從淨利潤中拿出 2.5% 的資金用於支持閱覽室和圖書館，他們現在已在互助社有業務的不同城鎮建立了 11 個新聞閱覽室和圖書館，並且每年用於這一目的的經費已經超過了 700 英鎊。會員們可以在圖書館下國際象棋和其他棋類，也可以使用立體鏡、顯微鏡和望遠鏡。並沒有什麼特殊制度來推動禁酒，但新聞閱覽室和圖書館對推動人們做到自我節制發揮了強有力的作用。據說在羅徹德爾互助社對禁酒所產生的影響比任何禁酒宣導者發揮的作用都要大得多。

羅徹德爾先鋒社的例子對英格蘭北部縣的工人產生了巨大的影響。極少城鎮或鄉村會沒有一兩個合作制機構。這些機構促進人們養成了儲蓄和節儉的習慣，並推動了禁酒運動。它們使人們對經濟事務產生了興趣並促使他們把收入花在最恰當的用途上。它們還教會了人們關於商業的某些知識，因為合作社的全部事務都是由全體會員大會選舉的工作委員會來管理的。

一個最成功的互助社是在奧福達爾聞成立的。這個互助社在市中心建了一排漂亮的房屋。出售食品、雜貨、服裝和其他日用品的商店占用了底層；商店的上面是圖書館、閱覽室和教室，對社員及其家人開放；第三層是大廳，可以舉辦講座、召開會議和舉行舞會。

互助社在城市裡的 6 個地方建立了分支機構，業務規模巨大，利潤相當可觀。利潤根據會員的股份按比例進行分配，但大部分利潤又會投資於達爾聞附近的紙廠、棉廠和煤礦。這個互助社最值得稱道的一個特點，是為會員及其家人提供免費教育的制度。互助社利潤的 2.5% 被用於這一目的。當幾個月前考察這個機構時我們得知，他們的科學班辦得非常成功，以至有一個學生可在以後 3 年每年都獲得 50 英鎊的政府獎學金，並可免

費在倫敦傑默尼大街的米尼斯學校學習，在此期間還可免費使用實驗設備。並且在同一個地區還有兩家合作制機構存在。由此可見，大部分達爾聞工人都很勤勉、樸素、節儉。

榜樣的力量是無窮的，這樣的做法迅速傳播到了蘇格蘭和英格蘭的南部地區。在北安普頓，工人們成立了一家合作社，目的是買賣皮革、鞋和靴子。在龐帝漢姆和南開郡的其他地區，合作制的棉廠已經建立了起來。在曼徹斯特和索爾福德的平等合作社「把銀行機構和企業的利潤聯合了起來」，但是這些機構賴以為繼的業務主要是買賣食物、食品、布料和除了美酒以外的其他用品。

這些機構成功的唯一祕訣就是「現金支付」，從不賒帳。每筆交易都是現金支付的方式，而利潤則在會員中分配。每一個商人都知道，現金支付對做生意來說是最有利的方式。羅徹德爾的先鋒社發現了這一祕密，在給「本協會和其他協會成員的建議中」，他們說：「要照看好經濟事務，盡可能在一級市場上買東西；如果你有工廠的產品要出售，就要盡可能直接把東西賣給消費者。決不要背棄現金買賣的原則，並且要注意長期的帳目情況。」總之，合作社成了一個大商人，他們的利潤來自於現金付款的折扣，而利潤又是在成員之間分配的。

土地與建築協會創造了另一種合作制的形式。這些協會的主要支柱是小中產階級，但也有大量技術熟練、生活節儉的工人。他們依靠自己的收入買了土地並蓋了房屋。透過建築協會的形式，那些想擁有一所房子的人就以會員身份加入協會，並且他們也無須向房東支付租金，而是向協會的委員會繳納會費和利息，當會費交到一定數量的時候，房屋就歸他本人所有了，由協會轉到個人。建築協會實際上是一種儲蓄銀行，只不過在這裡

儲蓄有一個特定的目的，那就是房子。而那些不想買房子的人則也可以根據股份拿到紅利，有時這筆紅利還相當可觀。

財富的累積總會對節儉的人產生影響，它使人變得可靠、自制而勤勞，使他們遠離激進的觀念，變得保守穩重。當工人們透過自己的勤勞和節儉能確保生活自立的時候，他們就不再認為是其他人的優裕生活對他產生了痛苦的傷害，再也沒有人能從他們那種不切實際的幻想中撈到什麼政治資本了。

據說完全保有土地協會是為政治目的而成立的，也對人們斷絕政治改革的念頭產生了作用。他們首先在伯明罕發起，目的就是讓人們購買土地，並把土地分成 40 先令的地契，從而使土地的所有人具有選舉資格並投票反對穀物法。穀物法已經被廢棄了，但完全保有土地的所有人卻還在 —— 儘管他們當中的很多人已與政治無涉。在最近論述建築協會的論文中，赫亞科先生說：「亞瑟·雷蘭德先生告訴我，在伯明罕，很多人在社團協會的影響下為了本身的利益而摒棄了狹隘的愛國主義。我認識一些互助社成員和基督徒，他們先前經常會把社會改革和政治改革掛在嘴邊，而今他們卻很少關心此類問題，就像維新黨政府一樣。在星光閃爍的夜晚他們也不願出席公共集會，他們獲得了保障，就像伊甸園的蛇一樣在暴風雨交加之時穿過天溝。他們擁有了土地，就像吃了秤砣 —— 鐵了心。」

「然而對很多其他人而言，」他又說，「這些協會教會了他們有益的節儉，否則的話，他們就不懂得這樣做；還使一些勤勞的年輕人幫助他那可憐的老父親承擔起了家庭的職責，在他擁有房產和地產的花園裡，使他的老爸能在和煦的陽光下安然地吸著煙嘴，否則的話，他的父親總是擔心自己會在工廠車間裡勞累而死。」

第六章　開創幸福人生

　　里茲永久建築合作社已經為 200 戶家庭提供了狀況良好、租金低廉的公寓，它積極宣導並且已在該鎮的工人階級中實施了以下做法：「在不定期的會議上聽協會成員講起他們的情況，那真是激動人心啊！他們從很少的積蓄 —— 甚至沒有人會認為能發揮什麼作用的數量開始用於投資互助社，然後建房或購房，生活逐漸也有了起色；後來積蓄竟達到很大的數目，他們個人也獲得了成功……節儉的習慣和相應的知識對協會成員的益處最大。結果是那些曾經大大咧咧的人變得精打細算了，透過儲蓄他們變得井然有序，受人尊敬，也更有錢，成為更優秀的公民和更受歡迎的鄰居；他們變得更有價值，生活也更為舒適了。以有用的方式來支配金錢促進了經濟，提高了價格和薪水，使工人階級條件更加舒適，與此同時還提供了家庭幸福的條件；如果沒有這一點，那麼進步就不會這麼大，未來也將更加不確定。」

　　在南開郡也有一些例外的城鎮和村莊，在那裡合作社成員能積蓄大筆的錢用來購置或建造舒適的房屋。去年龐帝漢姆為房屋積蓄了 15,000 英鎊，而它的人口僅為 8,000 人。伯恩利也相當成功，建築協會有 6,600 位投資者，去年他們累積了 106 萬英鎊，也就是每人平均 24 英鎊。其成員主要是煤礦的合作制股東、礦工、機械工人、工程師、工匠、採石工和其他體力勞動者，也有未婚和已婚的女士。消息靈通人士稱：「很多工人已經買了住房，並且他們把購房作為一種投資。現在建築協會透過提供抵押貸款已經幫助了幾百個家庭，而抵押貸款是很容易償還的。」

　　總的來說，建築協會作為一種最有利的方式證明了節儉的好處。他們引導人們為了購買自己擁有的住房而儲蓄，畢竟房屋是他們有生之年最安全的保障。

第七章
保險的財富

第七章 保險的財富

不要因為一時的衝動而放棄已決定要達到的目標。

—— 莎士比亞

我們是真理的救助者和朋友，是謬誤的敵人。

—— 巴羅特

當生命離開我們的時候，我們還沒有充分利用它來追求我們生前嚮往的目標。

—— 約瑟夫·梅

舊時的幸福和痛苦往往只不過是我們生命的回顧。

—— 馬斯狄

另外兩種合作儲蓄方式也值得一提：第一種是人壽保險，這使得在保險人去世後，家中的寡婦和兒童照樣可以得到生活供給；第二種是依靠互助會，這使得工人們靠集體的力量在生病時可以得到救濟，在去世後遺留的孤兒寡母也能夠得到一小筆補償金。前一種方式常為中產階級和上流社會所採用；而後一種方式則是為工人階級所實踐。

為了供養那些必須要依靠我們生活的人，我們可能要花很長時間來賺足夠的錢，並且還有一種誘惑一直存在，那就是要花掉那些為死後做準備的錢的一種衝動。儘管有許多人都認為積蓄金錢是有長遠眼光的行為，但一點一滴地、一週一週地賺錢並不總是能靠得住的。

參加保險協會的人情況就不同了。他每年或每季度的儲蓄馬上就變成了總基金的一部分，這些錢足夠用來實現保險的目的了。在他得到第一份保險費的時候，他的目標就達到了。即便他死前已經拿了應有的補貼，他的寡婦和孩子在其死後仍然可以得到全額保險費。

這套體制在給他的家人提供保障的同時，也激勵了人們要用有遠見和

審慎的態度實踐道德義務，因為這些美德的實踐給他們帶來了無窮無盡的報答。參加人壽保險的很大好處，是參加者能夠在重病臥床或行將就木時得到心靈的安寧 —— 這就顯著區別於那些由於擔心家庭經濟狀況而處在痛苦焦灼中的人了，而這種焦灼的心情反過來不僅增加了肉體遭受的痛苦，而且還妨礙甚至完全抑制了吃藥的效果。詩人彭斯在死的前幾天寫給朋友的信中說，他「仍是痛苦的犧牲品。唉，我怕會有什麼不測。我那可憐的女人，還有那 6 個可憐的幼小孤兒！現在，我感到自己無比脆弱。要是我的病能好一半，那就已經謝天謝地了！」

人壽保險可以被描述成一種保障寡婦和兒童生活的參股計畫。它是一種制度安排，許許多多的人每年拿出一小筆錢，來組成保險基金，並靠在銀行儲蓄增值。這樣，一旦哪位保險人意外死亡，就可以按預先規定的，提出一筆錢支付給他的保險受益人。透過這種方法，那些僅有少量資本，儘管定期拿著薪水但收入很少的人，也可以立即湊成一筆基金來為死者的家庭提供資助。

我們經常聽到某些勤勞而對社會有用的人死後，卻留下妻兒遭受異常窮苦的生活的故事。他們在生活中是令人尊敬的，付著高昂的房租，穿著體面的衣服，與親朋好友往來頻繁，並且經常出入娛樂場所，還教育他們的後代要有志氣謀取社會地位並獲得他人尊敬。然而死亡把他們徹底打垮了，那麼他們的家庭又怎麼樣了呢？他們的父親為家庭的將來未雨綢繆了嗎？每年向保險協會繳納 20 ～ 25 英鎊，就可以保證他們遺留的妻兒不會生活在貧困中。他們履行這項責任了嗎？沒有，他們根本沒有這麼做。這說明這些家庭以前的生活開支一直就是與他們的收支相抵的 —— 當然，如果不是入不敷出的話，但這些問題最終導致他們的家庭會突然陷於破產的境地。

第七章　保險的財富

　　像這樣的做法，不是僅僅用欠缺考慮和缺乏遠見所能形容的，簡直就是沒心沒肺，或者說是一種殘忍。把一個家庭帶到這個世界，給他們食物，使他們舒適溫暖，而一旦這一切都突然失去了，那是多麼的悲慘啊！這個家庭將淪落到苦力工廠、監獄或大街上 —— 靠親戚接濟或公共慈善機構施捨 —— 這絲毫不比那些反對社會的罪行輕，這就如同去傷害那些現在就是落難的人一樣有罪。

　　應當承認，在現今競爭激烈的情況下，那些能為家庭的將來儲備了足夠的資金的人相對而言是少數。也許是家庭日常開支的增大使他們根本剩不下多少錢，並且當他們發現能夠存進銀行的錢實在太少時乾脆就不再存了。這樣，他們變成了花錢不計後果的可憐蟲，毫無為自己死後家庭生活打算的想法。

　　舉一個結婚成家的男人的例子。一開始他做生意，他想如果生活能夠過得節儉一點，那麼再有幾年，他就可以為在他死後妻兒依舊能靠著充足的積蓄過活而含笑九泉了。生活中卻充滿了意外，他知道自己說不定什麼時候就會離開這個世界，留下他的親人過著相對貧苦的生活。所以在他30歲的時候，決定參加健康生活辦公室。他每年繳納 12 ～ 30 英鎊，獲得的保證是在他死後其親屬可以獲得 500 鎊的補償。從他繳納這筆費用以後的那一刻起，哪怕是第二天就死掉，他的家庭也會有 500 鎊的保障。

　　現在，假如他每年把這 12 ～ 30 英鎊存入銀行或利用它生息，那麼差不多要 20 年才能累積到 500 英鎊，但是他透過這種簡單而令人滿意的便捷的壽險方式，讓他餘生的大部分時間整整有 26 年可以高枕無憂。對未來的擔心與不安再也無法騷擾他現在對生活的享受了。透過每年繳納固定的費用 —— 這筆錢會隨著協會的利潤增加而增加 —— 他確保了在自己死

後，其家庭可以享用一筆固定的錢。

人壽保險就是借助了這樣一種契約，使生命在某種程度上趨於平均化或者被補償，所以那些去世早的人 —— 或更確切地說是他們的家庭 —— 分享了那些活得比平均壽命長的人的好處。即便是那些人活得足夠長，他們繳納的保險費的累計額已超過保險額，參保人本身也沒什麼可抱怨的，當然，如果他把這麼多年不用為身後事心神不安也算計在內的話。

某些人為防火而給房屋及物品保險的理由，也同樣可以促使他們為自己買人壽保險，來為意外的疾病或突然死亡做準備。如果一個人在一件事情上表現得精明，就可以在另一件事情上表現得更充分；何況還有維持孤兒寡母將來生活的責任呢。沒有哪個男人能夠忍受被別人說沒有盡到這樣偉大而不可推卸的義務的。對一個丈夫和父親來說，在他活著的時候，他有每天為妻兒提供麵包的義務，那麼想辦法為他死後妻兒的生活提供充分的生活來源也同樣是他的義務。這個責任是如此明顯，履行這個義務的手段也如此簡單，每一個男人都可以輕易做到。這種安排是如此明顯的實用、理性、有利和公平，並且，它是如此適當地增進了每一個明智而細心的男人的自尊意識，並鼓勵了他擔負所有應當擔負的社會責任 —— 以至於我們不能相信還會有任何反對這項義務的意見。唯一的遺憾是這項實踐還沒有在社會中各個階級之間廣泛推行開來。（值得一提的是，英國保險機構現有的保險總額，絕大部分屬於中產階級，大約 3.5 億先令，每年保險基金的支付額不少於 1,100 萬先令。另外，在特別適合參加人壽保險的人群中，每 20 個人裡只有不到一個人能從中受益。）

對工人階層有幫助的並有利的合作協會採用另一種形式。它們的目的是培養人們謹慎的自助的習慣，最終使每一個人感覺到值得冒險投入。有

第七章　保險的財富

大約 400 萬工人組織起來形成志願團體，以便在某些人生病或遭受不幸時提供共同的幫助，這是令人吃驚的事實。在很大程度上，這些團體是英國自治政府的仁愛和社會獨立性的結果 —— 為說明這一點，我們比較一下法國只有七十六分之一的人屬於利益團體，這個比例在比利時為六十四分之一，而在英國為九分之一。英國的協會據說手裡的基金有 1,100 萬先令。這些錢分散著，並由會員輪流掌管，每年自願捐助者從每週的收入中捐出的數額超過 200 萬先令。

雖然法國和比利時的工人階層在參加利益團體的程度上遠不如英國，但是必須說明的是，上帝對他們的公平在於他們是世界上最節儉、最謹慎的民族。他們把儲蓄合乎原則地投資到土地和公共基金上。法國人和比利時人對土地有一種不同尋常的熱愛，他們節省一切費用以便能多買一點土地。關於他們在公共基金上的投資，身為一個無人不知的事實，這裡同樣值得一提：法國的農民階級把他們的儲蓄投資到國防貸款上，為的就是把正在受德國侵略者踐踏的法國土地解放出來。（現今，法國每 8 個成人中就有一個人持有國債的股份，平均持有量為 170 法郎。固定持股者和自由持股者數量相近，但和自由持股的形式相當不同，按最近的報告，自由持股者有 555 萬人。法國是中西歐那些「富者愈富，貧者愈貧」的國家的典型例外。在法國，財富越來越平均散布在老百姓中間）

英國的利益保護協會儘管有很大的益處，但也存在著巨大的缺點。它們在組織和管理的細節上有很多不足之處，它們當中許多組織的財務狀況都比較糟糕。像其他組織一樣，它們剛剛出現在歷史的舞臺上，很多措施是試驗性的，並在很大程度上取決於以往的經驗 —— 這一點在處理捐贈品和對患病者的補貼上表現得尤為明顯。捐款常常被花光，以至於不得不

經常宣布關閉「錢箱」。於是協會就走上了末路，其老成員不得不在餘生尚無保障的情況下離開它。人壽保險協會本身不得不經受失敗的懲罰，由於關門大吉而給中產階級的協會帶來信譽損失的事也並非少見。

在此，我們從最近一份報告中，引用一位互助會的註冊人員的話：「雖然從各方面得到的資訊對整個管理系統來說並非鼓舞人心，但是就總體來看，也許窮人的投資結果並不遜於那些貴族、國會議員、商人，或者是號稱金融家的人和投機者藉以管理鐵路、股份銀行和各種形式的企業的投資的結果。」

工人協會的產生，是出於這樣一些人的共同需求：他們沒有更多的謀生手段，無法累積起足夠的儲蓄以便能夠抵抗萬一遭遇的疾病或不幸而造成的貧困。初次步入生活的人靠每天的體力勞動在養活自己的同時也能費力地攢點錢。必不可少的生活開支使他們有限的收入捉襟見肘，在生活上，他們壓力重重。當他們喪失勞動能力後，他們攢下的那點錢可能會很快花光。假如他們還要維持一個家庭的話，就不可避免地會淪落到貧窮、乞討或領窮人救濟金的地步。為了避免這些結果，他們設計出了利益保護協會這樣一種形式。透過把大量的小額捐款收集在一起，這樣他們就有了一筆足夠大的基金來應付日常生活中醫療的需求。

其實達到這種保障效果的手段是很簡單的。每一個成員在每星期對共同基金贊助 4 便士或 6 便士，就可以按規定享受基金的相應補貼。大多數利益保護協會還有一筆基金，來源與前種基金類似，是在某個成員死亡時用來支付給其家人的一筆撫恤金。很明顯，對於這樣的組織，儘管在細節上存在著這樣那樣的缺點，但在整體上來看，它對社會發揮有益的作用和影響。就事實來說，其中一個協會（曼徹斯特單身聯合會）有成員約 50 萬

人，擁有的基金達 3,706,366 英鎊，每年支付的醫療費和撫恤金有 30 萬英鎊。這很清楚地說明了，這個協會對於它所服務並賴以建立的階層有多麼大的益處。透過這種方式，那些體力勞動者就能夠以相對較小的代價在經濟上受到保障。共同保險以最經濟的方式達到了經濟實惠的目的，它提供了一個生動的例證：合作的力量對社會各部門產生著非同尋常的影響。實際上，這種合作也是文明的另一個名字。

許多人拒絕互助會是因為他們要去酒館；因為為了繼承協會成員的傳統，他們要受到酒館環境的薰陶；也因為在繳納贊助款的周會上，他們就可能學會酗酒的有害習慣，那樣浪費的錢並不會比累積的少。而互助會也無疑非常依賴於社會的基層單位。酒館是每個人的家，成員們可以在那裡聚會、聊天、一起喝酒。假如他們僅僅為了一種責任感 —— 為預防災病而保險的責任 —— 而只是每週繳納贊助款才走在一起，那麼很可能沒有幾個協會能存在到今天。實際上在大量的事例中，要麼是在酒館聚會的保險協會，要麼根本沒有什麼協會的存在。

因此，這個世界並不可能被某種絕對精確的規律所支配。對大部分人來說，尤其是對我們要勸導的人來說，這是個粗糙的勞動者的世界，支配它的是大眾化的規則，如人們的穿戴偏好。對某些人來說，把啤酒、香煙或身手不凡和對付疾病的保險的單純而簡單的責任連繫在一起，看起來可能有些粗俗，但是我們生活於這麼一個凡夫俗子的世界，我們必須正視這個現實，並盡可能使它變得更美好。我們必須承認，人類對於追求盡善盡美的天性並不強烈，並且需要人的幫助。這個透過喝酒吃肉來吸引他的辦法儘管粗俗些，卻有著保障他或其鄰居的意義，並且這個辦法也決不僅僅是局限於勞動階層的協會才使用的。在倫敦，鮮有不利用吃年飯來吸引捐

款者的慈善機構或組織。我們為什麼在譴責吃價值 80 便士的年飯的窮人的同時而原諒吃著生猛海鮮的富人呢？

　　哈利法克斯的阿克洛德先生為此做出了不懈的努力，他在約克郡西區為工人們建立了一家疾病保險協會和便士儲蓄銀行。這個組織從一建立就立足於為勞動者服務的目標。雖然便士儲蓄銀行開辦得很成功，但是疾病保險協會卻遭受了徹底的失敗。阿克洛德先生在解釋這次失敗時說：「由於互助會的競爭，尤其是單身青年會、德魯伊教團體、伐木者協會等，以及摒棄他們的自治政策、互相監督欺騙行為以及兄弟情誼，沒有哪個新成立的獨立社團是能夠成功的。我們的會費必然要比他們交得多，這可能也是我們失敗的主要原因之一。」

　　保險費太低是互助會失敗的主要原因。（互助會的登記人在 1859 年的報告中說，從 1793 年到 1858 年，共有 28,550 人登記成為協會成員，其中 6,850 人已退出。據報告，大部分的失敗原因是，會員保險費太低，支付醫療等補貼過多，並且年輕的會員數沒有增長。當要解散一個協會時，往往又會有其他意見，如重組、在更好的規則下整頓，以及贊助費的額度增加到要承擔更新的知識所表明的必不可少的風險的程度）對協會成員來說，由於收入有限，他們盡力以最小的代價來維持這個組織的存在是自然而然的。他們為此會盡量地削減保險費的定額，但也正像結果所表明的那樣，這個額度常常被定得過低。只要協會能維持下去就可以了，而且會員大部分又是年輕人、健康人，加上患病人數平均很低，經費就顯得很充裕。基金逐漸累積了起來，許多人都在為他們的協會表面的繁榮而沾沾自喜，而對其中註定要走向衰亡的因素卻渾然不知。當那些成員的年齡逐漸變大的時候，平均的患病人數和嚴重程度都在增加。年齡的增長對利益保

第七章　保險的財富

護俱樂部的償付能力的影響很快就廣為人知，年輕人會避開老的協會而去著手建立他們自己的組織。結果就是老人開始提取他們的積蓄，贊助款的收入卻大為下滑。並且正像事實常常表明的那樣，一些長年患病的成員使協會面臨著很大的壓力，最終基金被耗費光了。「錢箱」被宣布關閉，協會破產了。真正受到損害的卻是那些仍留在協會裡的較年輕的人。在繳納了許多年的保險費後，他們發現最終當疾病落到他們頭上時，基金已經由於支付養老金和支付其他協會章程並未規定的補貼而花光了。

甚至最好的利益保護協會也是慢慢地才知道充足的贊助額對於他們來說，是確保履行義務、保持償付能力的前提。它們中的大部分的缺陷是企圖用太少的本錢做太大的事。相對於捐助來的收入來說，他們提供的福利實在太高了。那些最早入會的人可以得到報償，後來者卻只能面對空空的錢箱了。這個問題不僅僅在於贊助費額度太低，而且也在於協會對入會的成員幾乎沒有什麼區別對待。上年紀的人和體弱多病者與年輕人和健康者的入會條件沒什麼兩樣，唯一的區別是入會費有些不同罷了。對於沒有足夠的贊助費定額的團體，即便現在還年輕，他們卻不是變得越來越強壯，而是會逐漸地衰弱下去，這樣，一旦有幾個長年依賴基金的病號，那麼基金就會很快告罄，這個團體也就會很快地破產並解散。上千個互助會已經重複了這段歷史。在它們存在期間服務做得很好，但是都存活不長，往往都是曇花一現，使其成員深感失望甚至覺得受到了欺騙。

近來，以曼徹斯特單身青年聯合會為代表的協會採取了一些措施，來改進協會的財務狀況。對於聯合會決心整頓財政的主導思想來說，也許最好的證明就是這個事實：管理委員會被授權公布指導將來決策的全部資料 —— 也就是該協會制度的糟糕歷史。瑞特克裡夫先生精心準備了針

對財務狀況的一系列報表，並公布了要採取的措施，這些的代價是 3,500 鎊。他在最後一版的序言中說：「這筆資金的來源不是取自健康保證金、死亡保險金或者鰥寡孤獨者援助金，而是協會的管理基金 —— 這筆基金直接來自每個成員，但是並沒有仔細而慎重地花在符合協會利益或組織特點的地方。」

我們相信，隨著時間的推移和經驗的增長，互助會的領導人能夠普遍改善財務狀況，並引進新的改進措施，讓協會長久地存在下去。最好的組織應該是這樣的：它們增長緩慢，受到成功和失敗的考驗，最後它們需要用歲月來磨煉，使得它們更有生命力，並使它們根植於傳統之中。最不成熟的協會是由工人階級為疾病保險而建立的，它不接受慈善團體或小額捐款的幫助。它根植於一種正確的精神，並配得上對它的每一個鼓勵。它為能夠建立更好的東西打下了根基。它教給人們自助，並在最卑微的階級中培養出了一種為長遠打算的經濟眼光。

互助會在沒有出現任何重要的統計學作為指導時就已經開始運作了。如果它們在共同保險中已經犯了錯誤，我們在考慮到它們不得不面對的困難，在判斷它們的優劣成敗時應該更加寬容。以友善的精神提出的良好建議不會產生不好的結果。它們帶有的缺點被看成是臨時的外殼，當開花結果以後，外殼自然就會脫落。這也是一種進化。

互助社和保險，可以讓人省去對即將面臨的災難或者疾病的憂慮，人們只要一點小小的投入，就可以得到人身和財富的保險。

第七章 保險的財富

第八章
如何度過窮日子

第八章　如何度過窮日子

我希望能夠以天作紙、以金作字來寫就：儲蓄銀行。

—— 馬希

幫助窮人的唯一奧祕，在於使他們本身成為改善自身條件的人。

—— 薩姆大主教

懶惰的人啊，去看看螞蟻吧！想想它們怎麼生活，就會變得聰明起來：沒有人指導它們，既沒有督察官，也沒有統治者，它們在收穫時節累積食物，以便在冬天免於匱乏。

—— 格言第四章，6～8

據說每家每戶都會有一個祕密。這個祕密被隱藏起來了，極少被人看到，只有家裡的人才會意識到它的存在，但是世界上任何祕密都不能長期被掩蓋，它總會用某種方式出現在人們的眼前。這個祕密其實是世界上最普遍的祕密 —— 它就是貧窮。正如道格拉斯·吉羅德所說，「貧窮是最大的祕密，也是世界上的一半人會向另一半人極力保守的祕密」。當一個人毫無積蓄，無力醫治疾病，也無法滿足老年生活的需要時，貧窮這一祕密就出現在人們的櫥櫃之中了。

在那些因為金融危機而經常陷入蕭條的國家，大量的企業主、職員和工人都要面臨失業，他們唯一能做的只能是等待經濟的復甦，但是這段困難的時間他們又怎麼生活呢？如果他們沒有儲蓄，無所依靠，那麼他們就會陷入十分貧困的境地。即使是合作制的工廠或者是合作制的銀行，它們也僅僅是股份制的有限責任公司（「新的被稱為合作制的工廠以這樣的名義把很多工薪階層的股東聯合到一起，實際上就是承擔有限債務責任的普通股份制公司。工人和職員也算是在這些先進的公司中所謂的合作制股東了，但據我看來，工人只應該以普通方式獲得薪水，而不應該是分紅。現在的薪水是計件的，有人堅持認為報酬應按原則『各盡所能，按勞分

配』。一個普通的工人既沒有承擔任何管理大局的工作，又沒顯示出資本家所具有的能力、節儉與遠見卓識，那麼他為什麼應當分享利潤呢？其實工薪階層以自己股東的身份決定了，他們分享利潤是不現實的，他們根本沒有分紅。」——愛德文・查德維克擔任人民議案代表時的演說），他們也有可能破產。例如在那些鬧棉荒的年份，合作制的棉花工廠或許就不能在購買棉花或生產棉線方面與大資本家競爭。而那些為了生產目的而設立的合作制公司則大概具有太多的投機性，所以就無法為工人階級提供持久的利益。迄今為止，看來最為安全的獲利方式還是簡單的直接儲蓄。比如現在這個時候就是這樣子。雖然儲蓄並不是類似於生產的投資，然而它是最穩定的一筆積蓄。如果哪天當不幸降臨的時候，儲蓄就能隨時用於應付我們的生活。

早在 1860 年，布萊特先生在下院說，勞動階級一年的總收入「有 3.12億」。考慮到如今已經過去了 15 年，工人們的薪水也有了提高，現在他們的收入絕對不會低於 4 億了。毋庸置疑，從這樣一筆巨額的總收入中，勞動階級每年要節省 3,000 萬～ 4,000 萬是輕而易舉的事。無論如何，只要用之有度，他們完全可能累積這樣一筆錢，這樣就能使他們當中的很多人過上一種舒適的甚至是相對富裕的生活了。

我們已經提到很多例子了。他們出身卑微卻能深謀遠慮，累積了可觀的財富，這既有益於他們的家庭，又能保證他們老年的生活。如果都能這樣做，那麼這些例子就再也不會像現在這樣只是比較少見的例外了。這是懂得自我克制的人完全能夠做到的事情，其他具有克制力並希望過一種簡樸生活的人也都能夠用某種方式做到這些，但是在現實生活中，一個有著日常開銷之後還有多餘錢的人卻是常常很容易就花掉那筆多出的錢，用一句常用的格言來說，這就好像「在錢袋上燒了一個洞」。有多餘的錢了，

第八章　如何度過窮日子

他會很容易就與朋友們聚會，家裡也能喝酒吃飯，但酒館更為舒適，於是他就成為那些高檔酒館的常客了。

　　工人經常會在「艱難的歲月」裡失業。商業公司會破產，職員會失業，當主人們不再雇傭僕人時僕人也要失業。如果失業的人們已經習慣了定期地花銷他們的薪水薪水而沒有任何積蓄的話，那麼他們的境況一定會比想像中的還要淒慘，但是如果他們之前就有積蓄，無論是放在家裡還是在存在儲蓄銀行裡，他們就都能免於困境了。在找到新工作之前他們就有了喘息的時間。假使他們有 10 英鎊的積蓄，這看起來似乎很少，然而在貧困之中這區區的 10 英鎊就可以發揮很大的作用了，這甚至是一個人走向未來幸福之路的通行證。

　　如果有了 10 英鎊，那麼一個工人就能從一個地區遷移到另一個就業機會更多的地區。如果有了 10 英鎊，他還可能移民到加拿大或美國，因為在那裡勞動力更為緊缺，但是如果沒有這一小筆儲蓄，他就只能待在他的家鄉，就像貝殼卡在岩石縫中一樣無法動彈。如果是一個已婚的有家室的人，那麼 10 個英鎊就能使這個家庭免於妻離子散、免於貧困。10 英鎊還能使某個女傭免於墮落，使她能在繁重的工作累垮身體之後有時間來恢復健康，而不是急於接受病後的第一份工作。是的，如果你有了 10 英鎊，那麼就可以暫時免受饑餓之苦，直到經濟復甦的時候。

　　我們不應就金錢本身來估量金錢的價值，但是我們更不應鼓勵任何一種貪婪地累積財富的願望，雖然我們不得不承認金錢是生活的手段，是舒適的前提，也是堅持誠實與自立的必要條件。因此我們要向每個年輕的男人和女人提出忠告，要把學會儲蓄作為美好生活的開始。無論多少，每個星期只要節省下一定比例的錢以備將來之用；不要把一週所有的收入都用

於這一週開銷，不要把一年所有的收入在一年中都用完。按我們所勸告的去做，他們就能避免身不由己、貧困與乞討為生的悲慘狀況。我們希望所有的男男女女都能自助，依靠他們本身的資源，依靠他們自己的積蓄。正如格言所說的那樣：「口袋裡有錢要比國王強。」所以節省的第一個便士就是你跨出的第一步。節省金錢和儲蓄更表現了自我克制、深謀遠慮、謹慎與智慧。它播下的是未來幸福的種子，能夠成為美好生活的開端。

科貝特習慣於嘲笑儲蓄銀行的「幻想」。他斷言，「對人來說告訴他們有什麼東西需要儲蓄簡直就是一種侮辱」。然而儲蓄銀行已經辦起來了，即便最卑微的人們也在儲蓄，這正好證明了他又犯了與他所堅持的很多觀點同樣的錯誤。大概有成千上萬的人，他們從來就沒有想過要存哪怕一分錢，但對於加入儲蓄銀行的人來說，這樣做沒有任何好處。藏在櫃子裡的小額積蓄太容易就被隨手花掉了，這種積蓄往往在累積到一定數目之前就被浪費掉了，但是如果一旦有了一個可以存錢的地方，在那裡即便是一先令也可以被安全地存起來，我想人們馬上就會利用儲蓄銀行來存錢的。

世界上的第一家儲蓄銀行是在 18 世紀末由普利思拉·維克菲爾德小姐開辦的，地點是在米德爾塞克斯的頓漢姆教區。剛開始她的主要目的是激勵那些貧窮的孩子形成儉樸的習慣，結果這個試驗大獲成功。所以在 1799 年溫頓的約瑟夫·斯密開展了一項計畫：在夏季吸收教區居民的小額存款，在耶誕節返還本息，利息相當於本金的三分之一，以此來激勵人們的儲蓄熱情。隨後維克菲爾德小姐也採用了斯密先生的做法，並在 1804 年拓展了慈善銀行，服務物件除了兒童之外，還包括成年勞動者、女傭和其他人。1808 年在巴斯也建立了一種相似的機構，是由該市的幾位女士開辦的。與此同時，維特布萊德先生向國會提議，要求「僅為了勞動階級的

第八章　如何度過窮日子

方便和利益考慮，設立一種銀行性質的」全國性機構，但是提議竟然沒有獲得任何回應。

直到亨利·鄧凱重新提起這件事，儲蓄銀行制度據說才有了光明的開始。鄧凱是魯斯維爾的牧師，也只是個敦夫裡斯郡的貧窮居民。該教區的大部分居民都是貧農，他們的週平均收入不超過 8 先令。在該區沒有工廠，對那裡的人來說，除了耕作土地外沒有任何其他生活來源；另外，不住在本地的人口中地主占了最大比例。看起來情況不妙，好像並不適合在這裡建立一家儲蓄銀行，但是儘管如此，這位牧師下定決心要進行這一試驗，就彷彿他以前進行的精神布道那樣。

雖然沒有多少農民理解這位牧師的良苦用心，但是就連最笨的人也懂得關注那些對他家庭有利的福利、有助於他每天能夠生活得更好的有益忠告。鄧凱博士懂得，即使在最貧窮的家庭，也有一些零錢被不必要地花費掉了。他看到了一些節儉的農民把養牛、養豬、瓜果蔬菜作為儲蓄，以獲得黃油牛奶、燻肉等作為利息的回報。他還看到了其他居民如單身男子和年輕女人都以相似的方式進行儲蓄，以獲取小額投資的相應回報。

這樣，以魯斯維爾教區儲蓄銀行為起點，19 世紀的第一家自主經營的銀行機構就建立起來了。牧師的預言一點兒都沒錯，這已經為事實所證明：在 4 年中，儲蓄銀行的基金幾乎達到 1,000 英鎊。那麼，如果說每星期賺 8 先令的窮人以及賺得更少的婦女和女傭能積蓄這樣一個數目的話，那麼身為每週都能穩定地賺取到 30 ～ 50 先令的商人、工匠、礦工和鐵匠又怎麼會做不到呢？

由鄧凱博士所創建的儲蓄模式很快就被應用到了英格蘭和蘇格蘭的很多市鎮與地區。每個地方都模仿魯斯維爾教區銀行的模式，採用自主的原

則。由此建立的儲蓄銀行既不是慈善機構，又不依靠任何機構的仁慈與庇護，其成功完全基於與儲戶之間的關係。儲蓄銀行鼓勵勤勞的人們依靠他們自身的資源，在生活中奉行深謀遠慮和經濟節約的原則，珍愛自尊與自立，確保老年的生計與舒適。這一切都是透過對勞動成果的細心規劃來實現的，而不是依賴於領取那些別人施捨的救濟金。

帶有這一系列目標的儲蓄銀行的建立最終獲得了全國性的關注，1817年透過了一項法律，目的就在於增加儲蓄銀行的數量和拓展它們的用途。隨後政府又採取了一系列措施來提高它們的效率與安全性。這些機構儘管發揮了很大的作用，但對於勞動階級中收入較高的人們來說，作用仍然是很有限的。因為勞動階級每年所賺得的大約 4 億英鎊中只有很小一部分被存放到了儲蓄銀行，而至少有 20 倍於這一數目的錢都被花在了啤酒屋和酒館裡。

勞動階級中把錢存在儲蓄銀行的並不是高收入的階層，而是相對中等收入的階層。在曼徹斯特和索爾福德儲戶中人數最多的是家庭僕人，排在他們後邊的是職員、店主、搬運工和礦工，而機械工人、工匠和商人只占儲戶的三分之一。這是製造業地區的一般狀況。幾年之後，有人發現在鄧迪的很多女性儲戶中只有一個是工廠工人，而剩下的大部分都是僕人。

還有一個值得注意的現象：那些薪水最高的地區與那些收入最低的地區相比，儲蓄的習慣並不是那麼風行。在郵政儲蓄銀行時代之前，威爾茲郡與多塞特郡比南開郡與約克郡人均存款額更高，但前者是英格蘭薪水最低的地區，而後者的薪水水準大概是英格蘭最高的。如果單單把約克郡挑出來，劃分為製造業區和農業區分析一下的話，我們就會看出：約克郡西部製造業區的人均存款是 25 先令，而東部農業區的人均存款竟然是他們的 3 倍。

第八章 如何度過窮日子

士兵的收入比薪水最低的工人還少，但他們在儲蓄銀行裡存的錢卻比那些每週收入 30 ～ 40 先令的工人還要多。士兵通常被想像成頭腦簡單的人，而且他們有時還背上了粗魯與放蕩的黑鍋，但是來自軍隊儲蓄銀行的統計就完全反駁了這種毫無根據的指責，而且還證明，英格蘭軍人的樸素和節儉與我們熟知的他們的勇敢相比也毫不遜色。是的，因為我們大部分人都忘記了軍人必須要做到服從、簡樸和誠實。如果他是一個酒鬼，他將受到懲罰；如果他不誠實，他將被驅逐出軍隊。

所以說，訓練有著多麼神奇的魅力啊！訓練意味著紀律、鍛鍊與教育。每一個民族的第一項訓練都是軍事性的，它已經成了很多國家的第一項教育。的確，服從就是士兵的天職。這些戰士曾經是裁縫、鞋匠、商人、挖掘工、織工和農夫，但他們現在隨時準備面對敵人的炮火，赴湯蹈火，越過敵人的要塞與城堡，用他們的勇氣去拚敵人的刺刀，就像他們在巴達霍斯所做的那樣。他們也許曾經是大口喘氣、兩肩下垂、步履蹣跚、手腳無力的人，但是如今他們的步伐勇敢堅定，他們英姿挺拔，大步向前，毫無畏懼。這就是訓練的非凡力量。很多民族變得文明進步以後就採用了其他訓練方法，而訓練又幾乎變成了習慣性的了。征服與毀滅那是過去的歷史，如今多種形式的生產才是一個民族的信念和目標。是的，如今我們的工業創造了多少非凡的成果啊！工業又發展了多少精湛的技藝啊！工業又培養了多少優秀的勞動者啊！每一個工業過程都是由一群群訓練有素的技術工人來完成的，去約克郡和南開郡看看吧！你就會看到成群結隊的熟練工人在工作，他們紀律嚴明，他們製造出了數量巨大的產品，他們取得了非凡的成就。

人類的成功，無論作為個人還是社會，都完全依靠有效的訓練與紀

律。最自立的人生活在戒律之下。戒律越完善，他的境況也就越完美。一個人必須要有鍛鍊自己的意志，在服從之下擁有自己的願望。他必須服從命令，否則他將成為心血來潮和一時衝動的笑柄。教徒們的生活就充滿了戒律與自制，而商人們則完全要服從於制度與規則。而最幸福的家庭是戒律最完善又很少使人感到有約束感的家庭，當戒律嚴格地規範著我們的行為，而我們又感受不到它的存在時，我們終於把它作為一種自然法則來服從了。可以說，習慣的力量就是訓練的力量。

現在一個人很少敢提出義務徵兵制是必要的，但是一般來說人民被強制進行過軍事訓練的社會，國家就越強大，人民也越簡樸，節儉更容易成為一種習慣。

首先提出設立軍隊儲蓄銀行的是佩麥斯特・費厄福爾，那是在 1816 年。就在 10 年之後，這個問題再次被二十六步兵團（喀麥隆尼斯）的科勒納爾・奧蘭德提出。這也引起了當時的惠林頓公爵的注意，他卻持否定的看法。他寫道：「據我所知，沒有什麼妨礙士兵像該地區的其他人一樣在儲蓄銀行裡存錢。如果存在妨礙因素，應當被消除；但我懷疑採取進一步行動的必要性。」

然而惠林頓公爵又產生了另外一個想法，他把如何方便士兵儲蓄的提議轉變成了如何削減軍隊開支的思考了。他極富有個性地寫道：「士兵的收入超出他生活所需嗎？如果是這樣，那就應該降低他們的收入了，也許不是對正在服役的士兵，而是以後徵召的士兵應當這麼做。」但是，沒有人能斷言士兵的收入過高了，當然好像也沒有什麼削減收入的建議會令人感到愉快的。

於是關於軍隊儲蓄銀行的問題就被擱置了一段時間，然而在詹姆斯・

第八章　如何度過窮日子

麥葛列格爵士和赫威克勳爵的幫助下，一項計畫終於獲得了批准 —— 在1842年設立了第一家軍隊儲蓄銀行。結果令人滿意，成績卓著，這足以證明英國士兵的良好品格了。幾年前向下院遞交的一份報告中列出了各軍團儲蓄的詳細情況：皇家炮兵團的儲蓄超過23,000英鎊，平均每個人的存款是16英磅，而每個士兵一天的收入不過是1先令3便士，外加1便士的啤酒錢而已。而大部分來自富有技能的商業階層的皇家工兵團的士兵，已儲蓄了接近12,000英鎊，或者說平均每人擁有20英鎊左右。在第二十六團，每人每天收入1先令外加1便士啤酒錢，他們的儲蓄額超過400英鎊。第一營的250名士兵（占該團的三分之一）都是儲蓄銀行的儲戶，他們的儲蓄額達到人均17英鎊左右。

但是這還不是全部的情況，因為士兵們還從僅有的一點收入中節省出錢來，給家鄉窮苦的家人匯款，而且數目還相當可觀。據統計，僅在一年中，從阿爾德肖特寄出的匯款就達2萬2千英鎊，平均每張匯票是21先令4便士。那麼既然每週僅收入7先令7便士的人能這樣做，那麼每週收入2到3英鎊的熟練工人怎麼會做不到呢？

在海外服役進行著艱苦作戰的士兵們也同樣證明了他們的明智與節儉。在克裡米亞戰爭期間，士兵和水手透過匯票局寄出的錢達7萬1千英鎊，透過軍隊工作系統寄出的錢達3萬5千英鎊。就在貨幣郵匯制度出臺前一年，是由南丁格爾小姐掌管著士兵們的儲蓄，她發現士兵們最願意為他們的親人著想。她每星期用一個下午的時間來接收存款並把它們轉寄到英格蘭。她以這種方式匯出了數千英鎊，然後再由一位倫敦的同事來分寄這筆錢。在這些匯款中，除了一筆發生遺失以外，其他的匯款士兵的家人都準時收到了，這也為此提供了證明：好的種子落到了肥沃的土壤裡。

再有，沒有一個從印度回來的軍團不是帶著一堆存款回來的。在 1860 年，即印度暴動之後，由於傷殘戰士被送回英格蘭，匯來了超過 2 萬英鎊的存款。除此之外，8 個團在軍隊儲蓄銀行的存款高達 40,499 英鎊（在印度服役的士兵為親人朋友寄回來的錢不包括在這一數位中。匯款直接由軍團的軍餉負責人辦理，不透過儲蓄銀行）。存款額最高的是八十四團，達 9,718 英鎊；來自羅斯郡的打仗專家、勒克瑙戰役中由哈福洛克領導的英雄團七十八團，儲蓄了 6,480 英鎊；在英利斯領導下的英勇占領勒克瑙的軍隊三十二團，儲蓄了 5,263 英鎊。八十六團、十團一營和第九騎兵隊回到英國時都帶有大量存款，這足以說明他們的節儉與品德了，這也反映了他們身為戰士同時是普通人的最高榮譽。（軍隊儲蓄銀行在 1874 年 3 月 20 日的儲蓄額達 300,609 英鎊）

然而士兵並不會把他所有的存款都放在軍隊儲蓄銀行裡，尤其當他能找到一家普通儲蓄銀行時。據我們所知，駐紮在倫敦的王室軍隊的很多士兵就寧願在普通儲蓄銀行而不是軍隊儲蓄銀行裡存錢。一個偶然的機會問到這種現象的原因時，有人告訴我：「我不想讓士官知道我在存錢。」除此之外，士兵還不想讓他的戰友們知道他在存款。因為揮金如土的士兵，就像揮金如土的工人一樣，當他花完自己最後一個子兒後，他總喜歡向他節儉的戰友那裡借錢。

同樣的感覺也使得工人不願在普通儲蓄銀行裡存款，因為他們不想讓老闆知道他們正在存款，免得造成「彷彿薪水還可以降低」的感覺。住在約克郡某個鎮上的一個工人，已經決定要去一家他的老闆擔任董事的銀行存款，在他確信他的老闆不在之前，他三番五次地去銀行門口守望。等了幾個星期之後，當他確信老闆確實不在時，他才敢把錢存入銀行。

第八章　如何度過窮日子

在彼爾斯頓，至少對於那些在銀行裡存錢的礦工們來說，他們通常不用自己的真名，而是用其他名字。當然無緣無故他們是不會這樣做，就是因為有些雇主的確反對這種儲蓄銀行的制度，因為他們害怕工人在罷工期間用儲蓄來維持生活。他們認為如果工人們都在儲蓄銀行裡有存款的話，那就不能為他們勞薪水源的穩定提供很好的保證了。

也是在彼爾斯頓，一位與工人就業沒有關係的官員提到下面這件事情。他說：「我成功地說服了一個工人在儲蓄銀行裡存款。他一開始很不願意。雖然我知道他收入很高，但他積蓄很少。當他存錢的時候我透過表示欣賞來鼓勵他這麼做。後來他的存款越來越多，5 年之後他取出了那筆錢，買了一塊土地，並在上面建了房子。我想如果我不規勸他，他的收入就會花費在聚會和俱樂部活動上了。那個人現在無憂無慮，他的社會地位也提高了，他也為其他人樹立了好榜樣。」

從我們談到的事情來看，很明顯，勞動階級中很大一部分擁有較高收入的人，他們的儲蓄能力是毋庸置疑的。當他們確定目標之後，在必需的金錢方面他們是沒有任何困難的。當鄰近城鎮罷工的時候，南開郡的一個小鎮竟也能拿出 30,000 英鎊來支持他們的患難兄弟，但是在沒有罷工的時候，為什麼他們就不能為了自己一輩子生活的安樂而儲蓄那麼多錢呢？許多工人已經開始儲蓄，他們能做，其他人也能做。我們知道有一個農業區建立了一家大型的機械廠，在那個地區來自無謂花費的誘惑又很少，幾乎所有的人都是天生的經濟學家，每個人都積蓄了 200 ～ 500 英鎊數目不等的錢。

很多工廠的技工，還有他們的家人，一週很容易就能積蓄到 5 ～ 10 先令，那麼在幾年之內，他們就可以累積到一個相當可觀的數目了。前不

久，在達爾聞的一個技工取出了他的積蓄，購買了一排房屋，現在這些房屋都已成為他的財產。在同一個地方以及鄰近的城鎮，很多人也都建起了屬於自己的房屋，雖然有些人是靠生意獲得的錢財，而大多數人都是靠銀行的積蓄。

有一天在布蘭福德儲蓄銀行，一位穿著體面的工人又存了一筆錢，從而使他的存款接近了 80 英鎊。他向銀行經理談起他是如何成為一個儲戶的：他曾經是個酒鬼，但是有一天很偶然看到了他妻子的存摺，他知道妻子有 20 英鎊左右的存款，他自言自語：「我在亂花錢，家裡還能有這麼多存款，如果我們倆都存款的話，那又會怎麼樣呢？」於是他開始戒酒。他說：「我把這一切都歸功於妻子和儲蓄銀行。」

當這樣一些收入不菲的工人能累積起足夠的財富時，他們應該逐漸放棄非常辛苦的工作，當上了年紀的時候就應該考慮退休了。過了 60 歲的人會感到力不從心，從這時起，他就應該為以後的晚年生計做準備。當然，這也並不是工人中只有少數幾個人才能積蓄那麼多金錢，而是整個階級或多或少都能這樣做。

而便士銀行無論開在哪裡都為此提供了明顯的例證，僅僅透過提供不斷增加的進行節儉的機會，就能產生多麼大的效果啊！30 年前在格里諾克開設了第一家便士銀行，當時它是作為一家儲蓄銀行的附屬機構。主辦人 J.M. 斯科特先生希望能使那些儲蓄額少於 1 先令的窮人有個安全可靠的地方存錢（儲蓄銀行存款最低額為 1 先令）。一年之內就有 5,000 個儲戶在格里諾克的便士銀行裡存了 1,580 英鎊的錢。令人尊敬的奎克特先生是倫敦東區的一位助理牧師，他開設了第二家便士銀行。結果形勢也非常令人高興，在一年當中就開設了 14,513 個存款帳戶。後來存款帳戶被限

第八章　如何度過窮日子

制在 2,000 個，但是申請開戶者還是非常踴躍，以至於要等很久才會出現一個空缺。

「有些人儲蓄是為了繳房租，」奎克特先生說，「有些人是為了購置衣服，或者用於培養他們的孩子，這些存款都用於實現生活中各種各樣非常小的目標。每一筆經過我的手支取的存款都使我有機會聽到一個故事，或者因為患病，或者因為悲痛，或者因為其他原因才迫使他動用這筆小額的基金。除此之外，便士銀行還為普通儲蓄銀行提供了客戶來源。當每週存的錢超過某個數值時，他們就把帳戶轉到儲蓄銀行去了。許多一開始很少能節省 1 便士以上的人現在竟然能存一個銀幣。」

當然這一切可決不是因為教區牧師的道德影響力得到了更富有智慧的運用，而是奎克特先生所作的努力，透過幫助他們而使他們變得節儉，更改善了他們的經濟狀況，逐漸提升了他們的社會地位，喚醒了他們的宗教意識，而此前他們中更多的人對宗教生活很陌生。

查理斯·W. 希克斯先生所宣導的運動也體現了強大的影響力。希克斯先生是哈德斯菲爾德銀行公司的出納，他主張他們的公司應該與製造業企業的機構結合起來。在他看來，用經濟節儉的習慣來鍛鍊青年人比在他們的頭腦裡裝滿書本對個人而言具有更大的實用價值，對社會而言也就具有更大的重要性。他指出，勞動階級濫用金錢堪稱當代最大的惡行之一。「在很多情況下，」他說，「那些薪水更高的人，其實他們家人的生活更可憐，正是他們成了充滿怨恨的階級和危險的階級。這樣的人怎麼可能對提高知識有任何興趣呢？」

為了說明人們的奢侈浪費，希克斯還提到了下面的例子。他說：「西區有一位很有名的企業主，他的工廠開了 25 年，幾乎沒有停產過一個星

期。他用幾天時間考察了所有雇員的薪水情況，並與幾年前做了對比。他高興地發現，機器的發展使薪水水準有了提高。他的紡工與織工每星期人約能賺 27 先令。很多情況下他們的孩子也在這個廠裡工作，還有少數人的妻子也在這裡。這樣，家庭年收入經常可以達到 100～150 英鎊，但參觀了一些雇員的住宅後，他感到非常失望：那裡氣味難聞、骯髒不堪。看來收入的增加只是導致了揮霍的增加，儲蓄銀行與回報社會這樣的好事同樣被他們棄之腦後了，但是同一個工廠裡也有一些人儘管薪水並不比別人高，但家中舒適整潔，還有不少積蓄。據我所知，在布蘭德福有位開明的企業主有一次在儲蓄銀行給他的工人開了 700 個帳戶，並存上了少量的錢，但結果令人失望，存款很快就被一一取了出來，而只有極少數人保留了下來，作為進一步儲蓄的基礎。」（選自希克斯先生那本出色的小冊子，題目是《金色歲月》或《儲蓄銀行與家庭》）

希克斯先生建議每個工廠協會都應任命一個初級的儲蓄銀行委員會，每週一次接收來自會員和非會員的存款。

「如果每一團體的委員會都能採取這種方法，」他說，「考慮到工人們的艱難處境，以同情心和友善的態度來建議和邀請，甚至是勸導他們，而不僅僅是透過講解教訓，還要促使其形成真正的節儉與自我克制的習慣。這一階級最珍貴的經驗是能夠形成的，這樣的話，結果該是多麼令人振奮啊！一旦形成了更好的習慣，他們就會在自我克制的道路上堅定地前進了。」

忠告不會被人遺忘，一個又一個的機構採納了這一方案。在整個約克郡，與主要的工廠協會相關的初級儲蓄銀行很快就建立起來了。那些在哈德斯菲爾、哈利法克斯、布蘭德福、里茲和約克的機構非常成功。在哈利法克斯的便士銀行由 1 家核心銀行和 7 家分支機構組成，儲戶的數量和人

第八章　如何度過窮日子

均存款額也在逐年增長。布蘭福德設立了 14 家便士銀行，儲戶在小銀行形成儲蓄的習慣以後，便士銀行就會幫助儲戶再把大額的存款轉存到普通儲蓄銀行裡去。

在格拉斯哥附近一共有 36 家便士銀行。委員會在一份報告中聲明，他們認為「對於小額金錢經常性的隨意花費，會養成根深蒂固的奢侈浪費和揮霍的習慣」。他們極力主張把支持便士銀行作為發揮儲蓄銀行有益作用的最好手段。法漢姆這個小縣城的便士銀行在幾年中估計已為該地儲蓄銀行提供了 150 個經常性的儲戶。在便士銀行大約有三分之二的存款被當年取走，這說明便士銀行主要是作為小額貨幣的安全存放地，直到這些錢被用於特定目的，比如交付房租、購置服裝、添置傢俱、支付醫生帳單或者諸如此類的其他目的。就這樣便士銀行成了窮人們的錢袋。很多存款在存的時候都沒有超過 6 便士，總的平均起來也不超過 1 先令，這些儲戶是勞動階級中最窮苦的那一部分人，而在此之前他們當中絕大多數人從不習慣儲蓄一分錢。德比的克拉克先生對推廣這種有益的機構顯示出很高的熱情，他說，德比便士銀行的存款有十分之一是以零錢方式存入的，其中很大一部分都是 3 便士和 4 便士的硬幣。

因此，很明顯，便士銀行跟一個財富微不足道的階級站在了一起，他們的儲蓄能力比高收入工人要低得多，而且如果他們把錢放在口袋裡，大概就會在鄰近的酒館裡花掉了。因此當設立在布特尼的一家便士銀行在第一年年底統計存款時，在委員會工作的一個酒商作了如下評論：「那表明人們又少喝了 30,000 品脫（液量或幹量單位，用作液量單位時等於八分之一加侖，英制等於 0.0568 升，美制等於 0.473 升；用作幹量單位時等於二分之一夸脫，美制等於六十四分之一蒲式耳）的酒。」

在約克郡的一家便士銀行，有人看到一個老頭在存錢，他是教區非救濟院的救濟金發放物件，他想要攢足夠的錢來買一件上衣。還有一些人則想透過儲蓄來買一個時鐘或者是一種樂器，或者進行一次火車旅行。

但便士銀行的主要顧客還是男孩子，這是他們最充滿希望之處，因為男人是透過男孩兒來造就的。在哈德斯菲爾德，許多年輕人成群結隊地從工廠趕到便士銀行，那是些爭相仿效不甘落後的想法，以及榜樣的力量都在激勵他們這樣做。他們為各種各樣的目的而儲蓄：一個人想買一箱工具；另一個人則想買一塊表；第三個人是要買語法書或詞典。

有一天晚上有個男孩兒要求提取 1 英鎊 10 先令，按照便士銀行的規矩，支取 20 先令以上的錢必須提前一週通知銀行，因此，出納人員表示不行。男孩兒說：「事情是這樣的：我媽媽現在付不起房租，我就應該來付，我的任何東西都是我媽媽的。」還有一個例子，一個年輕人提取了 20 英鎊，並把它交了出去以免除他兄弟的兵役。「母親整天煩躁不安，」年輕人說，「如果我兄弟去當兵了，我母親的心都會碎的。我無法忍受這一切。」

儲蓄銀行能夠以多種方式給予幫助和力量，除了能使年輕人清償債務、不負債以外，還為他們提供了必要的財富，使他們能在家庭有難或突發事件中採取仁愛而慷慨的舉動，這是多麼令人驚嘆啊！在貧民免費學校，幾乎每個學生都有一張便士銀行的存單，這是為了培養他們最需要的優良習慣。引人注目的是，貧民免費學校聯盟的學生每年存款都不下於 8,880 英鎊，而總數竟高達 25,637 英鎊。貧民免費學校的窮孩子們都能夠做到，英格蘭其他地方的高收入的工人和技工怎麼會做不到呢？

便士銀行運作中的另一個主要特徵是與節儉習慣的教化有關的，那就是孩子們每週存錢的習慣對他們的父母產生了影響，使他們的父母也這樣

做，這就形成了良好的氛圍。一個男孩兒連續幾週都去存零錢，把存摺帶回了家。存摺說明有一個銀行為他設立「分類帳目」，他的零錢都存入了帳戶，有著各自的存款日期。這些儲蓄並非沒有回報，而是每年都將獲得2.5％的利息，他還可以隨時支取存款。

而那本存摺本身就說明了它的歷史，使它主人的兄弟姐妹和父母都充滿興趣。他們把他看成品行優良的年輕人。如果他父親是一個感覺敏銳的人，那麼他自然會想到他的孩子能做這樣一件值得交口稱讚的事情，他自己也必定能做到。於是下一個週末的傍晚，當男孩子去銀行存 3 便士硬幣的時候，父親也去存他的 1 先令了。

有了良好的開端，習慣就開始了。如果能夠很好地保持，那麼很快就會對整個家庭的狀況產生最有益的影響。母親也會馬上注意到新的做法對家庭幸福的影響，在孩子們成長和賺錢的過程中，她也學會了鼓勵孩子們學好哥哥的榜樣。她還會親手拉著他們來到便士銀行，教會孩子們習慣儲蓄。在這些方面，婦女往往比男人具有更為深遠的影響，在孩子們那樣做的過程中，母親慈愛的影響常常會更持久一些。

一天晚上，一位體格強健的技工出現在布蘭德福儲蓄銀行。他穿著工作服，帶著 3 個孩子，其中一個抱在懷裡。他掏出孩子們的存摺放在營業櫃檯上，還有 10 先令，平分著存到 3 個存摺上。這件事以前是他妻子來做的。那個人邊哄著懷裡的孩子邊說：「太不幸了！他們自從上次來這裡之後就失去了媽媽，但我必須要盡到對他們的責任。」他繼續對孩子們進行由妻子所開創的良好教育，每次都帶他們來存錢。

英國有句古老的諺語：「想要成功必先求教於妻子。」所以，妻子不僅要激勵丈夫積極地去爭取成功，而且還要幫助他，否則她就不是好妻子

了。而好妻子對家庭生活的幸福非常重要，這對於任何一個男人來說都是一樣的。婦女形成了家庭的道德氣氛，作為孩子融入其中獲得成長，而當孩子成長為男人的過程中，她們又花費心血細心照料。男人的確掌握著家庭的韁繩，但是通常都是女人告訴他們應該怎麼駕駛。

不久以前，希克斯先生在二等車廂裡遇到一位穿著體面的工人。他在假期要從謝菲爾德到格拉斯哥去看望他的母親。希克斯先生說：「我很高興能看到一位工人為了這樣一個目的而甘願忍受長途旅行的勞頓。」「是的，」工人說，「我很高興我能負擔得起旅行的花銷。」「在你所在的車間裡，有很多人儲蓄嗎？」希克斯問。「不，」工人答道，「100 人中不會超過 2 個。其他人可以節省的錢不是存到了儲蓄銀行，而是都花在酒館裡了。」「你什麼時候開始儲蓄呢？」「就這麼大點兒。」工人比畫了一個小孩子的高度，「我存的第一筆錢是在一家便士銀行，從那時起，我一直都在儲蓄。」

這就是早期教育與榜樣的作用，我們很高興地看到現在「經濟」已成為公立學校的一門課程。蘇塞克斯縣的克萊朗先生長期給窮苦孩子們講授節儉的課程，他極力主張建立與儲蓄銀行相關聯的便士銀行。他富有見地的主張，那些純粹的包括貨幣的本質、價值與用途，以及關於貨幣的花銷和儲蓄原則的課程對下一代的成長產生了巨大的影響。

其實，教育孩子們養成節儉習慣的做法在比利時全國的學校裡早已推行了 8 年。根特學校委員會確信儲蓄對工人階級的道德狀況和物質福利條件產生了積極有益的影響；他們還認為使經濟精神滲透到日常習慣的最好方式正是在學校裡就這樣教育孩子們，並讓他們從小實踐。雖然孩子們千差萬別，他們也還沒有形成固定的習慣，但是，他們也最有可能按照被教

的那樣去做。他們能被教會節儉，正如他們會被教會算術一樣。他們無論如何都會被睿智的老師所激勵，養成經濟節儉的習慣。每個孩子總會有一些零錢，老師可以引導他們節省下來用於有價值的目的。在根特，每所學校都建立了儲蓄銀行，孩子們都在那裡存零錢。付費學校和免費學校都是一樣，因為節儉的習慣對富人和貧人來說都是很有益的。根特出版的一本小冊子談到了付費學校：「儉樸的精神以某種慈善的形式被植入。小姑娘們用零花錢買來原料，比如棉布或麻布，在手工勞動課做成裙子；之後，這些襯衣、長襪、裙子、手帕或圍裙都分給免費學校更窮的孩子們。分送在小節日舉行，沒有什麼比這更為感人的了。貧民的孩子們集中在柯里爾學校，有些小姑娘也去了。有個小姑娘出來對窮人孩子說幾句話，然後免費學校就會有一個小姑娘上來答謝。然後上一年度製成的美觀實用的東西就分發掉。這是捐助者本人為最貧窮的姐妹提供了她們自己的勞動成果。分發儀式伴隨著歌聲使人感動，難道還要我們反覆強調神聖的節儉的恩澤嗎？」

開設經濟課程的結果也十分令人滿意。在根特上學的孩子們已經積蓄了 18,000 英鎊，以 3%的利息存在國家儲蓄銀行。這種制度發展到了荷蘭、法國和義大利。我們國家也在某種程度上採用了這一制度。在格拉斯哥、利物浦、伯明罕、大福爾意德和倫敦孤兒院都出現了學校銀行。我們相信，不久學校銀行將在英格蘭的每一所學校裡生根發芽。

顯而易見，從上文來看，節儉的實踐很大程度上依賴於是否為小額存款儲蓄提供便利的條件。如果有一家很方便的儲蓄銀行的話，那麼存款就會源源而來。就像軍隊儲蓄銀行建立以後，士兵們努力從他們那僅有的一點收入中省下錢來去儲蓄一樣。便士銀行開張之後，存款的人也是絡繹不

絕，甚至連貧民免費學校的學生也都能累積起相當可觀的存款了。所以學校銀行也是一樣，我們已看到了根特學校銀行那樣的絕好例子。

15 年前我們國家的儲蓄銀行還很缺乏，很多大的城鎮和村莊都沒有儲蓄銀行。擁有 200 萬以上人口的南開郡也只有 30 家儲蓄銀行而已，而約克郡東區則只有 4 家。整個國家有 15 個縣沒有一家儲蓄銀行，3,000 萬人口總共也就僅有 600 家儲蓄銀行。而這些銀行 1 週又才開放 2～3 小時，有的銀行一個月僅有 4 小時營業時間。想要存錢的工人在存錢之前不得不在錢袋裡放上好久，而在這段時間內他們又受到要花掉它的種種誘惑了，但是為了確保他們錢財的萬無一失，他們就必須養成儲蓄的習慣，這也是儲蓄銀行設立與發展的目標。

1860 年，古斯利博士在他談論貧民免費學校的書中說：「從事製造業和手工業的青年人處於一種什麼樣的境地呢？他們被酒館和俱樂部所包圍，同時也為無窮的誘惑所包圍，而儲蓄銀行對他們來說是那樣的陌生。浪費之魔在每一條大街、每一個角落都布下了陷阱和圈套，在很多城鎮，一條街道就有六七家酒館，它們白天生意興隆，晚上燈光閃爍，就連安息日與週末也是如此，使路過的人彷彿感覺酒瓶子幾乎近在手邊，這對節儉是一種巨大的威脅。人們想要醉酒，十分方便，馬上就能得到滿足，而節儉卻要跑上 1 英里才能找到一家儲蓄銀行，而且 1 週才難得一見地只開一兩次。」

好在有許多窮苦兄弟的朋友們提出了很多建議，他們關心是否可能建立遍布全國的更為完善的儲蓄銀行系統。早在 1807 年，維特布萊德先生就向國會遞交了一份議案，目的是使倫敦的機構辦理全國性的小額存款業務，可以使現金透過存款所在地區的郵政局匯到倫敦。議案還進一步考慮

了是否要成立全國保險協會，透過這一機構，工人也許可以獲得不超過
200 英鎊的保險和不超過 20 英鎊的養老金，但是很遺憾，維特布萊德先生
的議案最終被否決了，沒有產生任何作用。

　　洛倫德·希爾爵士的工作卻給郵政系統帶來了巨大的活力，在各個方
面拓展了郵政作為一種公共制度的作用。有人提議，貨幣郵匯機構（始建
於 1838 年）除了匯款外，還可用於儲蓄的目的。1852 年漢考克教授出版
了一本專門討論這個問題的小冊子。約翰·布拉先生是一位著名律師，他
在為普特尼便士銀行工作期間對這個問題產生了濃厚的興趣。1856 年 11
月，他向郵政最高當局提出建議：可以把貨幣郵匯機構作為擴展儲蓄銀行
制度的手段，但是同樣令人遺憾，當時他的提議沒有獲得認可，也沒有產
生什麼作用。後來又有很多人提出過相似建議，比如休謨先生、麥考昆達
爾先生、斯瓊上尉和雷·斯密先生等。

　　但是直到來自哈德斯莫爾德的希克斯先生著手這件事後，這些建議才
成為現實。建議總是有用的，它能激起思想的火花。最有用的建議也從來
不會被人遺忘，但這也需要最終要有人能把建議變為現實。這就像世界上
大部分的發明都是一個獨創性建議的成果。有人想嘗試一種想法，一開始
可能會失敗，但只要有淵博的知識、豐富的閱歷和巨大的決心，那麼他就
一定能成功。

　　郵政儲蓄銀行的成功有很多原因。首先要歸功於維特布蘭德先生和其
他人所提的大量有用的建議；其次要歸功於洛倫德·布林爵士，正是他建
立了貨幣郵匯系統的分支機構，從而使這個建議得到實行；再就是要歸功
於希克斯先生了，他從 1850 年開始著手這件事，之後不斷地推動它，一
直堅持不懈，並使這個問題引起了幾任財政大臣的重視；最後歸功於格萊

斯頓先生，因為他清楚地預見到郵政儲蓄銀行的巨大益處，並向國會提出了議案，議案終於在 1861 年獲得了透過。

郵政系統的貨幣郵匯部門使郵政儲蓄銀行在全國運作起來的計畫已經開始了：如果地方檢查員發現某地一週有 5 份匯款單，那麼該地就會建立一家郵政匯款的分支機構。據統計，在全國範圍內平均來說，一戶人家離附近郵政匯款機構的路程是 3 英里。這些機構每天都營業，他們從匯款人那裡收錢，然後開出列有匯款數額的單據。他們留著這些錢，直到存款人出示一張相應的單據取走現金。這時候，郵政部門實際上是一家轉移貨幣的銀行了，錢有可能在裡頭放上 24 小時，或者幾個星期、幾個月、幾年，或者更久。透過從更多的儲戶那裡接收更多的錢，延長保留款項的時間，並允許支付正常利息，它就能實現一家全國性銀行的所有意圖與目的。

郵政儲蓄銀行有好幾個優勢，這一點我們需要了解。郵政銀行分布極廣，營業時間從早晨 9 點到下午 6 點，週六則要開到晚上 9 點。儲戶可以存 1 先令，也可以存幾先令，但一年內不得超過 30 英鎊。郵政官員提供存摺，存摺內包括了郵政儲蓄銀行的管理規則。另外，存 100 英鎊的年利息是 2 英鎊 10 先令。

另一個特點就是安全。政府對全額存款作擔保，所以存在郵政銀行的錢就像存在英格蘭銀行一樣安全。存款能夠從一個地方轉移到另一個地方，而不再需要任何費用。當要用時，支取也非常方便，而最初是在哪裡存的倒沒有任何關係。除此之外，存款人也是完全保密的，郵政局長不可對外透露儲戶的姓名。

在談便士銀行和郵政儲蓄銀行時，我們經常提到查理斯‧W. 希克斯

第八章　如何度過窮日子

先生。他在這些很有價值的制度的發展過程中具有十分重要的地位。他是哈德斯菲爾德一位私人銀行家的兒子，在校期間，他因獲獎得到了一套富蘭克林博士的著作《散文與通信》。他如饑似渴地閱讀這套書，而富蘭克林在他的心靈中播下了很多有益思想的種子，對他今後良好品格的形成產生了巨大的影響。哈德斯菲爾德是一個繁華的工業城市，雖然工人收入很高，但經濟總有波動，時好時壞。經濟蕭條期工人的財產就會被一掃而空，有些人還習慣於在大街上乞求他人的施捨。年輕的希克斯很想知道這些人是否聽說過富蘭克林博士，以及他談到的那些避免貧困潦倒的辦法。而這個辦法不是別的什麼，富蘭克林就是告訴人們：經濟繁榮收入豐裕時就要儲蓄金錢。

1833 年早期，希克斯先生開始供職於哈德斯菲爾德銀行公司。這是英格蘭第二家股份制銀行。蘇格蘭銀行公司的精明與成功使董事會挑選了一個蘇格蘭人出任經理。董事會最初的決議之一就是開出的存單至少是 10 英鎊，以鼓勵勞動階級養成節儉樸素的習慣。希克斯先生深得經理的喜愛，經常能從經理那裡聽到蘇格蘭農民是如何節儉的趣事，他還得知一家在珀斯的銀行一年支付的利息不少於 2,000 英鎊，每一儲戶可以得到 10 ～ 20 英鎊。1837 年，希克斯先生成為銀行公司的出納，這使他有機會與工人階級進行直接接觸與交流，這正是他夢寐以求的事情，他希望以他的思維方式來了解工人階級的節儉情況。隨著歲月的流逝，希克斯先生經常親眼目睹有的存款人以 10 英鎊或 20 英鎊作為起點，然後不斷地往裡存錢，最後存款數額會達到 100 或 200 英鎊，個別人甚至是 300 英鎊。希克斯先生經常想，如果每個工人都像到這家銀行存款的工人一樣，做到節儉樸素和深謀遠慮的話，那麼對於工人階級生活狀況的改善能產生多麼驚人的影響啊！

就在當時，經濟陷入困境。手工織布業的紡織工人幾乎全部失業。到處都是貧困與悲慘的狀況，人們以沉默和貴族式的英雄主義來承受這一切。面對不幸與困境，有人開出了各種各樣的藥方。社會主義、憲章運動與自由貿易思想都大有市場，而最激進、最不切實際的理論被拋棄了，但是即便在這黑色歲月裡，也有人在某種程度上對未來很有信心，他們以在股份制銀行或儲蓄銀行的積蓄為生，而這可以使他們安然度過艱難的歲月，期待繁榮的來臨。希克斯先生相信自由貿易的好處，他同樣也確信，如果民眾沒有形成節儉的習慣，如果民眾因相信先前聯盟的演說家雄辯地預言那樣「好時光就要到來」的教育，而不能未雨綢繆的話，那麼國家的繁榮就像國家的災難一樣，都可能會帶來巨大的不幸。

回家路上與工人的很多談話使希克斯先生相信，有許多社會問題立法機關根本是無能為力的，比如人民如何儉樸就是問題之一。一位雇用了500個手工紡織工的企業主告訴希克斯先生，前一陣經濟繁榮的時候，就業機會很多，薪水頗豐厚，他希望他的工人能有積蓄，但即使下跪乞求他們，也不能勸服他們哪怕節省1分錢、儲蓄1便士。正是在這個時期，希克斯先生讀到了已故的薩姆大主教的《發明的記錄》，他讀到了這樣一段話：「幫助窮人的唯一奧祕在於使他們本身成為改善自身條件的人。」話很簡單，卻照亮了希克斯先生的心靈，而且成為他判斷先前所遇到的各種觀點和理念的準則。施捨與慈善事業，雖然往往基於最善良的動機，但對被救濟的接受者來說常常是十分有害的。而另一方面，如果自我克制與自助，這些人類最神聖的東西都能夠被普遍地融入到勞動階級的性格中去，那麼沒有什麼能阻止他們去取得不斷的前進與進步了。希克斯先生注意到，直到工人在手頭擁有更多的錢之前，他們仍可能一直處於貧窮與困境之中。他敏銳地意識到，只有他們普遍地養成節儉的習慣，社會的面貌才

會馬上發生改變。於是他下定決心在力所能及的範圍之內竭盡全力地推動這項事業。

　　直到 1850 年，儲蓄銀行一週也還只營業幾個小時。在哈德斯菲爾德，工人一年的薪水總收入超過 40 萬英鎊，但儲蓄銀行開設 30 年以來，儲蓄總額竟只有 74,332 英鎊。希克斯先生在 1850 年給《里茲水星》的編輯寫了封匿名信，後來應他們的要求，他公布了自己的真名。在信中，他提出倡議，工廠協會與相關團體應建立便士銀行。話很簡單，但他列舉了很多令人信服的事實，他說明了年輕的工人們在成長過程中是如何被剝奪形成節儉習慣和成為儲蓄銀行客戶的機會的。

　　這封信很快就獲得了普遍的認同，約克郡工廠協會聯合會的委員會也給予高度支持。約克郡幾乎每一個協會都建立了便士銀行。希克斯先生親自管理哈德斯菲爾德的一家便士銀行，到那時為止，這家銀行存款總額達 3 萬英鎊。事實上，哈德斯菲爾德的工人變得非常節儉樸素，他們在儲蓄銀行的存款已經從 1850 年的 7 萬 4 千英鎊增加為 1874 年的 33 萬英鎊。無疑，這一切很大程度上都要歸功於希克斯先生的有益示範。

　　1854 年，希克斯先生出版了一本出色的小冊子《金色歲月：儲蓄銀行與家庭》，這本書我們已經提到過了。這本小冊子的成功使他的注意力集中到儲蓄銀行這一問題上。他驚訝地發現它們完全不合國家的規定。他與當時的財政大臣科內華·路易士爵士進行會談，這一問題也引起了財政大臣的重視，他要求希克斯先生用一封信來表述他的觀點。這樣幾個月之後就出現了一本獻給科內華·路易士爵士的小冊子，題目是《儲蓄銀行改革》。在書中，希克斯先生堅持認為政府應該為儲蓄銀行的存款作擔保，但這一建議遭到了政府的拒絕。希克斯先生下一步就開始公開討論郵政儲

蓄銀行的問題，因為國會沒有制定任何改善儲蓄銀行的法案使他深感失望。他所珍愛的「儲蓄銀行應該成為真正的人民銀行」的願望，實現的那一天看來還十分遙遠，但是就在此時，黑夜終於見到了黎明的曙光。當他幾乎要放棄改善現存儲蓄銀行的思想時，一個想法在他的腦海裡一閃而過：現存的貨幣郵匯系統就可能成為人民儲蓄銀行的基礎。

馬上他就寫信給住在里茲的朋友貝思斯先生講述了他的計畫。計畫送到了在洛倫德的希爾爵士那裡，他贊同這一建議，並考慮了這一計畫「在郵政系統之內的可行性」。這一計畫後來又引起了格萊斯頓先生的注意，他隨後促使國會透過了一項在全國範圍內建立郵政儲蓄銀行的議案。希克斯先生曾在社會科學協會做出預言，用他自己的話來說：「只要計畫實施，郵政儲蓄銀行的成功不在話下，馬上就會享有榮耀。無論何時銀行一開，存款就會滾滾而來。這會激勵人們的自我克制，很多人將會開始一種更為高尚的生活。他們慢慢地懂得，奢侈浪費是工人多麼無情的敵人，而經濟儉樸與深謀遠慮又是多麼真摯的朋友。這樣，家庭購物就會用現金支付，而最低標準的房租也能準時支付，家庭就建設得越來越舒適，直到獲得眾人的喜愛與讚譽。這些家庭繼承了美好的傳統 —— 勤勞、節儉與熱愛家庭，他們就會把他們收入的一部分儲蓄起來，這樣，透過提取一定的存款就能安然度過某個艱難的冬天或者經濟蕭條的歲月，而境況好轉時，存款又會得到充實。如果這個方案被採納，在整個國家來說事實上會使每個工人家庭到儲蓄銀行的距離小於一個小時的路程，那麼我相信，可以樂觀地預計這將有助於國家的人民最終形成深謀遠慮與自我克制的習慣。而這對個人具有永恆的價值，也會大大地提高國家的安全。」

然而，工人階級並沒有充分利用郵政儲蓄銀行所提供的便利條件。以

伯明罕為例，那裡的工匠是屬於城市中收入最高的階層之一，但在郵政儲蓄銀行的儲戶清單上，我們發現工匠位列家庭僕人、婦女、礦工之後。雖然他們有可能用積蓄從事其他投資，但在郵政儲蓄系統中，他們僅占總儲戶的十分之一。

從整個英格蘭的範圍內看，在郵政儲蓄銀行的 1 萬個儲戶中，我們發現，家庭僕人又排在第一位；第二位是普通女人；第三位是「無職業」或「無固定職業」的人；接下來依次是工匠、小工、礦工、商人、士兵、船員、職員、女用飾品及服裝製造商、專業人士和官員。我們還是要認為這種制度仍太年輕，尚未深深地紮根於社會。我們相信等我們這一代人離開人世以後，我們的下一代才能真正收穫到郵政儲蓄銀行帶給人們的豐碩果實。

在過去幾年中，特別是上次大罷工結束以後，普勒斯頓居民的儲蓄勢頭很強勁。在英格蘭除哈德斯菲爾德外，恐怕還沒有哪個城鎮的居民有著這樣的節儉與樸素。50 年前普勒斯頓居民中僅有三十分之一的人在儲蓄銀行存錢，而就在 20 年前這一比例提高到了十一分之一，到了去年這一比例已經是五分之一了。在 1834 年，有 5,942 人在存錢，儲蓄總額為 165,000 英鎊；到了 1874 年，85,428 人的總人口中有 14,792 人在存款，儲蓄總額達 472,000 英鎊。在過去的 20 年中，難道還有其他方面的變化和進步有比這更令人滿意的成果嗎？

第九章
細節決定人生

第九章　細節決定人生

看那鎮定、舒適和安寧，
一切從微不足道的累積中產生；
只要對女兒、妻子和朋友多一點關懷，
就會感到家帶給你的愛。

—— 罕納·莫爾

知道了何時花錢何時節省，
你買東西時口袋再也不會空。
看不起小事的人，會在小事上一點點毀掉。

—— 所羅門箴言

忽視小節是絕大多數人遇到意外災難的根源。人的一生由一系列的小事情串連而成。每一件小事情都不是絕對重要的，然而，正是處理這些小事情的方式，決定了我們每一個人的幸福和成功。一個人的品格也是從小事情上開始培養起來的，它要求我們盡量很體面地處理好每件小事。商業人士的成功依賴於對小事情的關注，而對家務的滿意也是來自每件小東西都安排得井然有序，甚至如果要成為好政府的話，也只能用同樣的方式去做，就是把每一項滿足人民需要的小事物都規劃妥當。

最有價值的知識和經驗累積是靠一點一滴的零碎知識和經驗彙集而成的。那些不學無術、一生無所事事的人都是失敗者，因為他們忽視了小事情。他們自己可能認為，是這個世界在跟他們作對，但實際上，他們是自己的敵人。長久以來，人們相信「好運氣」，但是，它像其他流行的觀念一樣，也會逐漸不再有人深信。人們反而越來越相信勤奮才是好運之母，換句話說就是，一個人一生的成功將同他付出的努力、勤勉以及對小事情的關注成正比。你的粗心大意、懶惰成性、鬆鬆垮垮之類的壞習慣將使你無緣碰到好運氣，因為成功的果實是不允許那些不勤奮的人摘取的。

當然不會是運氣，而是勞動塑造了人。一位美國作家說，「運氣是等待某個事物的出現；而勞動，卻總是能發現某些東西」。是的，運氣是躺在床上的，它盼望著郵遞員送來繼承遺產的好消息；而勞動，是清晨 6 點鐘就起床，用勤奮的筆或揮動的鐵錘打下成功的基礎。運氣常常嚷著抱怨，而勞動則發出工作時的吼聲。運氣倚賴偶然的機會，而勞動靠的是良好的品格。運氣滑向自我放縱，而勞動卻闊步向前，走向獨立自主。

　　家務中有許多小事情，對它們的關注關係到我們的健康和幸福。比如保持清潔就是對許多家裡小事情的重視，擦洗地板、拭去椅子上的灰塵、清洗茶具等，但是總的來說，是要創造一種在精神上和物質上健康舒適的氛圍，有了這樣的氛圍才有利於培養人們最高尚的品格。

　　屋子裡的氣流可能被看作是一件小事情，因為我們看不見空氣，並且大部分人對它幾乎一無所知，然而，如果我們總是不給屋子裡換上新鮮潔淨的空氣的話，我們就要為此遭受不幸了。這裡或那裡的一小塊汙垢似乎很不顯眼，門或窗開著還是閉著看上去也幾乎沒什麼區別，但是在我們因此而生病發燒毀掉了一生之後，不同的結果就顯現出來了。那麼，一小塊汙垢和有點汙濁的空氣就是非常有害的東西了。所以，雖然整個家務勞動就是由處理這樣一些的瑣事構成的，這些瑣事卻能產生舉足輕重的結果。

　　一枚別針在衣飾中是微不足道的小東西，可它別在衣服上的方式卻能反映穿戴者的性格特點。曾有一位精明的小夥子想找個妻子，帶著這個目的他拜訪了一戶有許多姑娘的人家。那天，他所鍾愛的那位漂亮小姐來到了那個房間，她的衣服沒有用別針別好，頭髮也有些散亂，結果呢他就再沒光臨這一家人了。你也許會說，這樣的小夥子本身就一文不值，但他其實是個聰明人，並且後來成了一個好丈夫。他判斷一個女人的角度和判斷一個男人一樣——透過小事情，並且他是對的。

第九章　細節決定人生

　　另外還聽說有位藥劑師要招聘一個助手，他收到了許多年輕人的申請。他把他們同時邀請到他的店鋪中來，讓他們把價值 1 便士的鹽放進一個口袋中。之後他選中了那個做這件小事情最乾淨利索又熟練的人做了他的助手。因為藥劑師從這件小得不能再小的工作上就推斷出了一個人是不是具有實踐的能力。

　　我們如果疏忽了小事情，也許就足以導致大量財產的損失，就算是最好最大的工廠也不會例外。一艘載滿商品的船中途沉沒了，因為它在離港時被發現在船底有個非常小的洞，卻被水手置之不理。少了一板鐵釘，就會壞一個蹄鐵；壞一個蹄鐵，就會損失一匹戰馬；損失一匹戰馬，騎士就會被敵人俘獲殺死；沒有了這個騎士，他的軍隊將就會全軍覆沒。而所有這一切都是因為有根小鐵釘沒有在蹄鐵上固定好！

　　「這能行」是那些忽視小事情的人的口頭禪。「這能行」這句話使許多人喪失了高尚的品格，使許多船隻沉沒，使許多房子燒掉，使人類無數美好希望無可挽回地毀於一旦。它總是阻礙正確的事情順順當當地進行下去，它是一塊絆腳石，是成功的敵人。並不是什麼「能行」，而是怎樣才最可行，這才是問題的關鍵所在。讓一個人信守「這能行」的格言，就相當於把他交給了敵人，他就會站在無能和失敗一邊，我們就不能對他再抱有任何期望了。

　　薩伊是法國的政治經濟學家，他曾講過忽視小事情就會導致巨大後果的一個例子：在鄉下的一個農場，周圍有一圈圍欄，為的是擋住牲畜和家禽。因為少了一個插銷，圍欄的門一直開著。只須花一兩個便士、用上幾分鐘時間，就一切都可以修理好了。然而，每當有人出入時，門就在那裡蕩來蕩去，沒有人注意到它是否關閉著。因此許多家禽就時不時地丟失

了。有一天，一頭小肥豬跑了出去，家裡的所有人，包括園丁、廚子、擠奶工都出去搜尋它。園丁首先發現了這頭小豬，當他跳過一條水溝想抓住小豬時，卻扭傷了腳，後來在床上足足躺了兩星期之久。而廚子回到房中發現搭在火邊的亞麻布被燒著了，那個擠奶工也在倉促中忘了拴好牛棚中的奶牛，一頭韁繩鬆開的牛把恰好拴在這個棚裡的一匹小馬的腿踩斷了。真糟糕，亞麻布被燒，園丁不能工作，以及那匹小馬的腿造成的損失足夠5 英鎊，比那頭小豬的價錢幾乎要多一倍：這僅僅由於缺少價值一兩個便士的插銷，以及那短短幾分鐘的時間就損失了一大筆錢。

生活中到處是這一類事例。當小事情被習慣性地忽略掉時，災難也就為期不遠了。要致富得靠勤勞的雙手，勤勞的人對小事情都應該像對待大事件一樣認真。有些事物看上去非常不起眼，但是對它們的關注要像關注偉大的事物一樣。

舉例來說，我們看一看最小的硬幣 —— 1 便士。這樣一小片黃銅，有什麼用呢？用它能買到什麼或幹點什麼呢？這是半杯啤酒的價格，或者還可以夠買 1 盒火柴，也許它只適合用來打發乞丐。然而，多少人類的幸福就依賴於把這 1 便士是不是花對了地方！

一個人可能工作很賣力，賺得薪水也很高，但是如果他任由一枚枚便士 —— 他的辛苦錢 —— 從他的指間滑走的話，他將會發現，他辛辛苦苦工作換來的生活比一個做體力活的苦力的生活好不了多少。另一方面，如果他珍惜每一個便士，每星期把一些錢交給互助協會或保險基金會，另存一些錢到儲蓄銀行，再把剩餘的錢交給妻子精打細算的話，那麼他就會發現，他對小事情的注意會給他帶來豐厚的回報，他不必過得窘迫，家庭生活也不會拮据，對將來也不必再有擔心。

第九章　細節決定人生

所有的儲蓄都來自小處的累積，就這是「積少成多，聚沙成塔」的道理。許多便士可累積成 1 鎊，存下 1 便士就是存下 1 鎊的開端。任何 1 鎊的儲蓄就都意味著舒適、充足、富裕和自立。人們說靠誠實的勞動賺來的一便士要好過別人給你的一先令。一句蘇格蘭諺語說：「別人施捨的美酒總比不上自己釀造的美酒甜美。」用於幸福的錢也必須都是乾淨得來的，但是如果這個便士本身很髒又怎樣？有一句諺語又說：「鐵匠和他的便士都是黑的。」鐵匠賺來的錢卻都是乾淨的。

如果一個人不知道如何節省每一便士、每一英鎊，那麼他就會時刻面對著生活的煎熬。就像一個武裝分子一樣缺錢可能在任何一天襲擊他。認真的節省行為就像變戲法：一旦開始，就會成為習慣。它會使一個人感到滿足、感到力量和安全感。他放進儲錢箱或存進銀行中的每一筆錢都可以保證他在生病或年老的時候能夠生活得很舒適。有儲蓄的人不會陷入缺錢的煩惱，不懂存錢的人卻要直接面對痛苦和折磨人的貧窮。

一個人可能下決心要存錢，也許是為了防備生病時用，也許是出於別的目的，但是如果沒有得到他妻子的支持和幫助，那麼他是存不下錢來的。一個細緻、節省的婦女就是她丈夫的光榮。一個好的妻子也會對丈夫的每一個好想法都全力相助；她可以用溫柔的鼓勵使丈夫展現性格的優點；她也可以以身作則使丈夫學會那些高尚的做事原則，而這將會是一顆最好的美德種子，它會深深播種到一個男人的心田裡。

住在比爾斯頓的歐文先生是「工人群眾的好朋友和宣傳家」。他常常對工人朋友們講述這樣一個某人本來不節儉，受到其妻子的影響而變得節儉起來的故事：那個人是曼徹斯特的一個棉布印染工。在結婚那天，妻子要求婚後每天給她一杯啤酒的錢作為她的私房錢。他答應了，雖然他本人

是個酒鬼，但他希望有個頭腦清醒的好妻子。他們都努力工作，他這個可憐鬼卻在下班後幾乎每天都會邁進酒館。

他的妻子呢，每天會得到屬於她的一杯啤酒錢，但是她的丈夫卻要獨自喝上兩三杯。除了個別時候妻子成功地透過耍個小花招使丈夫晚上提前一兩個小時回家之外，其他日子她的丈夫基本上每晚都不會準時出現在家裡。很快他們結婚一年了，在結婚周年紀念日的那天早晨，丈夫有點內疚地側眼看著賢淑可人的妻子說：「瑪莉，自從我們結婚以來，還沒有休過假，要不是我現在手頭沒有一個便士，我們就會出趟遠門去看你鄉下的母親。」

「你真的想去嗎，約翰？」妻子柔聲說，她因為丈夫說出這麼一句關愛的話，而高興得流下了眼淚。她拉住丈夫的手深情地說：「如果你想去，約翰，我來負擔費用。」

「你來負擔費用？」丈夫半帶著嘲諷地口氣說，「我的姑娘，難道你突然繼承到了一大筆遺產？」

「不，我沒有繼承什麼遺產。」妻子說，「但我有 365 杯啤酒。」

「你有什麼？」他說。

「365 杯啤酒！」

丈夫約翰還不明白怎麼回事，直到這個賢慧的女人跑到雜物室從一堆木箱下面拿出每天累積的一杯啤酒 —— 以 365 枚 3 便士硬幣的形式。那一共是 4 英鎊 11 先令 3 便士。（古時 1 英鎊等於 20 先令，一先令等於 12 便士）。她把錢交到丈夫手中，高興地喊道：「你可以過節了，約翰！」

約翰既羞愧又驚訝，良心受到譴責，他就像被施了魔法一樣呆了一會兒，又不願意接這筆錢。「這錢不是你的嗎？我不能用！」他說。他以後也

的確信守了他諾言。後來他們一起陪著母親度過了他們第一個結婚周年紀念日。妻子的這一小筆錢是一個觸發點，隨後，夫妻倆進行了一系列精打細算的投資，最後開成了一家商店、一個工廠和倉庫，他們還買了鄉間別墅和馬車，並且，丈夫約翰還當上了利物浦的市長。同樣，即便是地位最卑微的工人，只要他的行為能告訴他的工人夥伴，勤勞、忍耐、純潔的友愛以及足夠抵禦感官誘惑的自制力能夠給家庭帶來什麼，哪怕這個家暫時還處在貧窮的陰雲中，那麼這個人的所作所為其實一點兒也不次於一個雄辯的作家。只要有幾個這樣的人，那麼整個社會也會很快就感覺到他們這種榜樣的影響。是的，有意義地度過一生，作多少場報告來頌揚也是值得的，因為實例是一種遠比話語更有說服力的語言：因為它用行為來論證那些勞動中的智慧和生活中的明智。

毋庸置疑，一個人的日常生活是他道德風貌和社會地位的最好驗證。舉例來說，有兩個人在同一行業中工作，拿的薪水也一樣，然而，他們實際受人尊敬的程度卻可能相差十萬八千里：一個人看上去就是自由的人，另一個人看上去卻像是個奴隸。這個人住在整潔的房舍裡，而那一個人住在泥巴房裡。這個人總是穿著體面的外套，另一個人卻穿著皺巴巴的舊襯衫。這個人的孩子衣著整潔；每天會在學校接受教育，另一個人的孩子則髒兮兮的只知道整日在貧民窟四處遊蕩。一個人擁有舒適和充滿樂趣的平凡生活，另一個人卻根本沒有生活的舒適，當然也就沒有樂趣和享受。這兩個人的薪水水準卻是一樣的，他們生活狀況如此不同的原因又在哪裡呢？

原因在於：一個人勤勞而恪盡職守，另外一個人則正好相反。一個人把自己能得到的好處讓給他的妻子、他的家庭和他的住房；另一個人一點也不知道自我節制，完全生活在壞習慣之下。這個人很有頭腦，他以努力將自己的家變得更舒適作為自己的快樂；另一個人則對他的家庭和家人毫

不關心，他把賺來的錢大部分花在了酒館和娛樂室裡。這個人向上看，另一個人向下看。這個人的生活標準很高，另一個人則很低。這個人喜歡讀書，並因此變得更明智；另一個人喜歡喝酒，並因此變得更粗魯愚鈍。這個人把錢儲蓄起來，另一個人則把錢浪費掉。

「我說，夥計！」一天晚上，在下班回家的路上一個工人對另一個說，「你能告訴我你是怎麼過日子的嗎？你是怎樣使你的家庭有這麼好的衣食條件，還有錢存進便士銀行的？我和你的薪水一樣多，孩子還比你少，可是我們家為什麼連晚餐吃的肉都沒有呢？」

「好吧，讓我來告訴你，一切的奧妙就在於 —— 謹慎地花你的每一個便士！」

「什麼！那就是全部原因嗎，比爾？」

「是的，這也是過好日子的全部奧祕。世界上也許只有不到五十分之一的人才知道這個祕密。例如，傑克，你就不知道。」

「什麼！我又怎麼了？那讓我看看你是怎麼做到這一切的。」

「現在，我要告訴你我的祕密所在，一切都告訴你，但是如果我說話太直了請你不要生氣。首先，我在喝酒上沒花一點冤枉錢。」

「一點錢都沒花？那麼肯定就是你沒付喝酒的帳單，要不你就是厚著臉皮總喝別人的酒。」

「根本沒有！因為我喝的是水，所以根本就不用花錢。古人說得好，醉過一次必有第二次。我不願把自己弄得頭疼腦漲的，而是把錢省下來。喝白開水既不會使人生病，也不會使人陷入債務，更不會把老婆變成寡婦。僅此一點就使我們的花銷大為不同了。僅這一項我每個星期就可以多出半個克朗（1 克朗等於 25 便士），或者說一年就能達到 7 英鎊。這 7 英

第九章　細節決定人生

鏹足以給我自己和孩子們買幾件像樣的衣服了，你卻只能穿露肘的破衣服，你的孩子只能光著腳。」

傑克有點窘，感覺繼續談論自己的破衣服可不是個好主意，於是馬上轉移話題說：「別離題！你說得太遠了。我喝酒沒那麼凶。我時不時就喝個半瓶酒而已，一星期哪有半個克朗啊！」

「那好，上個星期六晚上你喝酒花了多少錢？現在就算一算。」

「讓我想想：我和約翰喝了半瓶，我想我還和大衛斯喝了半瓶，他說他就要去澳大利亞……之後我們一起又喝掉了半瓶……然後我就回家了。」

「好，你在那裡一共喝了多少杯？」

「我怎麼說得出來？我忘記了。當時亂糟糟的都在胡說八道，比爾！」

「哦，你說不上來，很正常，我相信你，但是你應該知道你花了多少錢，你的錢就是這麼一點點流走的，我的老夥計。」

「那就是你全部的祕密嗎？」傑克有點將信將疑。

「就是這樣。照看好你的每一個便士 —— 這就是全部。因為我節省，所以我有的你卻沒有。事情非常簡單，不是嗎？」

「是簡單，噢，是的，但是就這麼簡單而已嗎？」

「不！當然不是！這簡單裡面可是還有不少不簡單的東西哩。你是不是打算問我這個問題：為什麼我能夠使我的家庭更舒適愉快，並且每週都會有一小筆錢存進便士銀行，而你拿同樣的薪水卻買不起晚餐肉？錢是人的膽，錢是需要靠一個便士一個便士累積起來的。除此以外，我工作得非

常努力，當然你也是這樣幹的，然而因為我內心不願在喝酒上浪費一個便士，所以就把這些辛苦錢拿出一部分存進了銀行。也許哪天這筆錢就成了我的救命錢了。這就是其中不簡單的東西，傑克。另外，你還可以這麼想：無論在我身上發生了什麼事，我都不必去乞討或去做苦力。而那些經常陷入債務中，或者手頭上經常沒有一個便士的人，其實比一個奴隸也好不到哪裡去。」

「但是，如果我們有了自己的政治權利，也許窮人就將不會再像現在這樣艱苦地過日子了。」聽了好朋友的長篇大論，傑克似乎明白了一些，但是他也有他自己的一番見解。

「為什麼，傑克？假如你明天就有了政治權利，你能夠把已經花掉的錢重新裝回自己口袋嗎？當你把該買鞋襪的錢都浪費在啤酒上時，你的政治權利能夠把消失的鞋襪再送給你孩子的嗎？你的政治權利能使你的妻子更節儉一點，使你家的壁爐更乾淨一些嗎？政治權利能把你孩子的臉洗乾淨，把你衣服上的破洞補上嗎？不，不會的，朋友！我們每個人理應得到政治權利，但是政治權利可並不是習慣，我們需要的卻是習慣 —— 良好的習慣。有個好習慣，我們現在就能成為自主而不依賴別人的人，只要我們決定了怎麼做的話。好了，時間也不早了，我必須得回家了，晚安，傑克，記著我告訴給你的祕密 —— 它不過是照看好你的每一個便士，你自然就會收穫雙倍的英鎊。」

「晚安！」傑克在巷尾轉身朝他那間位於梅恩區的粗陋齷齪的住所走去。我可以向你介紹一下他的家：不過那裡幾乎是不能叫作「家」的地方。到處都是破爛、垃圾，還有髒兮兮的窮孩子，一個看上去就很邋遢的女人嘴裡正在責罵著什麼。而比爾的住所與此正好相反，那才能稱得上是一個

第九章　細節決定人生

家。比爾的家整潔、溫暖、舒適；壁爐剛用新沙子墊好；妻子雖然滿手是工作磨出的老繭，但是看上去乾淨而整潔；比爾在幹完一天活回來後就可以和孩子們圍坐在一起，溫馨而祥和。

最主要的祕密現在已經被揭開了，是的，蘭森‧比爾關於便士的祕密至今仍然很有效，不可否認也會在遙遠的將來一直有效下去，但是他並沒有把全部的事實都講完。他不能貿然告訴他那個不幸的朋友傑克：任何一個家庭興旺的根源和家庭舒適的支柱其實關鍵都在於妻子的身上。蘭森‧比爾的妻子就是那種每個工人都想娶回家的女人。要不是有他妻子的幫助，那麼他的家庭就既不會有節儉，也不會有實惠，更不會有舒適了。而且一個工人的妻子比其他人的妻子責任要大得多，因為她不僅是妻子，而且同時往往必須身兼數職，因為她們還是清潔工、護士和僕人，集所有這些角色於一身。如果她一點也不知道節省的話，那麼把錢交到她手裡就像用篩子去盛水一樣的結果了。如果她很節儉，即使她不能幫助丈夫賺錢的話，她也將會把家裡布置成一個安樂窩，也會令她的丈夫和孩子們生活得很愉快。

一個人可能會想，一天賺上一個便士不會得到什麼有價值的東西。然而，不難計算一天一個便士累積的結果，只要花得很謹慎，那麼這筆錢就可以使一個人免於債務，並使他的妻子和家庭不必受到將來可能出現的貧窮和資金短缺的壓力。

現在來看看一個有遠見的協會為那些一天賺一個便士的人能夠做些什麼吧。在此不用提那個特殊的協會，因為最好的那些協會都會處理同樣的資料、都在做同樣的好事。如果看看他們收取保險費的一覽表，在保險統計師的認證下，幾乎都是一模一樣的。現在，流覽一下人壽保險和健康保險協會的保險一覽表，看看如果能夠做到一天累積下一便士能做些什麼：

- 一天交一個便士，對於一個 26 歲的男人或女人，能夠保證一生享有在生病時期每星期得到 10 先令的補償。
- 一天交一個便士（交到 60 歲時為止），一個 31 歲的男人和女人可以保證在去世的時候可以得到一筆 50 英鎊的償付款。
- 一天交一個便士，一個 15 歲的青年可以保證這一生能得到 100 英鎊，只是這筆錢要到他死亡時才交付，由他們的繼承人獲得。
- 一天交一個便士，一個 20 歲的男人或女人可以保證在 65 歲以後每年得到 26 英鎊的養老金或每週得到 10 先令。
- 一天交一個便士，如果從一個嬰兒一出生就開始交付，他或她的父母可以在孩子長到 14 歲的時候得到 20 英鎊的回報。
- 一天交一個便士，一直交到孩子長到 21 歲，可以保證得到一筆 45 英鎊的款項，以便使他或她能夠有本錢從商或成家立業。
- 一天交一個便士，一個 24 歲的年輕人可以保證得到 100 英鎊，只是要到 60 歲才能交付。他也有權在 60 歲之前的任何時候先行提取五分之四，如果不幸去世就得到全部。

　　這就是一天累積一便士的力量！誰又想過這些呢？這些都可以透過查詢保險協會的保險清單得到證明。有人會說，每天把一個便士存進銀行，這錢增長得實在是太緩慢，但是即便是那樣也是很有用處的。因為經由保險辦公室，它就立即會顯示出巨大的威力。一個 31 歲的男人每天交一個便士，那麼在他死時可以留給妻子和家庭足足有 60 英鎊，即使他在開始付款的下個月或下一年也能得到！這是把小額存款集中起來作為共同保險的目的，由於人數眾多，於是小小的一個便士就顯示出了驚人的能力來了。

第九章　細節決定人生

有利於妻兒的人壽保險對一個工人來說，完全是一種無私的行為。它像宗教的戒律一樣是一種道德。這是為他自己的家人在著想。這是為了一個每天努力賺麵包的普通工人，在他離開人世之後仍然能使他的家庭獨自維持下去而邁出的正確一步。所以，在每一個便士上的正確投資就是一個人行為美德和思想正派、人格完整的最好證明。

已故的約瑟夫‧巴克森戴爾先生一直是那些他在工作中結識的工人們的好朋友。他是一個對勞動人民懷有真摯感情的人，他的風格有點像商界的富蘭克林。他充滿了傳奇般的智慧，到處給人以切實的幫助。他常常要求僕人們為遇上麻煩的人準備些工具以備他們借用，他還在僕人們退休不能工作後付給他們養老金。

他把一些箴言寫在紙上張貼在自己家倉庫的牆上，以便那些路過的人可以讀到。「永遠不要洩氣！」「沒有勞動就沒有一切！」「花光一切就會成為乞丐！」「好時光一去不復返！」「讓勤奮、耐心、節儉成為你的生活習慣吧！」這些話都用大字寫出來，以便過路人能看得清楚，這裡有些箴言確實能夠被人牢記於心並使人願意去實踐它們。

另一方面，巴克森戴爾先生願意把一些更長、更經典的格言在他的工人中間傳播，或者說是想把他的工作間和做生意的場所都布置成與這些格言相適合的氣氛。他想把這些印刷品放在職員的辦公室，或者人們常常散步的地方，要麼是餐廳，要麼是更衣室。那些格言總是一些很有價值的建議，我們在這裡不妨複製一份關於「準時」的作品：

「方法是做生意的關鍵所在，而不準時就沒有任何方法可言。準時之所以重要，是因為它有利於家庭的安寧和良好氣氛。如果不準時，不僅會損害這種利益，甚至可能完全享受不到它。準時帶來的精神的安定是另一

個優點。一個人如果沒有時間和你說話，因為他要到別處去；當他到那裡的時候對談生意又太晚了，或者他在做完這件事之前又要到另一個地方去。準時會使一個人的性格更富有魅力。『這樣的人安排一次約會，我知道他一定會守約的。』就像其他許多優點一樣，準時也會向別人傳播你的好名聲。僕人和孩子一定會守時，如果他們家的主人是準時的話。約會，實際上是理應歸還的欠債。如果我約你相見，我就應當準時，並且當我在忙著做自己要緊事的時候，我也沒有權力去浪費你的時間。」

有人會問：「約瑟夫‧巴克森戴爾是誰？」他實際上是皮克伏德公司的老闆，這家公司的名稱在英格蘭和整個歐洲大陸幾乎無人不曉。巴克森戴爾先生是蘭開斯特一個物理學家的兒子。他受到良好的教育，後來進入棉紡業，之後又去了倫敦成為他所在企業的法人代表。有一個時期商業壓力很大，他想要離開棉紡業進入其他行業去發展。皮克伏德先生已經開始了他的運輸業，但因資金短缺而阻礙了發展。巴克森戴爾先生幫助他解決了資金問題，在剛開始的一段時期內他只是間接地參與經營，但是他發現生意並沒有什麼進展，而主要原因就是管理不善，所以他最終決定積極地參與工作並親手經營這家企業。

他把全部精力都投入到了皮克伏德公司。他組織了代理商，使他們遍布英國；他設置了公路快車，相當於我們的特快列車；他還設置了慢速貨運，相當於普通貨運列車；他最大限度地利用了現有的公路交通網，在所有的大城市之間都安排了公路快車。實際上，國內的公路由於某些原因糟糕得很，幾乎不能把商品從國家的一個地方運到另一個地方。

管理這樣一個重要而業務廣泛的運輸企業需要有大量的資金、過人的精力和一流的管理水準。從大約 1850 年起，用於運輸所必需的馬匹增多

了，在皮克伏德時代，這個數字要遠遠超過 1,000 匹。這是因為在倫敦至曼徹斯特、倫敦至愛克斯特以及倫敦至愛丁堡之間的交通線上的中轉站需要準備許多馬匹。直到後來一個新船碼頭被建了起來，除了馬匹運輸之外就多了一種新的貨運管道了，而在新碼頭那些所有用來運貨的快船和慢船都在此聽候巴克森戴爾先生的調遣。

運輸業是個特殊行業，它非常需要領導者本人具有獨特的長遠眼光，往往也只有那種處事果斷、精力充沛的人才能勝任這個職務。而巴克森戴爾先生正好是這樣的一位領導者，他經常乘一條快艇很迅速地在河道間來回巡視，看看職員是否守在崗位上，看看代辦處是否在工作，以及各種貨運船舶設施是否準備妥當。另外一些時間，他在道路上架著專用馬車飛馳，通常他付給驛站的管理員最高薪水以便他們可以保證使用最好的馬匹從而避免耽擱時間造成不必要的浪費。他喜歡突然趕上公司的運輸馬車，看看馬車上的人是否很清醒，是否正確地順著大道趕往下一站；看看他們是否帶好了大口徑短槍（公路運輸的危險之一是遇上強盜搶劫）；看看代辦處是否盡了職責，以及任何事情是否都安排得有條不紊。

除了順著大路追趕貨車，他有時還走小道趕在他們前頭，所以有時候車夫從來就不知道他到底在自己前面還是在後面，也因此他們就得時時刻刻保持著警惕。透過這些以及其他的手段，巴克森戴爾先生的生意越做越大，他使英國的運輸業始終保持著充分利用道路和運河運輸的高效的能力。當這一切都成功以後，在以後的幾年中鐵路也開始發揮巨大的作用了。儘管布萊傑沃特公爵曾經說「我不看好這些令人困惑的鐵路」，但是鐵路的時代已經來臨，不可能有任何人能夠延遲它。第一條鐵路是用來把煤從煤礦運到海邊的，從那再裝船運往倫敦。之後，就有人計畫著把鐵路

鋪設在城市之間用以運輸貨物。南開郡的交通最為發達，在那裡，最早的鐵路線之一就鋪設在利物浦和曼徹斯特之間，隨後從這兩個城市開始，鐵路線鋪向全國各地。

假如巴克森戴爾先生當時抵制運輸業的這一新方法的話，那他就很有可能在不久之後就會被逐出運輸業的大門了，但是他清楚地了解到鐵路系統的最終優勢在哪裡，他明智地接受而不是排斥它。同時他透過整頓交通狀況，很好地解決了利物浦和曼徹斯特公司的許多麻煩。後來，當他從威靈頓那裡接手伯明罕到倫敦的鐵路建造計畫時，他在國會透過這個交通計畫之前就拿出了自己的證明材料。當鐵路線建好後，他就把他經營的所有貨運業務全都改由鐵路線運輸。於是他成了一個偉大的運輸業大亨，鐵路線延伸到哪個城市，他就把送貨服務延伸到那裡。

他也成為了鐵路的一個大股東。他在東南運輸公司的地位非常顯赫，以至於被邀請做該公司的董事會主席。他和後來的威廉‧丘比特一起力促把鐵路修到多佛，但是多佛港務委員會在各方面不願跟鐵路配合，並且在對港務控制上毫不放鬆。巴克森戴爾先生當即決定自己承擔起收購伏克斯通港作為東南運輸公司所屬港口的責任。他下一步的工作是專注於從布洛涅到亞眠的直通英法兩國的鐵路系統的建設，該鐵路的絕大部分投資都來自英國本土，從此，倫敦和巴黎之間透過輪船和火車就有了直達的交通線。

但是很不幸，他在自己的事業和擴展鐵路系統上的辛勤工作使他的健康大受損害，他到國外休養了一段時間。當他不在的時候，在利物浦出現了一個小集團想仕命另一個人當董事會主席以取代他位置的計畫。最終雖然他由於別人搞陰謀詭計而丟了董事會主席的位子，可他還是高興地接受

第九章　細節決定人生

了辭職的要求。儘管他還打算繼續插手任何他感興趣的事情，他的兒子現在卻可以幫助他照管生意了。他從不對做善事感到厭倦，他也不停地把他的好建議和豐富經驗告訴他的助手、職員和每一個辦公室的雇員。我們舉出他的另一段「走讀箴言」，這似乎可以得出符合他一生的結論。這段箴言在他的雇員中間廣為流傳，並被人們釘在他家的倉庫牆上。它的標題是「勸世良言」──

「不久以前，一個老雇員發現，他剛被皮克伏德公司雇傭的時候，薪水很低，但是由於節儉和勤奮，他最終獲得了成功。他的座右銘是，『千萬不要在有一個先令時花錢多於 9 便士』。這看上去是微不足道的小事，但要知道 20 次是 5 先令，40 次就是 10 英鎊啊！

「假設一個年輕人想達到這樣一個目標：讓他首先得到 20 英鎊，以後每年再多得到 10 英鎊，那麼他在 6 年後就可以擁有超過 100 英鎊的錢了。如果早期的機會都溜走了，那他在以後的歲月裡就很難能夠存到錢了。

「今天我們所從事的事業曾被那些拿了 30 年薪水的人欺騙了。假如他們按計劃儲蓄，他們存的錢將使他們變得很富裕，我們現在也將把他們每個人都看成社會中令人尊敬的人。

「我們的一切善行倚賴於勤奮和節儉。要做到這點，所要求的不是超群的智力，而是持之以恆的毅力。我們之中沒有一個人不能做到令人尊敬，因為『自立的人上帝也會佑護他』，而『只會享樂不做事的人很快就會無事可做』。

「我們常常會因為那些所謂的瑣事而抱怨，耽擱在這些抱怨之中，導致我們最終迷失了自我。讓每個人對令人尊敬的義務盡職吧；讓每個人都守時；今天能做的事決不要推遲到明天。

「如果工作比平時緊張，那就多幹一點，你的事絕對不會因此而陷入任何混亂，那麼你也就不會成為耽擱別人的原因和令別人討厭的對象了，但是在生活中常發生的是，那些粗心大意的人往往會把額外的工作推到那些正在按自己計畫工作的人身上。

　　「隱藏和掩飾別人的過失和錯誤是一種流行做法，它常常對當事人又總是對企業主造成了許多損失和傷害。

　　「最近發生的事使我把你們的注意力轉移到這個問題上：重視你們的大眾地位和私人關係是非常重要的。對一個人來說，沒有什麼比誠實更有價值，也沒有什麼比說謊更能使自己感到慚愧。要記住，一個人用行為在說謊時根本用不著說話，人們也會知道他這個人所有的言行都是謊言。

　　「如果一個人眼看著別人的利益受損，而他對造成損害的原因假裝看不見的話，那就是一種罪過 —— 因為他的行為已經在說謊了，而且他還在說著諸如『我不知道』之類的謊言。

　　「無論是在說還是在做什麼事情，都要堂堂正正。這樣，你就會犯更少的錯誤、費更少的事。

　　「我們很少能做驚天動地的大事，但小事情總是需要有人做的。那麼，抓住每一個學習進步的機會，你就會對你的工作全力以赴，並能夠長盛不衰地保持住你的真誠、熱情和善良。

　　無論你的命運如何，一定要牢記的是『對上帝的敬畏就是擁有智慧的開端』。」

第九章　細節決定人生

第十章
富有不等於偉大

第十章 富有不等於偉大

雖然勤勞的汗水會變乾、會消失，
它的影響卻是永恆的。

—— 莎士比亞

謹慎能使勤勞之果得以保全。工作勤奮而不細心謹慎的人，他的收入總是一手進一手出。

—— 科爾頓

收入較高的工人階級已經具備了獲得財富和累積資本的能力。幾乎沒有法律能推動或阻礙階級間的流動。他們現在的積蓄數額巨大，只需要節儉自制的習慣和明智的判斷力就能使他們在以後不到一半的生命時間成為自立的資本家。

—— W. R. 格萊格

在培養員工的節儉、謹慎和自制精神方面，雇主有很多事情可做。雖然員工一般不願意接受施捨，但是我想任何一個人都是不會拒絕幫助的。我們已經看到有些人能夠做得很好。他們培養出了節儉的習慣，把他們收入中的一部分累積儲蓄起來，以備不時之需，但是，他們還需要更多地鼓勵和支援，他們需要同情，更需要幫助。

如果雇主能夠充分意識到，他們自身擁有會對別人產生巨大影響的東西時，他們就會把同情和信心給予員工了。這對他們來說付出很少，卻會得到很多。目前，我們還不知道這樣的實例，比如哪兒的雇主對社會的福利和對員工的進步表現出了關心，而他們並沒有從員工們增長的愛戴與熱情中得到回報。例如，他們可能對發放薪水的時間和地點有所考慮，以防止員工們在星期六晚上去街上任意揮霍。這些人常常在週末購買一些價格很高卻又非必需的物品。當然，一些稍有積蓄而且頗有頭腦的員工就會選擇在其他時間以更優惠的價格進行採購，但是，那些真正具有節儉意識以

及那種精打細算頭腦的員工畢竟還是少數。

　　所以，雇主能做的應該遠不止這些，其實他們還能夠在培養員工節儉習慣方面做出更積極的努力，比如，為成年男女設立儲蓄銀行，為兒童們設立便士銀行，鼓勵或者組織一些崇尚節儉的俱樂部、活動社團，等等。這樣，員工們就可以參加任何一個社團或俱樂部，沒有官方的干預，也無須別人告訴他們如何消費，他們自己也會主動地做到最大限度地用好錢了。其實已經有許多大的雇主透過組織節儉團體獲得了實際的好處，因為他們至少已經贏得了員工的尊重和合作。

　　同時，員工和雇主都渴望得到相互之間的同情。實際上，這種渴望彌漫在整個社會當中，包括貧民、勞動者、中產階級和上流社會中。因為他們之間有著許多社會鴻溝，這種鴻溝既難跨越，又很難癒合。塔爾弗爾德法官在臨終前說：「如果我被問到，英國社會最缺少的東西是什麼，我會說 —— 是階級與階級之間的融合。一句話，我們缺少的就是同情。」然而這種真知灼見還沒有受到人們的重視。這一句古老的真理源於基督教義 —— 彼此相愛，這一簡單的說法包含在《福音書》中，它足以使世界獲得新生，但是，在那些人被分成不同階級的地方，人們彼此疏遠以至於很難產生相互了解的心靈溝通，他們也很難獲得應有的社會尊重和關心，更不用說相互之間真正的同情與友愛了。

　　慈善之舉或許會被人們看作是彼此相愛的表現，但是我要告訴你的是 —— 慈善行為並不能真正地救人於困境之中。如果給窮人施捨金錢、毯子、煤炭以及別的什麼東西，雖然那裡最需要同情，但是人們不可能給予很多很多。大部分慷慨的紳士和淑女的慈善活動只不過僅僅是施捨金錢的表面形象而已，他們卻是缺乏同情心的。窮人們也不會被他們當作來自

第十章　富有不等於偉大

同一個大家庭的成員一樣來平等地看待，甚至他們還有可能認為窮人的胸膛內是不會博動著一顆充滿熱血的心的。

比如主人和僕人，其實他們都生活在缺乏同情心的環境下。「人各為己」是他們的座右銘。「我只管我自己游泳，不會關心誰沉了下去。」漠不關心是他們的內心表白。曾經有一個男人在酒館裡被人叫醒，侍者說：「街道那頭發生了火災。」那人一臉的不高興，說：「在我的隔壁燒起來之前，不要打擾我。」還有一個雇主對他的屬下說：「你可以盡量利用我，我也可以盡量利用你。」但這一點永遠不會實現。因為一個在內心有著某種同情心的人是絕對不會允許用這種做法來破壞他的優秀品格的。在有人求助時，一定要看到人性中光輝的一面。正如波林·布魯克勳爵說的那樣：「總要做好最壞的打算，我曾經領教過什麼是最卑鄙的靈魂。」

另一方面，那些勞動者都會認為，他們的利益與雇主們的利益是完全不同的。因為雇主們的目的是希望盡可能從他們的勞動中得到更多的回報，工人們卻一心希望自己的勞動能被別人更加珍視，以確保能夠獲得高薪水。這樣，兩個階級之間當然就不可能會有相互的同情，也不會存在友愛了。人們只關心金錢和利益 —— 這導致衝突不可避免，常常引發罷工的發生。兩個不同的階級，在他們各自支持者的支持下，決心「戰鬥到底」，因此，我們就看到了發生在布賴斯頓、紐卡斯爾、倫敦和南威爾士的無數破壞性的罷工活動。

對於雙方來說，最好的結局就是勝利，現實的勝利，但有時也會受到一些可怕的損失。這樣一來一種相互間普遍的懷疑在增長，社會遭到了徹底的腐蝕，而解救的方法也許只能從基督教的博愛精神和真正的善行中才能找到了。在富人和窮人之間，金錢的禮物是無益的，除非你有一顆善

心，除非在他們中間建立起同胞之愛，否則，著名的塔爾弗爾德法官在臨終前所感嘆的不幸與災難就無法得以克服。

一些人聲稱，同情心的缺乏源自於罪惡的競爭。競爭就意味著無情、自私、災難與毀滅等。據說是競爭給千百萬人帶來了悲慘和貧窮，它還被視為導致物價不穩的根源。彷彿競爭就是罪惡的發源地，它能使人產生無數的負擔。

然而，正如有人反對競爭一樣，也有人會為競爭辯護。競爭就是鬥爭——這一點必須承認。生活本身就是在進行一場鬥爭。而在工人中間，競爭就是獲取更高薪水的鬥爭；在雇主中間，競爭就是為了獲取更大利潤的鬥爭；在作家、傳教士和政客中間，競爭就是為了榮耀、名聲和收入，為了成功而鬥爭。像人類的其他一切事情一樣，競爭中當然也會包含罪惡。如果一個人比其他的人更成功，或者一個階級的人比其他階級的人更成功，他們就會把其他人、其他階級甩在後面，但這絕不是讓其他人變得更差，而是讓自己變得更好。

如果停止競爭，同時也就抑制了個人和階級的進步。你倒是保存了死氣沉沉的千篇一律、毫無生氣的社會以及它的秩序和現狀，但是追求進步的動力也就沒有了，世界上的一切進步就都會像古老的世襲制度連同它所有的弊端一樣，都將永遠保存下去。所以禁止競爭，也就意味著扼殺了個人的奮鬥、扼殺了個人的進步，社會的進步也會隨之停止。

在競爭的環境下，懶惰的人也必須努力工作，如果他不努力工作，他必定會落後，如果他不工作，他就沒有飯吃。我的懶惰朋友，你不必指望我做我分內工作的同時連同你的也做了！你一定要做好你分內的工作，你要自己積蓄，不要指望我或其他的任何人把你救出苦海。這就足夠了，千

萬要做好分內的工作。

　　而成功呢，它就是產生於克服困難的努力之中。如果沒有困難，就不會有成功。如果不奮鬥，也就不會有成就。因此，人們努力工作是非常必要的。在努力中我們會發現人類進步了，正是它導致了那麼多卓越的機械發明，推動了時代的進步；它喚醒並造就了無數輪船建造者、商人、製造業主、機械師、貿易大王和能工巧匠。所以，克服困難對於促進每個人的知識和成長似乎是絕對必要的。它深深地植根於人性中，推動人們去奮力追求並努力實現更好的生活。

　　當然，人不僅僅是競爭性的動物。競爭只是人性中的一個方面，而且不是最高貴最重要的方面。人還有感情、同情心和渴望，這些特質會引導人們為了共同的目的去尋求與他人的團結和合作。的確，人們為了普遍的幸福而尋求互利合作不僅是可能的，而且也更是應該的。

　　所以金錢的合作也就開始了，因為你要知道資本的累積是勤奮和節儉的成果之一。資本代表了自我犧牲、節儉和過去的努力。在任何時代最成功的資本累積者都出身於勞動者，他們是那些曾經帶領他們的同行奮力前進，而現在成為老闆的勞動者，他們現在不再需要尋找工作，而是給人提供工作。這些人仍舊是勞動者，儘管他們已經不再從事體力勞動了，他們卻從事著提高生產力的工作。所以他們理應被老百姓視為最大的恩人。毫無疑問，他們是任何一個國家的財富和力量的主要來源。不難想像，如果沒有他們在幾代人的時間裡透過節儉累積起巨大的財富的話，那麼現在許許多多的工人就還會處在動盪漂泊的不安定當中呢。

　　當然任何一個技工都會意外地花掉老闆的一些錢。比如當一個不熟練的技工辭掉工作，他因此會帶給老闆損失的資金價值是 18 便士；但當一

個熟練的技工離開他的工廠或車間，雇主損失的資金價值是 100 ～ 200 英鎊。雖然企業的熟練技工不用負擔任何投資的風險，但他們實質上仍透過薪水的形式享受到了利潤，當然其餘的利潤是對老闆管理和風險的報酬。眾所周知，這種風險並非所有的時候都能看到，只有在經濟不景氣時，有關風險的報導才會比比皆是。

有著良好雇傭關係的技工，既不用負擔企業不良債務帶來的損失，也不用時不時地擔心機器的折舊和淘汰；他用不著著急為他的貨物尋找市場，也不用害怕原材料市場的價格波動。這些對他來說都是非常重要的好處，儘管他常常對此考慮不多。當然如果交易失敗了，他也會受到損失，這一點倒是真的，但如果做好了，他也會賺到高薪水：如果願意的話他完全能夠省下一些錢。他也許會被說成經歷了公司的繁榮與衰退，但他是不會有任何負債風險的合作夥伴。

卡萊爾先生為人們提供了一份關於一個英國大製造業主的令人吃驚的描述：「聖多尼‧安德肖的普拉格遜，有點像冒險家，他曾對他的員工說：『尊敬的先生們，這是我們賺來的 10 萬英鎊，我打算到某個地方住下來，並種植葡萄園，但是我不得不告訴你們，這 10 萬英鎊是我的，每天 3 便士是你們的。再見，先生們！帶著這點錢為我的健康乾杯吧，我也許還將另外再給你們一些。』」

這位製造業冒險家的形象是一幅由某位天才人物根據他的想像描繪出來的圖畫。可能有許多讀者會相信這幅畫是有事實依據的。當然，有的雇主就是冒險家，但也有的雇主不是。有不誠實的製造業者，正如有不誠實的文學家、酒館老闆和商人一樣，但我們要相信在任何情形下，誠實都是一種法則，不誠實則是例外。在任何情況下，我們應該知道從事實而不是從想像來認識製造業者也許就會更好。

第十章　富有不等於偉大

讓我們先拿一家大製造業公司或南開郡的一些知名公司來看看。我們先看棉紡行業的工業。它們都已經存在了 70 年以上，已經多次擴大規模，新增加的工人都能享有這一地區的統一薪水水準。男工每星期賺 17 先令到 2 英鎊不等。紡織女工每星期能賺 21 先令。那些有子女在工作的父母，每年全家能賺 150 ～ 200 英鎊。

接下來談談艾奇沃斯公司已經為工人們做了些什麼。透過設立有共同課程的班級，他們第一次建立了學校，但是，大約在 1825 年，工廠急劇擴大，人口也有了相當程度的增加，孩子們的白天上課的學校開辦了。同時，這種學校也作為夜校和週日學校為那些青年人服務。工廠的繼續擴大要求學校增加設施，之後一切都準備妥當了，他們擁有了新聞閱覽室、圖書館，還有星期天表演的地方，以及專為年輕人準備的板球場。

當然，他們有時候也會經常產生這樣的憂慮，就是麥斯勒斯‧艾奇沃斯公司為此投入的熱情與金錢會不會在有一天回過頭來傷害他們，成為他們公司的一塊心病或者會造成經濟上的損失。僅有一個例子證實了這樣的猜測。有一個天資很高的小夥子在他還是小孩子時就從附近的工廠來到了這裡，他在學校裡進步特別大，尤其是數學，但是當 1830 年工人開始罷工時，他成為了十分活躍的罷工領導人。工廠做出了對策，他們雇傭了新人，於是工人們的罷工遭到了失敗，但是也就是在這個年輕人的鼓動下，新來的工人們受到了激怒的暴民殘忍的進攻，學校的窗戶被擊得粉碎，工廠的設施也遭到了破壞。

雖然如此，雇主們沒有追究罷工者最初的用意，還是修好了學校，並且努力提高教育的效率。這是因為他們相信沒有什麼比學校的發展更能去除人們的無知與迷信了。這種想法是完全正確的，這好比有的家長先前只

是普通的手工紡織工或是幹農活的農夫，但是在透過一段時間的教育之後，知識喚醒了他們的意識，於是他們具有了更高的品味與修養。

在離博爾頓幾英里遠的一條小山谷裡有家新伊格雷工廠，老闆們擁有工廠附近的地產，他們禁止在那裡開任何酒店與啤酒屋，他們希望這一地區能以井然有序和自制的習慣而著名。於是如果是一個自我放縱和嗜酒如命的人，就很難在艾奇沃斯的鄉村有容身之地，這倒並不是因為雇主要開除他，而是那裡的人要驅逐他。這樣一來，他就只能迎合那裡淳樸的民風，或者找一個大的城鎮混跡於人群，以免惡習被人發現。許多父母親為此紛紛表示感激，因為他們的孩子可以完全不受外界花天酒地的腐敗風氣的影響了。

身為老闆，雇主們也還承擔了額外的義務，他們為工人們建造了舒適的住宅，住宅是用石頭建造的，有兩層，樓上 2 ～ 3 個臥室，樓下有客廳、起居室、廚房，還有一道圍牆把整個房屋包圍起來。不但環境舒適，而且住戶們只需支付很低的房租以及地方稅，每週房屋的租金只是從 2 先令 4 便士到 4 先令 3 便士不等。

長期性的雇傭關係加上每週五晚上都能準時領到薪水，使工人們對這個地方富有感情。第一代定居者的很多後代也都在這裡定居，這裡的社會關係非常好，到現在為止居然還沒有發生過一起盜竊事件。雇主生意繁榮的同時工人們也生活興旺。很多工人在儲蓄銀行擁有不少儲蓄，也有的人則把錢投資於建造房屋或其他用途。

但是難道沒有人從紡織工的體力勞動中跳出來嗎？當然有，那就是一些有技術、有能力並且懂得組織管理的人，他們從體力活幹起，最後成為工廠的經理。「有 30 個人得到了獎勵，」亨利·艾奇沃斯先生說，「其中有

第十章　富有不等於偉大

10 個人成了我們工廠的合夥人……有很多工廠老闆做了大量的工作來改善他們雇員的條件，沒有人會懷疑他們這樣做是出於善良的願望而不是贏利的動機。」

那樣的廠長並不會像聖多尼安德肖的普拉格遜一樣，擁有了巨額財富，只給每個工人一丁點兒，目的只是讓他們祝自己健康，但是他們當中也有最出色最受人尊敬的人，比如來自圖頓的艾奇沃斯家族、德比的斯加特斯家庭、里茲的馬歇爾家族、哈利法克斯的阿克羅德家族、哈德斯費爾德的布勞克斯家族等，這些家族都擁有巨大的財富，而且連續幾代人都掌管著他們自己的工廠。斯加特斯是阿克萊特的合夥人，而阿克萊特幾乎是英國製造業的第一人。事實上從阿克萊特獲得紡織機的專利、瓦特獲得蒸汽機的專利開始，英國才真正成為一個製造業發達的國家。

除了人民的奮鬥精神、企業和企業主的公共精神外，英國還有什麼？農業能夠支撐人口的連續增長嗎？如果不是製造業地區能為勞動力提供廣泛的有利可圖的就業機會，英國難道不是更有可能乞丐氾濫成災，像法國一樣財產受到攻擊、憲法被顛覆嗎？實際上蒸汽機成了英格蘭的安全閥，它使英國在歐陸戰爭期間堅守自己的國土。如果不是蒸汽機以及在此基礎上建立起來的工業，英國現在恐怕早已經淪落為三流或四流的落後國家了。

大的企業主的確可以成為巨富，但是如果他們因為自己的勤勞、幹勁和組織才能因此而變得貧窮的話，那才是怪事。上了郵票版面的那些人，斯加特斯、艾奇沃斯、馬歇爾和其他人並不單單是為錢而工作，儘管他們的財富滾滾而來。他們並不因富有而偉大，卻因偉大而富有。所以財富的累積是非同一般的勤勞、節儉和組織才能的結果，世界上並不會有一夜暴富的好事。亞當斯密說過：「透過建立一家企業一下就變成巨富，這是很

少發生的事情。財富都是人們長期的勤勞、節儉和謹慎的結果。」

但也並不總是這樣。例如布萊福德的李斯特先生，他在發明了刷毛機之後，開始投身於要發明一種能使用廢絲料的機器，就是能把廢絲料製成最好的絲，透過紡織機再織成最好的絲絨。以前從來沒有什麼人做過這種嘗試，這個計畫看起來似乎就是天方夜譚一樣難以實現。雖然李斯特先生已經透過刷毛機的成功賺到了很多錢，足以使他功成身退、安度晚年了，但是由於受到發明家獨有的探索精神的激勵，他又開始研製制絲機了。最近在布萊福德的一次會議上（這次會議是索斯特先生向布賴福德人民捐贈曼漢公園的儀式，「它將永遠成為人民公園」）他自己提到了，「他們認為他征服困難的過程是多麼艱難啊！而他告訴他們，20 年來他從來沒有遲於 5 點半起床。實際上他認為在英格蘭沒有一個人比他更勤勞」。最令人感到驚奇的是，還在看不到任何成功的希望時，他就花掉了巨額財富。他幾乎使自己陷於破產，在機器還不能給他帶來一個先令時，他已從口袋裡拿出了 36 萬英鎊。

實際上在能得到補償之前，他已損失掉了 25 萬英鎊，但他的制絲機的專利發明，後來被證明是當代最成功的發明之一。

在李斯特先生捐贈給布賴福德人民的公園裡，聳立著一座李斯特先生的雕像，是由大眾募捐的。雕像由福斯特先生揭幕，他在演說的結束時說：「最後我想說，今天我們這麼多人到這裡來，也許是李斯特先生的榮譽，但更是我們自己的榮幸。我們要為那些使我們的祖國英格蘭變成一個實幹的國家，變成一個偉大、繁榮、有國際影響力國家的勞動者授予榮譽。李斯特先生一生勤勞，不知疲倦與休息，當確信要實現一項口標時他就具有非凡的實幹精神和決心，他不怕任何反對的聲音，也不畏任何的艱

第十章　富有不等於偉大

難險阻，而正是這樣一些實幹家造就了英國。有什麼特別的東西值得我們授予榮譽呢？是這個人所體現出來的精神，是最艱難時刻的勇氣，他曾經激勵自己說：『現在還有一些事情要做，我在找到做事的方法之前不應當休息，但一旦知道了怎麼幹，誰又能讓我停下手中的工作呢？』正是這樣一種精神支撐了他長期的自我奮鬥。當我們從 1842 年以來從他的兩項偉大發明中了解到他奮鬥的故事時，我們決定為他豎立一座雕像，為社會樹立一座豐碑，他在與命運的抗爭中勝利了。無論是富人還是窮人，希望我們的後代以後都會來瞻仰他，不僅因為他樹立了一個成功而富有的人的形象，還因為他的人生奮鬥過程體現了勤勞、明智、熱情、勇氣和毅力等非凡特質，他在最初面對一切困難問題時經受了所有的苦難，在決心克服這些困難的過程中他的心靈從來不會被玷汙，他的意志從來不會鬆弛。」

的確，一個偉大的人同時也會是一個明智的儲蓄者和花銷者。孟德斯鳩曾提到過亞歷山大：「他能有這樣的成就和權力，首先是由於他的超凡能力；其次是他的節儉和個人生活的儉樸；第三是由於他完成偉大目標過程中體現的慷慨。他在個人生活中花得很少，但為了大眾目標時，他總是出手大方。」據說拿破崙一世和查理曼大帝一樣節儉，因為他和查理曼大帝一樣偉大。拿破崙的開銷除了用於戰爭以外，其他都極其節儉，他在完成偉大的事業時卻花錢很多。在這些例子中，節儉和慷慨實現了完美的統一，而所有具有非凡的精力、無比勤勉和有出色組織才能的人都是這樣做的。

看起來偉大的生產者和偉大的指揮官好像無法比較，但是企業主經常需要與軍人有著同樣的勇氣、才智和組織能力。一個要考慮在工作制度下使他的合作者如何工作；另一個要考慮在作戰規則下使他的士兵如何作

戰。兩者都需要敬業精神、決斷的勇氣、細緻的觀察以及注意細節，但企業主需要更多的同情與仁愛之心。從這個角度看，我們認為提都斯‧索爾特爵士不僅是實業界的老闆，還是實業界的元帥，所以他被稱為企業界的「國王」。

提都斯‧索爾特是約克郡一位羊毛梳理工的兒子。在他的早年，他是布賴福德附近的農民，而且他對農業的興趣很大，看來他還會幹下去。然而他身為父親羊毛工廠的合夥人預見到了製造業會在附近地區得到飛速的發展。於是他開始單幹，在布賴福德自己開了一家羊毛紡織廠。他是最先注意到使用羊駝絨的人。雖然在利物浦就有大量從巴西進口的羊駝毛，但是羊駝毛卻一直沒有人要，直到索爾特先生買了一些，並把它織成全新的絨布。於是他把利物浦能找到的羊駝毛全部買下了，開始紡織羊駝絨，終於開辦了他的製造企業。這也奠定了索爾特先生財富的基礎。

最後，做了 20 年的企業主後，索爾特先生考慮退休，去從事他所喜愛的農業勞動。他想在 50 歲的生日退休，但還沒過生日時他又改變了決定，決心要擴大企業的規模，成為企業界的領袖。下定決心以後，他就離開了布賴福德。因為市區已經太擁擠了，他可不想在為增加這裡的人口擁擠方面做些什麼貢獻。後來他到處找尋一個適合建立製造企業的場所，最後他看中了埃裡厄美麗山谷的一大塊土地。里茲到布賴福德的鐵路就在前面，後面是里茲到利物浦的運河，無論是採購原料還是銷售產品，運輸條件都很便利。在這裡，索爾特的工廠就建立起來了 —— 這是一座個人奮鬥、慷慨和智慧的豐碑。

索爾特在埃里厄的大工廠是極其壯觀的，那裡建築物和新廠房連起來足有 6.5 英畝；主樓長 550 英尺，紡織車間占地 2 英畝，每個房間都寬敞

明亮；廠房加上工人宿舍的建築費用超過 14 萬英鎊。在開業那天，索爾特先生就在工廠車間裡宴請了 3,500 位客人。在宴會上他說：「今天有這麼多朋友和工人出席，我深為感動。有這麼多令人尊敬的先生坐在這裡使我感到很榮幸，我也很高興我們的員工能坐在這裡……我希望我們的工人能享受這裡的美好風光，能成為待遇很好、幸福滿意的合作者。我對建築師講了，不要在建造工人宿舍時節省開支，要讓這裡成為我們國家的典範。如果說我的一生節儉是來自神的旨意，那麼我希望，在我周圍我能看到滿足與幸福。」

這一承諾完全兌現了。索爾特先生受到了責任感的鞭策，當他應法國政府的要求提供關於他工廠資訊時，他說：「在索爾特埃裡厄所嘗試的一切做法都是源於我的個人感情和判斷，並沒有什麼想法希望引起大眾的關注與好奇。」至於工廠本身就不用說什麼了，建設廠房的目標就是要節省生產過程的時間。把原料從一個部門運送到另一個部門時不能浪費一分鐘。發動機的馬力開足了，生產過程中不浪費一點時間，這樣工廠的生產能力也就大大地提高了。

我們想說說索爾特先生為他的工人們物質條件和精神狀態的改善所做的大量工作。工廠裡有一座教堂、一所教派禮拜堂和一個文化思想機構。他們為孩子提供學校，學校有大操場。為年輕人和老年人提供服務的有板球場、槌球場和草地保齡球場，外面還有一個遊樂場。還有一個大餐廳、一些澡堂和洗衣間、一所診所和為領救濟金的人設立的公共救濟院。

工廠雇傭了 3,000 人，建有 756 間房屋供工人居住。房租根據房屋的不同從每週 2 先令 4 便士到 7 先令 6 便士不等。有的房屋用作公寓，租金和水氣費都很便宜。房屋的原料是石頭，用磚砌平。房屋包括一個大的會

客廳、一個廚房或洗碗間、一個儲藏室或地窖，還有 3 個房間。每個房屋都有獨立的院子，還帶有一間書房。工人們支付租金都不難，因為一個工人每週可得 24 ～ 35 先令，一個父親帶著 6 個孩子的家庭每週可賺 4 英鎊 4 先令，或者說一年可賺 220 英鎊以上的薪水。

為工人們提供的舒適住宅喚起他們居家的感覺，這促使他們也把自己的房屋布置得整潔舒適、很有品味，這就是社會幸福的象徵。每一個來自貧民階層的參觀者都知道，這樣做對於防止惡習與疾病、提高工人階級的精神品味和提高他們的知識素養有多麼大的作用啊！索爾特建立的公共醫院裡的醫務人員林德先生說：「住著骯髒不堪屋子的人就像衣衫襤褸的乞丐，他很快就會喪失自尊，一旦失去了自尊，一個人也就沒什麼希望了。」

索爾特很重視教育，尤其在層次較高的人當中。那裡有白天學校、夜校、共同提高班、講座和研討班。而音樂這一最能陶冶個人情操的項目在這裡最受歡迎。「幾乎在城裡的每一個家庭都能找到某種樂器。實際上，合唱團和樂隊已經家喻戶曉。」在這裡男人們有一支銅管樂隊，孩子們有一支管樂隊。在餐廳裡工人們定期舉行音樂會、演唱會和器樂演奏會。樂隊還有廠裡提供的指導老師。

除了參與音樂活動外，很多熟練工人還把閒暇時間花在科學興趣活動上，比如自然史、制動物標本、製造科學儀器（如氣泵、機器模型、家用產品等），他們也製作風琴和其他樂器。而在索爾特的工廠周圍沒有一家酒館，以便根除與嗜酒相關的一切惡習。在索爾特工廠裡也沒有聽說過誰有導致貧窮的惡習。

這裡的工人們也很節儉。有人把錢存入便士銀行或儲蓄銀行，其他人則投資於建築協會、燃氣公司或其他有利可圖的項目。實際上，他們也是

第十章　富有不等於偉大

最幸福的人。他們生活便利，沒有煩惱和憂愁，又能享有生活的樂趣；住宅非常舒適，人們願意整天留在家裡；還有釣魚俱樂部、划船俱樂部和板球俱樂部；市中心有學校、文化機構、演講廳、博物館和教室；他們還建了對上帝做祈禱的教堂等。因此索爾特先生也贏得了美名，之後他也被國家授予了爵士頭銜，總之，提都斯·索爾特爵士如此受人尊敬也是毫不奇怪的事。

　　大部分雇主對他們的工人都很慷慨，儘管比不上提都斯·索爾特爵士的高尚做法，但是他們也同樣支付給工人薪水，幫助和鼓勵他們的雇員節省他們的剩餘收入，為他們建立儲蓄銀行和便士銀行，幫助他們組成互助社以最低的價格購買食品，為他們建造舒適美觀的住宅，為他們的孩子們建立學校，以及盡量用各種手段來幫助他們來提高精神品味和社會地位。

　　哈利法克斯的埃德文·阿克洛德先生是另一個企業主，他透過在他的工人中鼓勵節儉的習慣而在整個約克郡擁有巨大的影響。在他所在的地區，他為工人們修建了很多漂亮的住宅，並鼓勵工人們把節省的錢投資於建築俱樂部來建自己的房屋。他建立了一家合作社，使人們能以成本價購買食品和衣物。他還用自己的錢建立了一所優秀的學校，並給教師們支付很高的薪水。他還修建並捐贈了一座名為「眾靈」（由建築師哥伯特·司各脫爵士設計）的教堂，除了他的工人以外，其他任何人也都可以前來使用。他為哈雷山和科浦雷工人們建立了一個科學文化團體、一個共同提高協會、一個工人圖書館（在那裡他已添置了 5,000 多本書）、一個工人俱樂部和閱覽室、一個合唱團並有豐富的音樂圖書、一個保齡球俱樂部並配有草地保齡球場、一個板球場，還配有金屬吊環和體操器械。阿克洛德先生還把自己的土地分給他的工人們，他把土地分割成小花園，面積從 100 ～ 240 平方碼不等。每塊地的很少一點地租都被用作獎金，來獎勵每年在這

些花園裡把花、樹或蔬菜種得最好的戶主。此外，為了提高他工廠 4,000 名雇員的道德和精神狀況，阿克洛德先生還做了一個明智而盡心盡責的雇主所能做的一切，從而使所有的工人都從中受益匪淺。

雖然他為他所雇傭的工人做了很多，但他還是繼續以一個大眾慈善家的身份建立了約克郡便士銀行。其實早在 1852 年，阿克洛德先生就設立了一家儲蓄銀行，他的工人們只要 1 便士以上的錢就都可以存在那裡。這一機構運營良好，對工人的節儉產生了十分有益的影響。這使他堅定了自己的想法，要在整個約克郡西區開拓這項銀行業務。他得到了幾位有影響的紳士的合作，於是從 1856 年開始他執行了這個計畫，隨後議會也透過了法案同意設立約克郡便士銀行。值得一說的是這家銀行今天依然還在。

阿克洛德先生最近對約克郡便士銀行的狀況做了介紹，於是我們在那裡就看到了以下文字：

「思想和機遇都是稍縱即逝的，它們就像匆匆的過客一樣穿過人們的心靈！它們既可能成為胡思亂想的根源，也可能成為對優秀思想的啟蒙。多年以來，我一直對這些東西有著濃厚的個人興趣。我也當然非常希望它們都能成為對人們優秀思想的啟迪，所以我願意把今年閃過我頭腦的一些想法貢獻出來與大家分享，而不僅僅是在向大眾提交一份簡單的計畫而已。」

「事情說來很湊巧，我在倫敦時正趕上大齋節期間，我偶然參加在白金漢宮教堂舉行的禮拜活動，為的是聽皇室牧師的大齋節布道。就在 3 月 12 日那天舉行了一場非常精彩的布道，主講人是尊教的查理斯·金斯雷先生，他代表倫敦教區布道協會的附屬婦女團體。在演講中，他提出了一種優秀的制度。他提到一本名為《東部與西部》的書，這本書中講到了倫敦的窮人透過協會和團體得到了很大好處的一些事情，但金斯雷先生主要講

第十章　富有不等於偉大

的是倫敦富人與窮人之間、上流社會與貧民階級之間的巨大鴻溝，而這一事實對社會來說是種巨大的危險，就像最近在法國發生的一樣。這使我對這次布道留下了深刻的印象，很多天之後我買到了那本《東部與西部》，並開始仔細閱讀，慢慢品味。」

「我被書中的內容深深地震撼了，倫敦東區和西區的人們存在著令人心痛的巨大反差：東部的人過著奢侈的生活；而西部擁擠不堪，人們要為生存進行艱難的掙扎；其他鄰近地區貧民們則不得不掙扎於生存的邊緣直到死神們降臨。怎麼樣才能不傷體面地填平這種社會貧富兩極之間巨大的鴻溝，這是個棘手的問題，但是這個問題我們必須要解決。而從斯賓塞伯爵夫人為這本很有見地的書所作的令人尊敬的序言中，我們看到其實上流社會的婦女以及她那些有著高尚想法的合作者，都能在某種程度上解決這個問題、填平這道鴻溝。」

「因此我考慮，在人們都彼此熟悉的城鎮和農村，與彼此互不相識的倫敦相比，要盡到我們對鄰居的職責，要完成教區婦女布道協會的目標，比要『幫助窮人學會自救』要容易得多。『幫助窮人學會自救』就是約克郡便士銀行的主要原則。」（《約克郡便士銀行介紹 —— 埃德文·阿克洛德先生作序》）

他們的銀行是在 1859 年 5 月 1 日正式成立的。到年底，也就是營業 7 個月之後，他們一共建立了 24 家分支機構。分支機構、儲戶數量和存款數量都在不斷增長。到 1874 年，已經建立了 250 家分支機構，以及用託管人名義所作的投資額接近 40 萬英鎊。

約克郡便士銀行與郵政儲蓄銀行並無任何關係，但是它們都有一個特別的作用，那就是教育年輕人養成儲蓄的習慣，當然成人要存款也很方

便。很多人逐漸習慣儲蓄，因為銀行就快要開到他的家門口了。便士銀行發展史上一個重要的事情就是年輕人的節儉對父輩的目光短淺和自我放縱產生了感化的作用。很多自我節制、生活簡樸的宣導者認為，能使工人們在裡頭存錢的便士銀行與那些說教機構相比，在切實可行地促進社會福利方面所產生的作用要大得多。有一個例子是來自阿克洛德先生的記述：

一位會計說：「所有的年輕儲戶看來都願意透過在銀行存錢來料理好他的錢，正在成長的一代也有了類似的想法，而不是把剩餘的錢都花在酒館裡，或愚蠢地胡亂花掉。一些工廠的工人節省了足夠的錢來購買股票和投資農場。」

另一位會計也說：「一個酒鬼父親，在酒醒後看到他的孩子如今每週已能在銀行裡存半個銀幣了，他會羞愧難當。一個臭名昭著的礦工自己也開始定期存錢，不過是以他孩子的名義，而在以前他把錢都花在了酒館裡。從他存錢的那一刻開始，他的行為與品格有了永久性的改變。還有一個例子，有兩個男孩兒要求他們的父親（也是個礦工）允許他們每週存一個先令，直到他們每人都能買一件新衣服為止。在此之前，父親和他們自己的錢都花在了喝酒上。」

另一機構的一位會計說，他見過很多父母，以前也是酒鬼，現在竟然帶著他們的孩子到銀行來存錢了。他說：「有一件事讓我感到非常高興，有一個男孩兒從來就沒有穿過一套新衣服，一天他從銀行提取了一筆錢，不到兩個小時他就穿戴一新地回來了，去學校參加受難節的演唱會。」在受難節「希望之歌」晚會上，他讓父母和孩子們舉手來表示他們是否從銀行獲益，結果很多手一起舉了起來，一個貧窮的母親大叫：「我要為我的兩個孩子舉雙手！」

第十章　富有不等於偉大

「還有個礦工是一家之主，他終於從以往爛醉如泥的生活中幡然醒悟，也開始在銀行裡存錢，直到在建築協會貸款的幫助之下他以 400 英鎊的代價造了兩層新樓。所以銀行對很多人來說，就像蜂巢對於蜜蜂那樣重要 —— 銀行就是一個儲藏室，當疾病和不幸降臨的寒冷季節，他們完全可以依靠銀行渡過難關。」

有位教士說：「兩年前我遇到一對酒鬼夫妻，我讓他們發誓，要在我們的銀行裡存錢。原先當鋪老闆已擁有了他們的大部分財物，但我很高興地看到他們從當鋪贖回了他們所有的東西，而且每個星期都能去銀行存點錢。開始存錢後，那個男人總說，這比把錢花在酒館強多了。如今他們的家庭非常幸福。」

一天晚上，一個酒鬼到了銀行，第一次把一個先令扔在銀行的櫃檯上，他說：「存錢！這是 6 品脫啤酒錢。我今天已向酒館的老闆發過誓了，他們再也不會像以前那樣賺我的錢了。」從此這個人變得很簡樸，成了銀行的定期儲戶。

在另一家銀行，有個男人曾經是沒有頭腦徹底絕望的傢伙，他的妻子說服他在銀行裡存一點錢。他這樣做了，於是每週的存款都在增加，同時他去酒館的次數也明顯下降了。在很短的時間內，他開始在建築協會購買股份，後來又在另一個地方買股份。拿了一段時間的紅利後，他買了一塊土地，在上面蓋了兩座房子，一座自己住，而另一座用來出租。除此之外，他現在成了一位受人尊敬的商人，有兩三個熟練工和一個學徒跟著他幹。他生活簡樸，為人可靠，也因此贏得了朋友和鄰里們的尊敬。

有個男孩兒積蓄了足夠的錢給他父親買了一套服裝，他的父親自己卻總是把錢花在酒館裡，使自己和家庭陷於貧困；還有一個例子，子女們透

過自己的經濟實力維持了他們年老的父母的生活，使老人不必求助於地方機構的救濟。當然，還有很多這樣的例子，我們說也說不過來了。雖然人們儲蓄的目的各種各樣：有人為移民而儲蓄，有人想買新衣服，有人想買塊表，但所有這些都鍛鍊了節儉的作風，直到儲蓄真正成為好習慣。

約克郡一位在便士銀行工作的會計講述了一段逸事：

「斯密斯先生是我們第一批經理中的一位，但來了兩三次後他走了，他說這是『小孩兒的工作』。我回答：『我們不得不面對小孩兒。』一段時間之後，我又遇到了他。在交談的過程中，我發現自己有時有點垂頭喪氣了，因為我不知道我們所做的事情是不是對社會有益，我居然想放棄銀行的工作了。他聽到這裡馬上熱情洋溢地說：『看在上帝的分上，你千萬不要有這樣的想法。你不知道你們所做的對社會的福利是多麼重要！在我們那裡，沒有一個人和他的家庭成員不是你們的儲戶。』」這位會計又說：「如果科爾納‧阿克洛德喪失了信心，我會對他說上面的話。」

正是這樣，儲蓄銀行成了極大地促進社會福利的手段，它們給千百萬家庭帶來了安寧、幸福與舒適。任何一位有識之士都應該大力模仿阿克洛德先生的做法，在我們的國家的每一個縣都不應該缺少這種便士銀行。

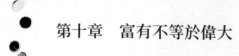

第十章　富有不等於偉大

第十一章
不要過入不敷出的生活

第十一章　不要過入不敷出的生活

千萬不要債務纏身，
要有依靠自己的精神。
有人 20 鎊過不了一年，
給他 40 鎊也是枉然；
他追求享樂沒有盡頭，
多少錢也填不滿他貪婪的胃口。

—— 喬治·赫伯特

無論好壞，是和否都是生活中的巨人。

—— 傑洛爾德

乾著急 100 年也還不了 1 分錢。

—— 法蘭西人諺語

生活獨立的人追求受人尊敬是件好事，但靠借債來追求體面卻與之相反，這足以把天使的心傷透。

—— 傑洛爾德

奢侈是現代社會流行的惡習。它不僅在富人中盛行，也蔓延到了中產階級和勞動階級。

人們從來沒有什麼時候比現在更熱衷於錢財，或希望自己看上去像個有錢人。人們不再滿足於靠誠實和勤奮賺錢了，而是希望自己不管是透過投機、賭博還是詐騙暴富起來。

一般性的奢侈隨處可見，尤其是城市人生活的特點。你可以在大街上、公園中、教堂裡到處看到奢侈。衣著的奢華只是奢侈的表現之一，揮霍浪費在社會生活中屢見不鮮。人們過著超過他們負擔能力的高消費生活，其後果可以在商業失敗中、破產清單上和審判罪犯的法庭上看到。在法庭上，生意人常常被指控犯有不誠實和欺詐的罪行。

外表一定要有派頭，人一定要看上去有錢。那些一心想取得別人信任的人很容易地裝出有實力的樣子。人們現在一定要生活得有檔次，住漂亮的房子，吃精美的食物，喝高檔的葡萄酒，並有華麗的車馬。也許他們只能東挪西借或者詐騙才能維持這樣的日子。每個人都對洛德帕斯和羅伯森那種慷慨奢華的生活方式感到驚愕，但是現在如果沒有上千個洛德帕斯和羅伯森，至少也有幾百個。

還有一類奢侈的人，雖然還不至於要靠欺詐生活，但也徘徊在欺詐的邊緣上了。他們有自己賺錢的手段，但消費往往超過收入。他們希望自己成為「受人尊敬的人」。他們信奉的是一個有害的格言：「一定要像其他人那樣生活。」但是他們從不考慮自己能不能負擔得起目前的生活，而是覺得為了在別人面前保持面子便必須要這樣生活的。然而這麼做的結果最終只能是犧牲了自己的自尊。他們追求時尚，他們看重衣著、家庭設施、生活方式，他們把這些都看成是受人尊敬的象徵。他們精心策劃自己在世人面前出現的形象，雖然這可能是徹底的偽裝和虛假。

但是他們絕不能顯得寒酸！他們必須用各種方法努力掩蓋他們的貧窮。他們在把錢賺到手之前就先花掉了，他們欠下雜貨店老闆、麵包坊主人、服飾商、賣肉的屠夫一屁股債務。他們有時候也必須得像有錢人那樣款待同樣追求時尚的「朋友」。可是，當不幸襲來，債務再也拖不下去的時候，誰還是他的「朋友」呢？他們都會躲得遠遠的，只剩下這個無依無靠的人在絕望中掙扎！

然而，只要一個人有勇氣說「我負擔不起」的話，那麼貧窮的威脅就會解除了一半還要多。那些能一起亨福但不能一同患難的朋友除了能揭示一個人如何墮落成為勢利小人之外，其實沒有一點用處。什麼是「透過交

第十一章　不要過入不敷出的生活

際聯絡感情」？它根本不能提高一個人的社會地位，甚至在生意場上也沒有任何幫助。因為成功主要依靠的是一個人的品格和他受到的尊敬。如果在尚未成功之前就想先品嘗成功的滋味，那麼他已有的一點點自尊也會失去，那一點點抱負也會掉入債務的貪婪大嘴。

著名的「格蘭蒂太太」在歌劇中只是這個世界的傳統角色的人格化身。所有風俗、習慣、時尚、實用、欲望，都體現在她一個人身上。她也許是個粗俗、平凡的人，但她的力量是驚人的。我們模仿她、學習她的一切。我們被她的圍裙帶子拴住了，並對此沒有任何反抗。我們懶惰而柔順，並害怕惹她訓斥。「格蘭蒂太太將會說什麼呢？」這個擔心壓住了一切動機高尚的衝動，阻攔住了無數自我否定的行為。

似乎有一種普遍的無意中產生的想法，要壓制著每個人的個性和人性。我們不鼓勵自立，卻要求統一服從。每個人都要看別人的臉色，用別人的大腦考慮問題。我們是傳統的崇拜者和服從者，只知道向後看，而不知道向前看、向上看。由於被愚昧和軟弱牢牢束縛住，我們害怕特立獨行，害怕獨立思考，害怕付出行動。傳統的觀念籠罩著一切，它使我們害怕呼吸獨立思考和行動的自由空氣，也使我們拒絕恢復我們的天性，拒絕為我們的精神自由而辯護。而我們滿足於摘取別人的果實，卻都不是自己的東西。

在私人事物上，這樣的精神面貌同樣有害。我們在社會的約束下生活，照著符合我們階級的標準去做事。我們對習慣力量有著迷信般的崇敬。我們穿衣吃飯和生活無不符合「格蘭蒂法則」。按照本階級的觀念，只要這樣做，我們就是「受人尊敬」的。於是許多睜開眼睛看著世界的人還是陷入了不幸之中，因為沒有什麼比對這個世界愚蠢的恐懼這種藉口更

好。他們擔心的是其他人會怎麼說，而且十有八九，發出譴責聲音的並不是那些明智而有遠見的人，相反，經常是更愚蠢、虛榮和目光短淺的人。

威廉·坦普爾爵士說：「想要成為與別人不同的人，或者擁有他們沒有的東西的不安分想法，是一切不道德的根源。」這話說得對極了，廣泛的經驗無不證明了這一點。

注重面子是當代社會的最大惡習之一。人們有一種普遍的想法，尤其是在中上層人士之間，就是看起來要比實際上更體面一些。他們打腫臉充胖子，生活水準低下也要做出有派頭的樣子。他們努力把自己打扮得看起來比實際要更高級、更有錢一些。

「受人尊敬」是主要目標之一。就其本質來說，受人尊敬是值得爭取的東西。正確的做法是用合適的行為博得他人的尊敬，但是現在的受人尊敬只在於外表而已。它意味著要穿高檔的衣服、住考究的房子、生活要時髦。它需要看外在的聲音、儀容和裝扮，它要聽口袋裡金幣叮噹作響的聲音。所以道德和品格在現在的「受人尊敬」的概念中是沒有什麼地位的。一個人在今天可能很受人尊敬，然而他可能是個十足的卑劣之徒。

弄虛作假和道德敗壞的惡習來自人們對兩個東西的過於看重 —— 階層和財富。每個人都在為進入地位更高的階層而奮鬥。無論是地位低還是地位高的階層，在他們的工作中等級觀念體現得同樣明顯。在伯明罕的一個工人俱樂部裡，一部分人的外套有後尾，另一些人則沒有，於是這群人就看不起那群人。科培特很恰當地把他的政治對手塞德勒先生叫作「亞麻布商人」，但是這個亞麻布商人仍然有很多人比不上他，因為他看不起小販，而小販則看不起修理工人，修理工人看不起整日工作的工人。似乎貴族家裡看牛的僕人也要比釀酒商的僕人頭要仰得更高一些。

第十一章　不要過入不敷出的生活

　　無論你出身於哪個階級或者社會地位多麼低下都不要緊，你會發現在你之下總還有其他人。在地位中等的人之間這種排他性的等級觀更為明顯。每一個圈子的人都認為與地位更低下的圈子裡的成員攪和在一起是一種墮落。在小的村鎮，你會發現關係疏遠的不同小團體，它們之間也許互相鄙視，常常用嚴厲的話互相攻擊、彼此詆毀。在每個大教區，通常至少有 6 個不同階級存在，他們的地位都是你高我低的關係。

　　對每個階級，他們都排斥想加入他們行列的階級地位更低下的人，但同時這個階級的人又會全力為爭取打破與更高的階級之間的界線而奮鬥。他們渴望跳過這個分界線，並進入至今還在大力排斥他們的上流社會的圈子。

　　在階級的前端，人們不顧一切地向更高階級攀爬，無數手段僅僅是作為向上爬的工具而被採用。「我們一定要擁有社會的承認和尊敬！」為了這個目的，我們一定要富，或至少看起來得像個富人。因此，我們為追求時尚而奮鬥，為外表的富裕而努力，為過中上等人的生活而急起猛進、沾沾自喜、洋洋得意。也因為如此，多姿多彩的世界對我們只有厭膩和倒胃口的感覺，我們的心靈萎縮了，智力遲鈍了，只剩下愚蠢、無聊和瘋狂。

　　現代文明最腐化的因素之一是所謂的「大型聚會」制度。人們亂糟糟地擠在房子裡，其中有不少無所顧忌的傢伙為所欲為，這就是可笑的風尚。盧梭用偏離常軌的語言說：「我寧肯要一間住一天都覺得小的房子也不想要一間住一年都覺得大的房子。」時尚恰恰背棄了這個格言，而墮落和災難往往就是從寬敞的居室和安逸的生活中爆發的。不幸之處在於，我們在生活上從來不向那些等級更低的人看齊，而是模仿更高等級的人。

　　然而，不道德的因素與其說在於維持表面形象，不如說在於為維持表

面現象所採取的手段。自己有了一定的社會地位，人們就算冒一切風險也要保持住它。如果他降低了奢侈的消費，那麼這個世界就會認為他的地位下降了。那些乘著四輪馬車、喝著香檳酒、看起來很富裕的人，將無法忍受乘坐兩輪輕便馬車或喝普通的啤酒。而那些有兩輪輕便馬車、有一定身份的人，就會認為從鄉下家裡到城裡辦公室如果徒步或乘坐公車那就太丟臉了。他們寧肯在道德上墮落也不願在社會等級上降格，他們寧肯向不誠實低頭，也不願在「這個世界」那裡失去虛偽的掌聲和虛假的尊敬。

每個人能想起數百個這樣的例子：那些「令人尊敬的人」從一種奢侈走向另一種奢侈，肆無忌憚地揮霍著不屬於他們的財富，為的是維持他們「受人尊敬」的名聲，並在崇拜者面前大出風頭。然而這一切突然像泡沫一樣破滅了，最終是破產和毀滅。這樣的例子也許有成百上千個。他們已經花光了自己最後 1 英鎊的那 6 便士紅利。可以毫不誇張地說，有五到六成商業欺騙行為的根源正是這種病態的「維護面子」的道德觀。

為了「令人尊敬」，在這個到處是虛情假意的世界裡，有什麼不能被犧牲的呢？和平、正直、真理、美德，都只是用來維護外表。我們必須去騙人、耍陰謀、搞欺詐，世人根本就看不見面具後面隱藏著的一切。我們必須折磨和奴役自己，因為我們必須獲得世人的掌聲，或至少得到世人的好評！

又有多少自殺都是起源於這種虛假的爭強好勝！於是很多虛榮的人寧肯結束自己的生命也不願失去所在階層的尊敬。他們寧可告別人世，也不願結束時髦的生活，但是幾乎沒有人是因為真的窮困得過不下去了才去自殺。「我們從來沒有聽說過，」約·巴羅說，「一個人因為買不起一塊麵包而自殺，但常常有人為缺一件大衣而自殺。」

在這種可鄙又可悲的等級觀念下，婦女成為特別的犧牲品。她們總是

第十一章　不要過入不敷出的生活

在一種錯誤的教導中長大，並學會了根據外表而不是內在的價值去評判一個人。她們所受的教育使她們努力去討別人的歡心和羨慕，而不是提高和發展自己在心理和智力上的能力。她們被灌輸特權、時髦和文雅的思想。她們瞄準的目標是占據一個在社會上令人尊敬的位子的男人。罪惡和不道德對她們來說遠不如沒教養更可怕。婦女被囚禁在排外主義的監獄中，她們成為瑣屑的說教、慣常的功利、風尚、文雅等諸如此類的俘虜。她們天性中真正的善良被扭曲了，而幸福的最根本的源泉也被封閉了，她們就像一口井被蓋死或被堵塞了。

在所謂的「時髦社會」裡，難道外表的不凡作為品德的表現不是一個事實嗎？那些富人或看上去像富人的人被認為有上等人的美德，窮人或看上去窮的人卻被認為有著不可饒恕的犯罪欲望？不，對於某些婦女所在的階層這是不公平的：一位年輕的姑娘本來應該屬於較高等的階層，卻由於遭遇不幸或家庭破滅被拋到了必須自食其力的行列。她不得不依靠自己勤勞的雙手努力賺得誠實的麵包，但在同時她也會立即丟掉她的社會地位，從原來的「受人尊敬」的社會中被驅逐出來。自己依靠自己的決心，這是人類思想中最有進取性的想法，也就被這樣一圈子人作為有失身份的事而輕蔑地加以拒絕了。而那些受到所謂時尚影響長大的人寧肯忍受這種突如其來的貧困，也不願意失去她們的階級和等級的承認。

在那樣的環境中長大，也就難怪婦女們和男人們一塊兒支撐起這個普遍追求奢侈的時代了。從來沒有像現在的英國婦女這樣對服裝衣飾大動肝火，現在也可以和法國的路易十五時代的腐化墮落相提並論了。風尚的墮落是實實在在的，現在人們評價婦女不再憑她們是誰，而是看她們的衣著。穿衣上的奢華，幾乎是妖豔，取代了婦女們應該有的樸素和美麗。沃

茲沃斯曾描述過「天資高雅的完美女郎」，現在你到哪裡還能找到一個完美的女人？不要到那些只會參加聚會、衣著臃腫的生物中去尋找，她們的頭髮是假的、膚色是假的、眉毛是假的、每樣東西都是假的。大自然造就了她們，但並沒有把她們照顧好，她們故弄姿態實在令人生厭。

魔鬼也並不只停留在有錢的階級那裡，它們也會來到那些僅靠薪水生活的人中間。他們的服飾也同樣需要受尊敬，他們花的錢比賺的還要多，他們一定要住在城郊的那些華而不實的別墅裡，他們必須經常開一些家庭舞會，他們一定要到劇院去看戲。於是他們每一分剛賺到手的錢就必須花出去，有時甚至還超前花掉。不幸的是，根本沒有人會去買什麼人壽保險，他們的妻子則不得不陷入債務之中。如果男人第二天死去，那麼他什麼也不可能給妻兒留下，更會使他的家人陷入極端的貧窮之中。他在活著的時候透過做苦工賺來的那些本應存下來的錢都被花在了面子上，假如他在死後能留下幾英鎊錢的話，他的家人也許還能用這點錢給不知道節儉的丈夫舉辦一個體面的葬禮。

「那件衣服付錢了嗎？」一個丈夫問。「還沒有。」「那麼你是在由別人付款而你自己消費。」在丈夫不知道和不同意的情況卜沒有哪個女人為穿衣而借債被認為是正當的。如果她這樣做了，那麼是布料商在出錢供她穿衣。這樣的事會使丈夫覺得像在水中憋氣一樣焦急，它通常足以促使丈夫反對妻子的奢侈。就這樣，收入被稀裡糊塗地花掉，生活充滿了痛苦和不如意。在丈夫和妻子都揮霍浪費的情況下尤其如此。

透過把自己推入債務之中，或者縱容妻子去借債，你給予了別人干涉你的自由的權力。你幾乎不能冒險去直視債主的臉，或許幾下敲門聲也會把你嚇壞，因為郵差可能送來律師要求你還債的信。你沒有能力償債，你

就會找些虛假的藉口。你還發明了一些不還債的藉口，但是最後還是會被驅趕到完全撒謊的地步，因為「謊言騎在債務的背上」。

為奢侈而背負債務是多麼不理智的舉動啊！我們購買精美的物品，雖然那比我們能負擔的價位的貨色要好得多，但是我們因此要用 6 個月到 12 個月的時間去償還借貸！這是店主的賺錢花招，然而我們會欣然中計。我們太缺乏依靠自己生活的骨氣，而一定要依靠別人。羅馬人把他們的僕役看作敵人，所以我們的每一個人其實都不妨以同樣的眼光把任何店主都看作是自己的敵人。透過賒帳，透過迫使婦女買好衣服，他們設下了重重誘惑。他們把想過正直生活的男人的妻子誘騙到負債裡，然後開出不實的帳單。他們索要高價，而他們的顧客則要付款，有時如果你不注意還會加倍付錢，因為你不可能一直保持精確的驗算的頭腦。

紐曼教授的建議很有實踐價值。「我衷心地希望，」他說，「商店的賒帳在過一定時期之後，在法律上宣布不再有收回權。結果就會沒有人再向外賒帳，除非店主非常熟悉並知道他能靠節儉還帳的人。那樣，所有的價格都降到用現金買賣的低水準。借貸系統早已聲名狼藉，它有太多的遲遲不還債者，它還透過提高價格把損失轉移到其他顧客那裡。這樣的體系將會馬上完蛋。店主們將不必再像以前那麼小心翼翼，這種小心已經毀掉了成百上千人的幸福。」（《政治經濟學講義》）

其實人類的寶貴經驗之一就體現在這個禱告詞裡：「主不讓我們陷入誘惑。」沒有哪個男人或女人能夠抵制得了誘惑，只要面對的東西你感興趣，那麼就已經變成誘惑了。在誘惑與習慣的週邊戰中，抗拒就被粉碎了。一個猶豫是否要冒險借不該借債的女人其實已經輸掉了。比如那些貪婪地盯著老闆錢財的職員或助手遲早要把那些錢貪汙掉，而當他們一旦克服了覺得拿到錢是根本不可能的感覺時，也許他們就會這樣去做了。因

此，是成千上萬個微不足道的小事情形成的習慣決定了一個人的行為的主要部分。

不誠實的很大原因是陷入債務。是什麼債倒無所謂，無論是打賭輸掉的、玩紙牌欠下的，還是賒了帽子商或布料商的賬。那些受過良好教育和培訓的人以及靠誠實工作賺錢的人，往往由於奢侈而墮落下去，有的為了外表體面，有的是打賭，有的是做投機生意或賭博，也有的是因為性行為放蕩。

在一個事例中，一個人把名字偽造成另一個職員的名字，為的是使他能夠得到一筆錢來償還在娛樂場所欠下的債。這個罪犯原來是個受到良好教育的青年，富於理智，為人善良，並娶了一位受人尊敬的年輕姑娘為妻，但是他愛上了喝酒和打牌，於是忘掉了所有的親朋好友，甚至妻兒老小。他受到指控，並被判處 7 年監禁。

在另一個案例中，當事人是一位退休部長的兒子。他偷了一些珍貴的資料，並把它們變賣成錢。他潛逃了並被追蹤。有人在澳大利亞的南安普頓見到過他的行蹤。這個半島和東斯帝莫地區被翻了個遍，但沒有人發現所描述的嫌疑犯。過了一些時候，英格蘭銀行的一個人發現被他開除過的那個傢伙又從都柏林回到了銀行。一個偵探對他進行了追蹤調查，在一個最底層的小公司發現了他，並把他帶回了倫敦。審訊後，他被判了 12 個月的監禁。

在另一個例子裡，罪犯在一家鐵路公司占據高位，他的地位高到被提升為瑞典皇家鐵路公司的經理。他是那些為了面子而把誠實、道德和美德都拋在一邊的為數眾多的人之一。他像其他人一樣深深地陷入債務而不能自拔，而後他就變得不誠實起來，他變成了職業盜賊的同夥，他從自己掌

第十一章　不要過入不敷出的生活

管的辦公室制了一把鑰匙樣品交給了一個有名的匪徒。這把鑰匙是用來開啟從倫敦到巴黎的火車上專門盛放金銀的堅固的保險箱的。這個鑰匙樣品很快就被製成蠟模，然後複製出一把鐵鑰匙。由於有了這把鑰匙的幫助，「黃金大盜」才屢次得逞。過了一段時間這個盜賊被抓獲了，而盜竊鑰匙的人 —— 那位瑞典皇家鐵路的經理，一個外貌堂堂的人只能被逮捕、審判並被馬丁男爵宣判流放到他鄉。

後來成為鈕蓋特監獄牧師的約翰·大衛斯發表了如下言論，他對年輕人犯罪原因有著不同於他人的解釋。

「我認識一個年輕人，是一位海軍軍官的兒子。這位軍官效力國家很是盡職，可惜英年早逝，他的妻子成為寡婦。令她感謝的是她勤奮聰明的兒子被政府部門錄用。她的兒子把薪水都如數交給母親，並為能幫助母親而由衷地感到自豪。她還有兩個小女兒。她微薄的養老金和兒子給的薪水使每個人都能過得很愉快。可是這個年輕人喜歡上了漂亮的服飾。他還沒有成熟，也看不到純潔、善良、真誠的心靈要比外表的瀟灑珍貴無數倍。雖然他還是為幫助母親和妹妹感到很快樂，但他又一想到同事穿得可比自己好多了就高興不起來了。他的衣服可能要比其他人破舊一點，但是這就像士兵執行任務歸來時衣服上有些髒點是不可避免的，也是榮譽的象徵。可是這個年輕人並不這麼想。他為自己雖然乾淨但也為露出破損線頭的外套感到自慚形穢。其他同事穿著筆挺的、閃著嶄新光澤的外衣使他感到很煩惱，他想穿得更體面些。他終於向做流行服裝的裁縫訂購了一套西裝，這就埋下了一顆罪惡的種子。他外表的氣派給他帶來短暫的榮耀，但是欠商人的債是必須要還的，他一次又一次地被逼著還錢。為了擺脫債主的糾纏，他偷了一個裝有 10 英鎊支票的信封，並把支票付給了裁縫，但是受害方知道了這張支票，他們追蹤到裁縫這裡，並從這裡知道了誰有可能並

有機會偷竊支票。很快這個年輕人被判刑流放了。他瀟灑一時的外表換來的卻是犯罪。要是他還穿原來那件代表著誠實勞動的舊衣服會比這好得多。這僅僅是愚蠢的迷戀衣著的事例之一，而無數青年男女正在做著同樣的傻事。」

當查理斯·納皮爾爵士離開印度時，他給軍隊發了一個命令，譴責了軍官們只知道借債而不打算償還的行為。軍隊的司令官發現每天都要面對許多對軍官欠債不還發出的抱怨，他還發現有些很會經營也很勤奮的商人因此而遭到破產。他嚴厲譴責了這種日益囂張的惡行，但它已成為墮落的紳士品格的一部分，作為一個令人羞恥的罪惡，成為那些按如下原則做事的人的信條：「和無恥結盟，和那些騙人的傢伙和道德低下的團夥狼狽為奸。」他強烈要求軍官們恪守職責，放棄一切奢侈和浪費，並在消費上嚴格把關，要他們知道「喝不花錢的香檳和啤酒以及騎不花錢的馬都是為紳士所不齒的卑賤行為」。

在印度的這些年輕紳士的奢侈，只不過是我們那些在國內的年輕紳士的奢侈行為的影子而已。已揭露的牛津大學和劍橋大學學生的奢侈行為把矛頭指向了本來該教育他們如何做人的學校。許多尊貴的家長被他們不爭氣的兒子毀掉了，他們把兒子送去讀書希望他成為一個學者，但兒子只學會了如何做一個受世俗社會歡迎的紳士。成為一個紳士，在今天的話來說，就是成為一個賭徒、一個賽馬手、一個紙牌玩家、一個獵手、一個花花公子或者是他們的組合體。紳士生活節奏快，花錢快，喝酒快，死得也快。昔日的紳士蛻變成了今天的「假紳士」和「快速」的人。紳士變得毫不知恥，當他現在被雇傭後，他表現出的懶惰和奢侈比真才實學、品德高尚、勤奮刻苦要多得多。正在成長起來的年輕人對欠債毫無羞恥感，不講道德的風氣彌漫著整個社會。奢侈的習慣一旦形成，要想戒除就難了。人

第十一章　不要過入不敷出的生活

們隨隨便便地借債而絲毫不想如何去還，這毒化了社會風氣，並在社會的中上等階層日益蔓延。道德的聲音沉寂了下去，需要很長一段時間才能恢復過來。

在此時此刻，那些能夠抵制自己負擔不起的消費的人都應當這樣去做。最保險的計畫是：不要寫欠條，千萬不要借債；還有，萬一欠了債，要盡快還清。一個欠債的人不是自己的主人，他已經處於往外賒帳的商人的支配之下。他是律師要找的物件，是債主的生財之道，是鄰居談論醜聞的主角，是他自己的奴隸。他的所作所為，即便是他的親戚族人也僅帶著親緣關係的同情而看不起他。

蒙田說：「我在還錢時總是感到一種愉悅，因為我卸下了肩上的一個大包袱，並消除了身為奴隸的感覺。」詹森說得很對：「節儉是自由之母。」欠債的人不可能擁有自由，因為欠債的不可避免的影響不僅在於傷害了自己的獨立性，而且從長遠來看也會造成道德的墮落。欠債者也會長期處於羞恥之中，尊重誠實品格的人們自然很討厭那些只會借錢卻不能還的人；討厭靠別人的錢來喝酒、講究衣著、維持外表體面的人。多塞特伯爵像其他年輕貴族一樣陷入債務之中，他靠財產作抵押借錢花。他的放蕩由於一位市議員的不禮貌行為而戒除了，那個議員天天來他的前廳催討債務。從那以後，這位伯爵下定決心要痛改前非，再也不借任何人的債，他後來果然遵守了諾言。

對那些要靠自己的雙手過生活的人來說，懂些算術是絕對必要的。這些都很重要，但是四則運算法則更重要。假如不知道加減法，又怎麼能夠比較一下她們的收入和支出呢？要不是懂得算術，她們又怎能精確地知道有多少錢花在房租上，多少花在衣服、飲食或勞務上？對算術知識的缺乏

不僅造成了很大的浪費，更造成了巨大的不幸。許多幸福的家庭墜入貧窮之中僅僅就是因為不懂得這一門知識。

年輕人還會常常不多想一想就匆匆忙忙地結婚了。一個小夥子在舞會上遇到一位長相漂亮的姑娘，於是喜歡上了她，和她跳舞，和她調情，回到家做夢還在想著她。最後，他墜入愛河，追求她並娶了她。這樣他可以把這張漂亮的臉蛋帶回家，當然也開始知道了關於她更多的東西。所有這一切至此還非常快樂，這張臉至今仍那麼迷人、漂亮、自然、美麗，但是它就要面對一種新的生活了，這張臉不得不在更近的距離看到，也不得不天天看到，並且她開始管理家務。

大部分新婚夫婦要求過一段時間安定平靜的日子，甚至那些為了婚姻的幸福而奮鬥了一段時間的新人也想過一陣平和的日子放鬆一下。丈夫不能立即找到自己在家庭中的位置，妻子也一樣。我們所知道的生活得最幸福的女人中的某個人告訴我們，她婚後的第一年是所有日子裡最難過的一年。她有太多要學會做的事，卻又特別害怕把事情做糟糕，據她說她至今也沒有找到她在家庭裡的位置，但是，循此前進，憑著她們善良和關愛的本性，她們最終將會毫無困難地一起生活在舒適和安寧之中。

而剛才那位年輕人和那張「漂亮的臉」並不是這樣。他們都沒有經過深思熟慮就開始面對新的生活，也許是對純粹的快樂期望太大了，他們沒有為他們的關係從戀人轉變為夫妻做出補償，也沒有準備好要忍耐一些小麻煩和令人惱火的小事，最後他們對家庭生活都感到很失望。對戀人來說非常有魅力又新奇的互相關注現在變得平淡了。這個美麗的面龐受到冷落，就靠眼淚尋求解脫。沒有什麼比為微不足道的小事流淚更讓男人心煩的了。這種情況下的眼淚不僅獲取不了同情，反而激起了反感。它對兩方

第十一章　不要過入不敷出的生活

面都是一種刺激，眼淚可不是一件可以輕易動用的武器。要是這個女人能夠更和善、更樂觀一點，那麼他們會過得多麼幸福啊！無數的幸福生活由於任性地發火和煩惱變得不幸起來，直到最後，品性被踐踏得難以恢復，而理性地享受生活在精神上也已經成為不可能。

智力上的聰明對家庭生活來說當然是令人羨慕的禮物，但是不管它不時地閃光還是暗淡下去，它從來不能像溫柔和快樂的心那樣更能激發出對任何東西的愛和關懷。這顆心不會帶來過分的順利和歡樂，但是它能夠幾乎沒有任何痛苦地培養出忍耐的良好品格和幸福的根基。要不是它，生活可能早就被愛發脾氣的壞習慣弄得辛酸苦澀，並和社會與家庭的幸福一同毀滅掉了。有多少次我們看到男女雙方互不相讓，以至於沒有人敢勸解他們而不必害怕會激起更大的怒火。由於一個人缺乏一點忍耐力，社會上就可能發生一系列的不幸，而這些不幸往往是非常可怕的。因此，幸福變成了痛苦，而生活變得像在布滿荊棘的道路上徒步行走一樣艱難。

在剛才那個例子中，那張漂亮的面孔很快就被忘在了一邊，但是既然這個年輕人所需要的僅僅是一張漂亮臉蛋的話，那麼他發現自己犯了一個錯誤，並且如果家不再有吸引力，他將會逐漸對家庭心不在焉。他會在整個晚上在外邊用雪茄、紙牌、政治或者到戲院或酒館來安慰自己，而那張可憐的漂亮臉蛋然後將變得越來越失去慰藉、沒有希望和更加可憐。

兒童會長大成人，但夫妻二人都不知道如何教育孩子，如何使孩子健康成長。他們在嬰兒時也許會被當作玩具，到兒童時期可能會被看成是個洋娃娃，但是成了青少年會被當成家庭苦力。這對倒楣的夫婦在生活中幾乎就沒有安靜、幸福、溫馨的時刻。當家庭失去了溫暖時，只有無邊的苦難等著他們。當沒有歡樂可言的時候，雙方的關愛之情都逐漸消退了。

俗話說：「貧窮來到門口的時候，愛就從窗戶裡逃走了。」但是愛並不僅僅從窮人家裡的窗戶逃走，它也常常從富裕的家庭逃走，只要那裡缺乏關愛和快樂的心。這小小的家可能已經足夠舒適，看上去什麼也不缺，房間裝修得很好，到處很乾淨，桌椅齊全，爐火燒得很旺，卻沒有歡樂。那裡缺少帶著滿意、幽默和容光煥發的幸福面孔。物質上的舒適僅僅是家庭幸福的一小部分，而精神狀態在更大程度上決定了生活的幸福或痛苦。

大部分年輕人對求愛和結婚之後的生活想得很少，他們把生命中這麼重要的一步看得太輕了，他們忘記了承諾一旦說出就要遵守，結一旦打上也就再難解開了。如果由於輕率產生的錯誤已經發生，就一定會產生難以避免的結果。就像有格言說的那樣：「結婚是抽籤。」事情可能確實如此。如果我們拒絕必須要謹慎的教誨，如果我們不會檢討、詢問和思考，如果我們選擇一個妻子或丈夫比雇一個可以隨時解雇的僕人考慮得還要少，如果我們僅僅重視臉蛋、外表和錢包的吸引力，並放縱自己一時的衝動或貪欲的話，那麼，在這些情況下，結婚確實就像抽籤一樣，你有可能抽到一支好籤，但你有 100 倍的可能抽上了一支壞籤。

但是我們不認為有什麼必要使婚姻一定要像抽籤。如果女孩兒們被明智地教導如何戀愛，並教導考察男友哪些品格是最重要的，而不是由虛假的或像小說中那樣不真實的表演來充實自己的資訊庫；同樣如果年輕人使自己習慣於考慮以後將日夜相伴的妻子的美德、善行和樸實的品格的話，那麼就會發現，婚姻基本上沒有抽籤的偶然性，並且就像做生意或生活中的其他事一樣，男人或女人判斷自己的行為越有前瞻性和分辨力，就越可能收穫幸福的未來。說真的，錯誤誰都會犯，也一定會犯，就像人類絕對不是完美的一樣，但是，沒有什麼比那些把一生的幸福都冒險押在抽籤上

第十一章　不要過入不敷出的生活

的人所犯的錯誤更可悲的了。

　　另一個要點是在某些情況下勇於說「不」。當誘惑擺在面前時，果斷地馬上說「不」。「不行，我負擔不起。」許多人沒有道德勇氣這樣做，他們考慮的只是自己的滿意程度，不能夠實踐否定自我。他們屈服、讓步於自我享受，而結果往往是貪汙、詐騙和毀滅。社會對這種情況的判決是什麼呢？就是「這個人的享受超過了他的支付能力」。然而以前受他款待的那些人沒有一個人會感謝他，沒有一個人會可憐他，也沒有一個人會願意幫助他。

　　每個人都聽說過從來不會說「不」的人，這種人是除了他自己之外所有人的朋友，他最大的敵人就是他自己。他會很快把自己的錢花完，然後就到朋友那裡要求借錢或做貸款的擔保，而當他把最後一便士花光悔恨而死的時候，留下的只會是並無惡意卻十足愚蠢的名聲。

　　他的人生指導原則似乎是對每個人有求必應。究竟是他一定要和別人同呼吸共命運，還是害怕得罪別人，這不得而知，但可以肯定的是，他很少被別人要求籤一個申請書，或答應一次投票，或借錢，或開一張支票，因為實際上他不能做到。他說不了「不」，許多和他熟識的人會說，「他沒有這麼說的勇氣。」

　　某人的父親留給他一小筆財產，他立即就被那些想占便宜的人包圍了。如果他能說「不」，現在是時候說了，可他沒有。因為他順從的習慣已經養成，他不喜歡惹人討厭，不忍心拒絕別人，也受不了別人的強求，於是他就幾乎不可避免地屈服於那些看中他錢包的人的要求。只要他第一次打開錢包，他的朋友就無窮無盡，他也許會到處做每一個人的保證人。「請在這張紙片上給我籤個字吧！」這一類朋友常常也會向他提出請求。

「這是什麼？看起來不錯，我很榮幸！」他會很溫和地問一下，由於他的單純，竟以此為榮！他從來不會拒絕。3 個月以後，一個長長的帳單馬上就會落在這個所有人的朋友、這個不會說「不」的人頭上。

最後，一個由他擔保的商人朋友，也許在此之前和他僅僅一面之交的朋友，突然在生意上栽了跟頭，被在基金和股票上的嚴重投機搞垮了。這時，這個不會說「不」的人被招去承擔這份沉重的償付責任。這次打擊很大，他變成了一個窮人，但他從來不會學得聰明一點，他還是會對每個有需求的傢伙都能松一次口袋，會為每一個口渴的人開一次水龍頭給他水喝，會給每條饑餓的狗啃一口自己的醃肉，會請每個無賴騎自己的驢子，會給除了自己之外所有人使用自己磨面的磨房，總之，他是個一生也說不出個「不」字的「好心人」。

一個人如果想要平和、順利，就他應當在合適的時候說「不」。許多人就毀於不能說或沒有說「不」。也正因為我們沒有鼓起說「不」的勇氣，所以罪惡才大行其道。我們把自己作為這個世界的風尚的犧牲品已經太多，因為我們沒有說出這麼一個簡單的字所需要的誠實勇氣。公務在身的人不敢說「不」，因為他隨時可能被開除掉；當一個有錢的蠢人向美女伸出手時，她很難口說出「不」字，因為她的前途都依靠財產；奉承拍馬的人不會說這個字，因為他一定要面帶微笑，對一切吩咐都會答應下來。

當受到享樂的誘惑時，人們也需要有勇氣立即說「不」。在事後只要你能夠稍微回頭看看，將會證明你的這個決策是正確的，美德將伴隨著你的行動而變得更加穩固。當放縱用享樂誘惑你時，也要堅定地立即說「不」。如果不這樣，而是默許或屈從，那麼，美德將遠離你而去，你的自主性也將受到重創。或許第一次說「不」的確需要付出一些努力，但是

第十一章　不要過入不敷出的生活

隨著實踐的增多，你也就越不用費力氣。對付無所事事、自我放縱、做傻事、壞習慣的唯一辦法，就是堅決果斷地說「不」。真正的美德就體現在在合適的時候所說的這個「不」字裡。

一個人如果不量力而為，那麼他就會一無所有，直到在負債累累中死去，社會將在他進入墳墓後繼續控制著他。他必須像社會要求的那樣下葬，舉辦一個時興而隆重的葬禮。最後，他一定還會被要求作為「格蘭蒂太太的權力」的見證人下葬。葬禮用的蓋棺布、鑲邊的帽子、圍巾、送葬車隊、鍍金的靈車，還有雇來的送葬隊，這一切都是為了取悅於「格蘭蒂太太」。然而，當事人傷心欲絕的表演，還有那些為錢而來的受雇的送葬人和抬靈的柩夫們假裝的悲痛，這一切都是那麼的毫無價值，又多麼的奢侈浪費啊！

在富裕的上流社會中間，這種毫無用處卻又昂貴的鬧劇所產生的不幸不像在中產階級和勞動階級中那麼強烈。隆重的葬禮簡直就像那個死者「身份的象徵」。中產階級的人們生前努力爭取進入上流社會，死後呢就努力升入能擁有送葬隊和柩夫抬靈的榮耀行列。而其他前來送葬的人們就跟那位已經去世了的地位更高的人一樣，他們也都成為承辦者的犧牲品。這使得其他人更加遵從這個風尚，「別人怎麼做，我們也得照樣做」。並且大多數人都非常願意交這份學費。於是送葬的人們就安排他們的家人、朋友、僕人前去服喪，這樣，就有了一個像模像樣的盛大葬禮了。

對一個幾乎沒有承受能力的家庭來說，這項負擔實在太重了。養家糊口的人走了，所有的事都留給了葬禮的承辦者。一個悲痛欲絕的寡婦，或者一個失去父親關愛的孤兒，又怎麼能和那些商人為了喪服、黑手套、哭喪者和令人悲哀的棺材而討價還價呢？在數不清的例子中，每一分錢都關

係到他們今後的生活，可就是在這個時刻，他們累積起來的一點現錢也得花在庸俗而浪費的喪葬儀式上。把錢花在死去的人身上，難道要比花在活著的人維持生計上更好嗎？

同一種惡習在社會中向中下階層蔓延。勞動階級按收入水準的比例來說，和中產階級遭受的損害一樣大。在英格蘭，一個商人的葬禮平均花費約為 50 英鎊，而一個普通工人要花 5 英鎊到 10 英鎊。而在蘇格蘭，葬禮的花費就要少得多了。勞動階級的人們有很強的願望為離去的親戚舉辦體面的葬禮，這能為他們帶來榮耀。他往往在別的地方不捨得花錢，可在這方面出奇地捨得。通常為丈夫舉辦一次葬禮需要 10 英鎊，而為妻子舉辦的葬禮需要 5 英鎊，但有時一個機械工的葬禮花費也有可能會多達 15、20、30 英鎊甚至 40 英鎊，原因是他在生前同時參加了幾個喪葬俱樂部。在這種情況下，主喪者要接待並安排這幾個俱樂部參與葬禮的事宜。為兒童在幾個喪葬俱樂部投人壽保險這樣不同尋常的事也有，而我們也聽到過一個人在曼徹斯特在不少於 19 個不同的喪葬俱樂部同時投保的事。

當一個不曾是任何一個喪葬俱樂部的人家中有喪事的時候，仍然要由這些俱樂部來舉辦葬禮，但是他必須繳納重稅來使用社會的人力和物力，以便為他的妻子或兒女完成一個受人尊敬的葬禮。如果死者是家裡的父親，情況會更嚴重一些，或許他一生的積蓄都要被妻子、兒女在喪事期間用去。由此可見，在這個時候進行這樣的花費，既是破壞性的又是不合理的。

難道僅僅是穿上了黑衣服才是真正的哀悼？難道不是靠內心而是靠外表的衣服哀悼嗎？賓厄姆在談到早期的基督徒時說：「他們不譴責這種喪葬的習慣，也不贊成它，而是作為一件無關緊要的事留給人們採取任何方式的自由。值得讚揚的是那些或者整個地忽略它，或者簡單地把它放在一

第十一章　不要過入不敷出的生活

邊的人，這才最符合基督徒的勇氣和思想。」

約翰‧龔斯理按照他自己的意願決定，在他下葬的時候，那 6 個把他抬進墓穴的窮人每人可以得到 20 先令。「因為，」他說，「我特別希望（在我的喪禮上）沒有靈車，沒有送葬隊，沒有蓋棺布，沒有任何悲壯的場面，除了愛我的人的眼淚陪伴我回到上帝的懷抱。我以上帝的名義，鄭重地懇請我的葬禮執行人，到時務必請遵守我的決定。」

我們也不得不承認，在我們這個時代想要改變這種風俗是很困難的。如果我們試著去改變它，通常會有這麼幾個問題需要首先解決：「別人會有什麼反應？」「社會會有什麼反應？」這個時候也許我們也會很不情願地退縮回來，成為像我們的鄰居一樣世俗的人。然而，靠著常識、透過一遍一遍的宣傳，我想這也是會起到一定影響的，而且，隨著時光的流逝，終究將會改變這個社會的風尚。阿德萊德女王就在臨終前要求她葬禮的承辦者免去送葬隊；羅伯特‧皮爾爵士也有相同的特點，要求不舉辦大規模而豪華的葬禮。其實他們的這些舉動並不是沒有對社會風尚產生一定的影響，並且，那些習慣於在一切事情上模仿他們的中間階層當然會因此而受益。同時，我們相信，在一部分民眾中，能夠最終避免我們提到的毫無意義的葬禮表演的勢頭在增長。我們只需要不斷重複並且堅決地表達這個公共觀點，來確保在這個方向上進行大幅度的有益的改革。

在美國，他們的民眾不舉行葬禮並且促使他人也不舉辦葬禮的社會組織已經建立。也許，只有靠許多人聯合起來的力量才能達到改革奢侈型喪葬儀式的目的，因為無論在哪裡，個人的力量是無力抗拒已經在大眾心裡形成的根深蒂固的偏見的。

第十二章
債務就像一把利刃

第十二章　債務就像一把利刃

生活中沒有算術將會怎樣，充滿恐懼嗎？你正走向布洛涅，債務之城，那裡的人們從來不懂得算術。

——　西尼·史密思

債務的遺毒是多麼深重啊！債務造成了謊言欺騙、卑鄙吝嗇、商業欺詐，還使人敗壞自尊、憂慮重重。債務還侵蝕人的坦誠，使人蒼老；債務就像一把刀，會刺傷誠實的心靈。

——　道格拉斯·吉羅德

根據我發明的最好理論，人類由兩個不同的種族組成：借錢的人與放貸的人。與這兩個最原始的特徵相比，哥特族與塞爾特族，白種人、黑人與棕色人種等諸如此類考慮欠周的分類，其特徵差異就要低得多。

——　查理斯·藍伯

人們不知道當他們陷入債務中時，他們已經為自己製造了許多麻煩。債務是怎麼產生的倒沒有什麼關係，但是債務就像掛在人們脖子上的磨刀石，時刻提醒著你危險就在眼前。是的，債務就像噩夢，它妨礙了多少家庭的幸福、破壞了多少家庭的安寧！

即使是那些有著固定巨額收入的人，如果他也處在債務的噩夢之中，而且這麼經過幾年的話，估計他也會感到吃不消的。既然債務帶給人們的這一切使人憂心忡忡，那麼一個人又能做些什麼呢？如何為了妻子、兒女的未來進行節儉的生活呢？但是一個陷於債務危機的人無力保證自己的生活，也就更無力保全他的房屋與財產了，他不可能在銀行存錢，也不可能購買房屋或不動產。他的所有淨收入只能用於清償債務。

即使那些擁有巨額財產的人，或者有很多地產的大貴族們在面臨巨額債務時也經常會感到意志消沉，他們的處境也有悲慘的時候。或者是他們

的前輩養成了比如好賭、賽馬或生活奢華等揮金如土的惡習，最終他們用不動產作抵押借入金錢，繼續揮霍無度，從此惡性循環債務纏身，直到死後他們的巨額債務也不會被一筆勾銷。因為我們的法律規定：繼承人繼承了不動產也就是繼承了債務。一個人如果能有一大筆不動產被繼承下來，看來真是一件很走運的事情，這是多少靠體力勞動的工人們做夢都不敢想的好事哩，但是請別高興得太早，因為你所繼承的債務往往要比到手的不動產的數額大得多。所以，現在英國的很大一部分土地其實都是別人抵押的財產或放貸人的財產。

負債總是令人憂慮的事情，但是，一個人的一生之中一次都沒負過債的估計也沒有幾個。據我所知，就連最偉大的人也曾債務纏身，就曾有人斷言「偉大與債務有著必然的關係」。偉大卻又債臺高築的人的確大有人在，其實，他們的姓名出現在很多書上，有一些是猜測他們是否已經清償債務的疑問性的文字，但是姓名列在書本上的負債人，他們引起了所有眼睛的關注。他的健康狀況常被詢問，他一去外國，就有人焦急地期盼他早點歸來。而那些沒有債務的人呢，他們穿過這世界時是無聲無息、默默無聞的。偉大的人才之所以會有巨額的債務，也許是因為他們的信用很好；偉大的國家也是如此，因為它受人尊敬、享有信譽。而那些無名小卒沒有債務，一些小國家也是如此，也許那就是因為沒有人相信他們的緣故了。

但是，債權人總是被描繪成面目醜陋、苛刻吝嗇的人，而債務人則是慷慨大方、隨時願意幫助和款待每一個人，他反倒成為獲得普遍人同情的對象了。當哥爾德斯密斯不斷被催討牛奶費，因交不起房租而被捕時，誰又曾想到牛奶女工與房東的可憐處境？債務纏身是哥爾德斯密斯這個人的主要特徵，我們卻把所有的同情都給了他。你聽聽，彭達戈路爾問巴盧奇：「如果沒有債務你幹什麼呢？沒有負債的話，上帝從一開始就站在我

第十二章 債務就像一把利刃

這邊！你認為在借款或為他人提供信用貸款中有什麼神聖的東西嗎？沒有！欠債是真正的英雄特質。」

然而無論債務獲得了多少讚美，毫無疑問它都會令人十分難堪。債務纏身的人為了生活被迫採用難堪的無奈之舉，他也會受到催債人和治安官的不斷糾纏。只有少數人能像謝里丹一樣應付自如，據說謝里丹把討債人請到馬房裡然後招待他們。而一般的債務人呢，他們隨著敲門聲的響起，臉色就會變得煞白。他的朋友變得冷漠，親人也疏遠他。出國是因為他感到羞愧，待在國內又感覺提心吊膽。漸漸地他變得暴躁不安、心情憂鬱、怒氣衝衝起來，於是他失去了生活中的一切歡樂。這時候，他當然會一心想要獲得比任何時候都至關重要的金錢，但是他唯一擁有的還只是債務。這更使他遭到猜疑、被人蔑視、受到冷落，他生活在絕望的沼澤之中。他也感到在他人和自己的眼裡都低人一等，他還必須服從無禮的要求，於是他不再是自己的主人了，他已失去了身為一個人的自主性。他會乞求人們的憐憫，懇求延緩還債的時間。當一位嚴酷的律師指控他時，他突然之間就感覺已落入債務之魔的手掌。他乞求友人與親人，但得到的只是蔑視或冷漠的拒絕。沒有更好的辦法了，他只能再次去乞求債權人，但即使成功了，他也只是從一個火坑跌到另一個火坑而已。我們很容易就可以看出最後的結局是什麼了，因為他無恥地躲避或者挖空心思不斷地找出任何藉口，或許還會在監獄和囚犯工廠度過他的餘生。

一個人能夠不負債嗎？有沒有可能避免因債務引起的墮落呢？在確保自己獨立自尊的同時，就不能清償債務嗎？要做到這些只有一種方法，那就是「用之有度」，但是不幸的是，在現代人們做到這一點都太少了。我們舉債時，總會過於相信自己未來的還債能力。我們也都無力抵抗揮霍金

錢的誘惑，有人想擁有高檔精美的傢俱，想住在租金極高的公寓裡，很想品嘗美酒，打算包下歌劇院的單間……所有這些聽起來都很不錯，但是如果你無力支付就不要沉溺於此。

一個人不應該以入不敷出的方式來生活，也不應該為了今天的奢侈生活而花掉下週或下一年度的收入。整個債務制度本身就是一種錯誤，透過債務我們可以預見未來。債權人與債務人同樣應受到譴責，前者提供貸款並鼓勵客戶貸款，後者獲得貸款。一個人如果避免借債，就能掌握自己的確切狀況。他的支出以收入為限，恰當地分配他的收入，並留有積蓄以備不時之需。這樣一來，他總是能做到收支平衡的，甚至還能有多餘。

但是一旦他的帳單開始不斷增加 —— 一張是裁縫的，一張是服裝商人的，另一張是屠夫的，還有一張是雜貨商的，等等。於是，他逐漸債務累累起來了，而這個過程是那樣的不知不覺，他渾然不覺仍然還是春風得意的樣子，進到家裡的物品好像不用付錢，但是這一切其實都記在賬上，年末要款的帳單一到，他只能無奈地感到沮喪。他這才發現，「偷吃的蜂蜜很甜，被蜜蜂叮的滋味更苦」。

當然窮人也會負債。幾年前，國會為了幫助小商販和貧民籌錢應急之用，透過了一項建立小額貸款機構的法律，他們為普通工人提供了舉債和抵押未來收入的貸款條件，但這項法律馬上就成為一部分人貪婪地攫取金錢的手段，有一些貪婪的人竟然還組成了貸款俱樂部，公開提供利息為5%的貸款，按週分期償還。這正好也給急於用錢的勞動人民帶來了福音。不過，有人需要錢是為了「一次狂歡」，另一個人需要錢是打算購買一套服裝，還有一個人是為了買一臺鐘，等等。與先前的儲蓄相比，他們寧願從俱樂部借錢，寧願在清償債務之前就陷於困境與貧窮。這種借錢的

第十二章　債務就像一把利刃

活法還不如賺一個花一個呢，至少那畢竟是靠自己的勞動在生活。

　　很容易看出貸款俱樂部的合夥人是使用什麼手段又怎樣弄錢的。假設他們貸出了 10 英鎊，為期 3 個月，利率是 5%。按週分期償還就是從貸款第一週開始支付，每週支付 10 先令。雖然 10 先令是按週償還，但 5% 的利息是以貸款總額做基數的。這樣，名義上利率是 5%，但實際利率卻在不斷增加，到最後一週，實際利率竟達到 100%！這就是所謂「養雞吃蛋」了吧。

　　有才幹的人相對來說更容易借債。能幹與節儉或自我克制並沒有必然關係，能幹也不會對刻薄的利息的一般算術法產生任何影響，能幹的人也經常不顧培根所謂的「商業智慧」。然而培根並沒有聽從自己的忠告，最終他也算是因為奢侈而走向了毀滅。培根的青年時代經濟就很困難，當他成年時，他陷入了更大的經濟困境，但是他的生活非常奢華，他的過度開銷完全吞噬了他的收入，使他債務纏身。有一天，培根走出去到了客廳，債權人正在那裡等他，他說：「坐著，我的先生們，你們的起身就是我的倒下。」更不幸的是，為了支付他的那些債務，他接受了賄賂。就這樣，培根被他的對手擊敗了，被判有罪，給予免職並宣布破產。

　　即使那些在宏觀財政金融方面有著卓越才能的人在他們私人經濟事務的管理方面也可能是完全失敗的。皮特在史無前例的困難時期管理著國家的財政，他自己卻總是債務累累。應皮特先生的請求，以前的銀行家卡靈頓勳爵有一兩次去看過他家的帳戶。他發現帳單上屠夫的肉一星期要一擔，傭人薪水、伙食費、日常開支加上家庭帳單的費用一年竟然超過 2,300 英鎊。在皮特逝世的時候，國家拿出了 4 萬英鎊來為他清償債務，但他的收入每年都從不低於 6,000 英鎊！與此同時，五港同盟監督官一職一年可以為他帶來接近 4,000 英鎊的收入。最後還是麥考利說出了真相：

「皮特有伯裡克利與德威特的公正無私，如果他能有他們那樣的儉樸的話，那麼他的地位一定會更高。」

　　皮特並不是絕無僅有的例子。梅爾維爾勳爵管理私人事務時就像他管理公共錢財一樣揮霍無度。福克斯是一位大債主，他的經濟座右銘是「如果一個人願意償還足夠多的錢，他自己就不必要有錢」。福克斯把阿馬克家的大廳稱為「耶路撒冷大廳」，在那裡他不時地從猶太放貸商人手裡以很高的利息借款，但是好賭是他最大的惡習，在他還很年輕的時候，賭博曾經就使他欠了一屁股的債。據吉本說，有一次福克斯連續賭了 20 個小時，輸掉了 11,000 英鎊。

　　謝里丹是一位負債英雄，他靠負債而生活，雖然他有一些生意可得到大筆收入，卻從沒有人知道他的錢都到哪裡去了，因為他並沒有向誰還錢。反正錢到了他手裡就像夏天的雪花一樣會立即消失得無影無蹤。他把第一個妻子的 1,600 英鎊財富花在了一次赴珀斯的為期 6 週的長途旅行上。好在到後來，貧窮使他開始寫作，我們或許要把《情敵》以及後來的劇本都歸功於貧窮對他的激勵呢。第二個妻子使他獲得了 5,000 英鎊的財富。帶著這 5,000 英鎊加上賣掉居利藍公司股票所得的 15,000 英鎊，他在薩里購置了一塊地產，而這又使他負債累累。他的餘生變幻莫測，有時候光彩照人，但更多的時候是處境艱難，他不得不不停地舉債又不斷地躲避債權人。歌劇院的泰勒先生經常說：在大街上遇到謝裡丹，如果只是脫帽致意，這將花掉他 50 英鎊；如果停下來說話，這將花掉他 100 英鎊。

　　據說有一次，謝里丹的一位債權人騎著馬來要債。「真是一匹漂亮的好馬！」謝里丹說。「你也這麼認為？」「是啊，跑起來怎麼樣？」債主得意揚揚地告訴他應該親眼看一下，接著立刻騎著馬全速奔跑起來。利用這

第十二章　債務就像一把利刃

個機會，謝里丹匆匆地躲到最近的角落裡去了。每天早晨很多債主都會來找他，想在他出門之前找到他。他們會在房間的走道兩邊等著。當謝裡丹吃早飯時，他會下樓，然後問：「門都關上了嗎，約翰？」在確信大門都關上後，他就小心翼翼地從中間溜了出去。他到處欠債：欠牛奶工錢、欠雜貨商錢、欠麵包師錢、欠屠夫錢。有時謝里丹夫人要等上至少一個小時，為的是傭人磨破嘴皮從鄰居家裡借來咖啡、黃油、雞蛋和一些錢。謝里丹在擔任海軍會計長的時候，有一天，一個屠夫把一腿羊肉送到了廚房。廚師拿起羊肉就放在鍋裡煮，然後到樓下要錢，但是沒有要來。屠夫面無表情地拿掉鍋蓋，取出羊肉，帶了就走。（海頓《自傳》）然而即使生活如此窘迫，當有人邀請帶他去農村旅行時，謝里丹總要雇用兩輛兩輪馬車，他坐一輛，兒子湯姆坐後面那一輛。

　　這一切的結局是非常悲慘的。在他去世前幾週，他們家就連賴以為生的食物都很缺乏了。這時候他的那些貴族朋友徹底地拋棄了他，債務人終於上訴了法庭要求強制執行，他生命中的最後幾天是在治安官的監管下度過的。他之所以沒有被轉移到監獄，僅僅是因為他們相信轉移會引起他的立即死亡。（《S. 羅米利爵士的生活回憶錄》）

　　還有拉茲樞機的主教，他為了償債把自己一切可以賣的東西都賣掉了，但時他還是不能恢復自由。因為他甚至寧願在維塞尼斯城堡中被監禁也不願忍受見到債權人的尷尬難堪。米拉波的一生也都是在債務中度過的，因為他養成了致命的揮霍無度的習慣。他父母能使他擺脫困境的唯一方式就是弄來一份逮捕令，然後把他安全地禁閉起來。雖然米拉波曾經執掌國家的權力，他去世的時候卻是那麼的悲慘，或者說他曾是那麼的揮霍無度，以至於到他死時都還一直欠著裁縫幫他製作結婚禮服的錢呢。

作家拉馬丁曾經一生 6 次巨富，最後他卻要接受募捐。拉馬丁公開宣稱他厭惡算術，他說，算術「使每一種高貴的思想都失去了光輝」。這樣他就被迫過著一種東躲西藏的生活。單單《文學普及教程》一年就為他帶來 20 萬法朗的收入，但這些錢到他手裡轉眼間就沒了。他的負債據說高達 300 萬法郎，但他仍然追求奢華。拉馬丁的一位狂熱的崇拜者有一天去魚販子那裡想買一條比目魚，但價格對他來說實在是太貴了。這時，一位一看就是大人物的人進來了，在比目魚前停了一會兒，也沒有問價錢，就訂了下來，要求送到家裡。這個人就是 M. 德·拉馬丁。

美國政治家韋伯斯特因為錢袋空空而苦惱，這既是由於他的不善理財，又是由於他生活奢華。我們相信韋伯斯特（希歐多爾維克）像培根一樣接受了賄賂：「他債務累累，不能自拔，也不再能借到錢。只有自己的錢才會對他忠心耿耿……身為美國的一位參議員，他要接受波士頓實業家的救濟。他後來的演說就充滿了受賄的味道。」門羅與傑弗遜雖然品格誠實，但他們也很缺錢，也經常負債。

今天公眾人物的生活方式經常引起過度消費。他們也許屬於中產階層，甚至很貧窮，但在公開場合，他們恐怕沒有道德勇氣讓人看出這一點來。為了維持社會地位，他們認為像其他人那樣做是很有必要的。這樣他們就捲入了債務的旋渦，以及由債務帶來的一切煩惱、痛苦、變幻無常與不誠實之中。

大多數時候，科學家沒有必要在社會上拋頭露面，因此他們當中負債人的例子相對很少。很多科學家很貧窮，但他們的支出總是以收入為限。開普勒的一生是與貧窮和債務鬥爭的一生。這主要與他的收入有關，身為德意志國王的首席數學家竟然總是要生活在債務之中。為了謀生他被迫

第十二章　債務就像一把利刃

賣掉了《基督誕生圖》，他曾寫道：「我靠在國庫門口乞討來維持生活。」去世的時候，他手裡只剩下了 22 個卡洛林、兩件襯衣、幾本書和一堆手稿。而萊布尼茲在逝世的時候只是留下了一堆債務，不過主要也許還有這樣一個原因：他是哲學家，同時也是政治家，他要經常拜會外國的法官，他的身份，禮節要與一個偉大的社會相稱才行。

斯賓諾莎也很貧窮，然而由於他為眼鏡商磨眼鏡的工作可以為他提供足夠的收入，他並沒有舉債度日。他拒絕接受教授職位，也不願接受津貼，無論生與死他都選擇獨立的方式。道爾頓呢，他則是一個鄙視金錢的人。曼徹斯特一位與他同住一城的人曾提出為他供應生活所需，他可以用餘生來從事科學研究，但他推辭了。他說過，如果教職成為一種消遣，而他又更富裕，他大概不會像以前那樣花那麼多時間用於研究了。法拉第的故事是另外一個例子：他只有中等財富卻享有高貴的自立。拉格朗日總是把他的名望與幸福歸功於他父母的貧窮。他父母是圖林的一位皇家天文學家。拉格朗日說：「如果我很富有，我就不會成為一位數學家。」

與科學相關的最偉大的債務人要數約翰·韓特爾，他花掉了所有的財富 —— 都是他自己賺來的 —— 累積了燦爛輝煌的收藏品，今天被稱為韓特爾博物館。能用金錢買到的一切收藏品都到了韓特爾手裡，他還請木匠和磚瓦匠精心建造了陳列館。雖然在他死後他的家人生活窘迫，但賣給國家的收藏品價值 15,000 英鎊，這就能清償他的債務，同時使他留名百世。

偉大的藝術家幾乎都是經過奮鬥由貧窮走向輝煌，而有的一輩子都一貧如洗，但這主要是因為他們不思節儉。瓊·斯滕總是貧困交加，主要是由於他極好喝自釀的啤酒，因為他先後做過釀酒商和酒店老闆。他時而喝酒時而作畫，有時還把親眼目睹過的喝酒場面搬到畫布上，有時他甚至完

全是醉醺醺地作畫。他在債務累累中死去，不過在他死後他的作品卻價值攀升，而今天這些作品已是價值連城了。

　　雖然凡·戴克收入不高，但他的生活方式講究奢華，費用高昂，這使他陷入重重債務之中。為了挽救他的財產，他一度研究煉金術，希望能找到點金石。在他生命的盡頭，他又恢復了自己的地位，並給他的妻子留下了一筆足以讓她過上舒適生活的財產。倫勃朗是因為嗜好藝術才負債累累的。他是一個繪畫、武器與古董的貪婪收藏者，以致處境艱難，最後被宣告破產。他的財產受法律監管達 13 年，直到他去世。

　　偉大的義大利藝術家大部分都是溫和而有節制的人，能夠用之有度。海頓在《自傳》中說：「拉法葉、邁克爾·安傑洛、宙克西斯、阿佩萊斯、魯賓斯、雷諾茲、泰坦，他們都過著富有而幸福的生活。為什麼呢？因為他們把生活的儉樸和事業上的天才結合了起來。」而海頓本身卻是一個反例。他與經濟困難和債務做了漫長的鬥爭。他剛從一筆債務中脫身出來馬上就會捲入另一筆債務。他創作《虛偽的選舉》是在最高法院的監獄，是因債務問題才遭監禁的。他日記的開頭有點不可思議：「我從油商韋伯那裡借了 10 英鎊，他是我以前的學生，是 24 年前喬治·博蒙特推薦給我的。不過他很聰明，學畫之後竟開了一家黃油商店，還能在必要的時候給他以前的老師送來 10 英鎊。」海頓的《自傳》充滿了與律師、治安官員之間的爭吵。債權人對他窮追不捨。他在《自傳》中寫道：「《拉撒路的頭像》就是在一次逮捕之後創作的；創作《埃克爾斯》時剛從一個人的手中逃脫出來；《色諾芬美麗的面容》是下午創作的，而那天早晨還在乞求律師的憐憫；《卡珊多拉》的頭是在難以言表的痛苦中完成的，而在畫完手之前有個經紀人又來糾纏不清，要我交稅。」（海頓《自傳》）

第十二章　債務就像一把利刃

　　柯珀經常說他還沒有見過一個節儉的詩人，這當然包括他自己。即使在那平靜的退休生活中，他也總要躲避員警的追究。他曾寫道：「借助於良好的管理和對經濟事務的明確了解，我努力做到了在 3 個月裡只花掉 12 個月的收入。」儘管有很多詩人非常奢侈，但我們必須提到莎士比亞，他是所有作家中最傑出的，他卻生活節儉。他經濟節儉地使用收入，使家庭生活舒適。然而他的同時代人很多都債務纏身。本‧詹森經常很難堪，因為他總是一貧如洗，有一次他竟然從亨斯洛那裡借 20 個先令，但他極少否認會在盂麥德歡度良宵。馬辛傑經常淪落到酒店的帳單都付不起的地步。

　　格林、皮爾與馬婁生活荒淫，死於貧困。馬婁在一次酗酒鬥毆中被殺。在病床上，格林因染上由於過度放縱而引起的重病即將離開人世時，他念念不忘 10 英鎊，因為他還欠曾為他提供住所的一個鞋匠的 10 英鎊呢。他警告他的朋友皮爾要改過自新，但皮爾也像他一樣，在困境與債務中死去。他最後的信中有一封是寫給伯利哀求救濟的。他說：「長期患病使我身體虛弱，也除卻了害羞，變得厚顏。」斯賓塞去世時很孤獨，財物盡失。本‧詹森提到他時說：「他住在國王大街，死於沒有麵包，但是他還是拒絕了埃塞斯的莊園主送來的 20 個麵包。」本‧詹森又加了一句：「他很遺憾已經沒有時間來享用這些麵包了。」

　　在此之後的詩人與文學家中，彌爾頓去世時儘管沒有負債，但也並不光彩。洛夫萊斯死在地下室裡。《休迪布拉斯》的作者馬特勒在玫瑰胡同因饑餓而死，而在同一個地方德萊頓曾遭到雇傭惡漢的毒打。奧特曾被負責債務的官員追到塔山的最後一處藏匿之地。他生前的最後一個行動是向一位紳士乞討 1 個先令，那個人給了他一個堅尼，然後他買了一塊麵包，狼吞虎嚥地吃掉了。威徹利因負債而坐牢 7 年，但他幾乎活到了 80 歲。

菲爾丁早年生活的奢侈與荒淫使他陷入困境，而他一生都無力自拔，他死於貧困，妻子、兒女被遺棄在國外。

　　薩維奇一年可以領到 50 英鎊的津貼，而他只能花幾天時間。當時流行穿帶金色飾帶的紅色大衣。有一天詹森碰到他，他剛領完津貼，穿著那種最時髦的外衣，而赤裸的腳趾竟然還露在鞋子外面。度過了荒淫而不負責任的一生之後，他死在監獄裡，當時他因負債而被判監禁 6 個月。在總結薩維奇的一生時，詹森說：「不應該是這樣。應當提醒那些自認為才智過人、鄙視一般生活準則的人，沒有什麼能與節儉相提並論；長期生活的不檢點與胡作非為會使知識一文不值、智慧受人嘲諷、天才遭到鄙視。」斯特恩去世時一貧如洗，但沒有欠債。在他去世時，他的妻子、女兒得到了捐助。邱吉爾因負債遭監禁，這是由於他的放縱與揮霍的結果。柯珀概括他自己的一生是這樣說的：「既浪費了金錢又浪費了才智。」查特頓淪落到食不果腹、衣不遮體的地步，80 歲時他在絕望中服毒自殺。理查·斯梯爾爵士極少不負債。在性情與品格的很多方面他都像謝裡丹。他善於思考，總能掌握良好的機遇為自己創造財富。他也從來沒有擺脫過要債人與治安官的糾纏；然而只要他能借到錢就從來不會在奢侈活動方面有所節制。當被任命為郵票委員會官員，有中等收入的時候，他添置了一輛兩匹馬拉的馬車，有時竟用四匹馬；他還有兩處住宅，一處在倫敦；另一處在漢普頓。以這種方式生活，他的收入無論如何都不夠，很快就陷入了比以前更嚴重的債務危機。他再次被律師扣留，被鎖在安置那些流浪漢的地方。他的房屋受法律監管，傢俱都被變賣，但是樂觀的斯梯爾依然心裡平靜、性情溫和。在他的想像中，某種偉大的東西總是正在出現。他最偉大的計畫之一是在倫敦市場上賣鮮魚，他對妻子說：「這樣，你就會比英格蘭的任何一個女人都生活得要好。」但是這種好日子從來就沒有在理查爵

第十二章　債務就像一把利刃

士那裡出現，他最後死於妻子在威爾士擁有的小房子裡。

哥爾德·斯密斯是又一位逍遙自在的債務人。他在負債的汪洋大海裡漂浮，剛償還一筆，又捲入另一筆，而且越陷越深。他做家庭私人教師賺了第一筆錢，這是他全部的財產，用來買了一匹馬。他的親人為他提供了50英鎊，讓他去內殿法學院學法律，但他還沒走過都柏林，就花掉了或賭掉了所有的錢。然後他去愛丁堡學醫學，因為給一位朋友做擔保人，最後被迫匆匆逃離。此後他開始了歐洲之行，但是那可不是愜意的旅行，因為他口袋裡沒有一分錢，只有他的笛子伴隨著他，有了笛子他就可以沿路賣藝乞討了。當回到英國時，他仍是一貧如洗。他後來自己總是說，「幾乎在歐洲的每一個國家他都有債務。」（福斯特《哥爾德斯密斯的一生》）

當哥爾德斯密斯甚至在開始自立賺錢後，依舊債務累累。他一手進一手出。他被人三番五次催討牛奶費，他因不交房租而被捕，也受到律師的威脅，但他從未領悟節儉的智慧。就在他的《維克菲爾德的牧師》第二版發行的那個月，他開出的在紐伯里支取15個堅尼的票據遭拒付而退回。當他在老證券大街參加鮑斯韋爾的宴會時，他穿著緞子面料的上衣和帶花紋的真絲褲子，他衣服的真正所有權是裁縫的，他到死都沒有付錢呢。

經濟繁榮是加重了而不是減輕了他的經濟困難，他的錢越多，他的生活開支就越欠考慮、越揮霍無度。他無法拒絕任何享受，對自己或對別人。他竟會送1個堅尼來施捨給乞丐。他可以從身上脫掉衣服，從床上拿掉毯子，反正他就是不能拒絕任何人。為了彌補過度的開支，他曾透過允諾寫書拿到過錢，但他從來就沒有寫。他從來沒有考慮過明天，把抵押過無數次的房地產再次抵押出去。這樣，他去世的時候就像剛開始時一樣，一貧如洗、窘迫難堪、負債累累。他死的時候負債超過200英鎊。約翰

說：「在以前一個詩人會這樣被相信嗎？」

以上所引用的哥爾德斯密斯與其他人的例子是這個世界粗暴地對待天才人物的證明，同時也證明了文學家與藝術家在應付社會生活上的無能。有人堅持認為社會應該更寬容他們的天才，政府應該為他們做更多的事情，但是如果他們自己不做其他人或更普通的人所做的那樣表現自尊和做到一般的節儉，那麼社會或政府好像也不能為他們做什麼。我們或許會同情哥爾德斯密斯，但必須看到哥爾德斯密斯自始至終真正的敵人是他自身。他收入頗豐，在 14 年中賺得 8,000 英鎊，如果在今天，錢的數目還要大得多。《關於地球與富有生機的自然界的歷史》使他賺了 850 英鎊。而這本書充其量最多只能算富有技巧的東拼西湊。詹森提到他時說：「如果他能區分一匹馬和一頭牛，那就是他動物學知識的水準。」《性情溫和的男人》一書的出版為他賺了 500 英鎊，他的其他作品也大體如此。他像詹森一樣成功，但他缺乏詹森的簡樸、自我克制與自尊。

然而哥爾德斯密斯在其思想深處也懂得正確的生活道路，但他缺乏那樣做的勇氣。在給兄弟亨利寫信談到他侄兒的前途時，他這樣寫：「要教育你的孩子，我親愛的兄弟，要做到節儉與樸素，要讓他看到他那可憐的叔叔墮落的例子。在我從經驗中獲得節儉的教義之前，我讀了很多大談慷慨無私的書籍。我形成了哲人的習慣與思維，而自己也走上了一條有害的道路。就這樣，加上經濟拮据又過分慷慨，我忘掉了公正的法則，而自己淪落到了那種對施捨感恩戴德的人的悲慘境地。」

拜倫債務纏身時幾乎還沒有成年。在 20 多歲寫給貝克爾先生的信中，他說：「唉，我該死的糟糕境況每況愈下！在我 21 歲之前，我的所有債務就達到 9,000 英鎊或 10,000 英鎊。」在他成年之時，在紐斯蒂德舉行

第十二章　債務就像一把利刃

了盛大宴會，錢是從高利貸商人那裡借來的。他的經濟困境不僅沒有減輕，反而與日俱增。據說他的母親去世的時候還因為看到了裝潢商人的帳單而憤怒。(莫爾《拜倫的一生》)當他的《恰爾德‧哈羅爾德》第一篇出版的時候，拜倫把版權贈送給了達拉斯先生，並宣布他決不想從寫作中賺到一分錢，但是後來這一決定終於被他明智地改變了，但這一時期文學上的收入並不能減輕他沉重的債務負擔，他依舊步履維艱。紐斯帝德也被賣掉了，而債務依然在增加。他結婚了，大概是希望妻子的財產能緩解他的壓力，但他妻子的錢分文不動。這樣，結婚不僅沒有減輕他的負擔，反而使生活更加貧困。每個人都懂得結合的苦果，境況因債主與治安官的追究而進一步惡化。

拜倫幾乎被迫賣掉著作的版權，但他的出版商阻止他這樣做，還給了他一筆錢以應付目前的危機。在他結婚的第一年，他的房子 9 次為負責債務的官員所占有，幾乎每天都要被要債人擠破門檻，只是由於他的地位所享有的特權才免於監禁。對於多愁善感的拜倫來說，所有這一切都意味著痛苦與不安。緊接著，妻子離他而去，這幾乎把他推到了瘋狂的邊緣。雖然他沒有從他的第一首詩中要一分錢，但後來拜倫改變了看法，甚至學會了與出版商進行精彩而艱難的談判：

「對於這篇新詩(《恰爾德‧哈羅爾德》第四篇)你只出價 1,500 堅尼，我不能接受。我要求 2,500 堅尼，你可以考慮一下。或者要，或者不要……尤斯塔斯論教育的文章要了 2,000 堅尼，莫爾先生的《拉拉‧魯克》要了 3,000 堅尼，坎貝爾的散文和詩要價 3,000 堅尼。當然我無意詆毀這些先生或者他們的勞動成果，但是我必須要為自己要一個合適的價格。」但在拜倫的傳記中，莫爾並沒有提到拜倫在去世之前是否已從難以忍受的

債務旋渦中擺脫出來。

　　人們在承受債務時，態度上有巨大的差別。有的人好像沒有負擔，輕鬆自在，而有的人卻會感覺有些壓力，更有大多數的人會感到苦難深重。因為債權人是壓迫者，而自己則是被壓迫者。在這個時候，一個人的道德感往往會顯得更為強烈，他用了別人的東西而並沒有支付相應的錢，他們穿著沒有付錢的衣服，吃著沒有付錢的肉，喝著沒有付錢的酒，用屠夫、雜貨商、酒商和菜販的東西來招待客人。他們必定會認知到自己行為的本質是什麼，這不僅是寒酸，而且是不正直，這種心理的負擔必定會非常沉重。

　　不過應付自如的負債人的比例還是相當高的。比如負債累累的雪菲勒斯·西伯曾向人乞討一堅尼的麵包，然後用作鳥食。富特的母親曾給他寫信：「親愛的山姆，我因債務而入獄，快來幫你親愛的媽媽。」富特回信道：「親愛的媽媽，我的處境和你一樣，這使得你心愛的兒子無法為他親愛的母親履行清償債務的職責。」前面說到過的斯梯爾與謝裡丹都是把債務視為稀鬆平常的事情的人物。招待客人的時候，他們就把執行公務的債務官員請到馬房裡，讓他們在桌邊等，又像對待僕人那樣打發掉。沒有什麼能擾亂斯梯爾內心的寧靜。當他因債務被迫從倫敦出走後，他又把慷慨大方帶到了鄉村，給農村遊娛活動和鄉村舞蹈活動中的小夥子和小姑娘們分發獎金。謝裡丹也沒有看重債務，並且拿債務開了不少玩笑。有人問他為什麼他的名字不是「O」打頭的，他說他敢肯定沒有一個家族更有資格這樣做，「因為，事實上我們欠（Owe，O打頭）每一個人一筆錢」。有一張帳單因為多次拿進拿出而顯得有些汙損、破碎，債權人為此向他表示歉意，謝里丹對他說：「身為一個朋友，我真誠地奉勸你，拿回家去，把它寫在羊皮紙上。」這樣的故事的確會讓人忍俊不禁、哭笑不得。

第十二章　債務就像一把利刃

　　可憐的伯彭斯的態度則截然不同。他因為一套志願者的制服欠人 7 英鎊 4 先令，他無力償還，而這幾乎使他發瘋。他把出版的歌曲集子送給朋友湯姆遜，懇求他能借 5 英鎊，並再三向他保證歌曲集子的充分價值。他說：「畢竟自立之心使我備受自責，但現實迫使我向你懇求要 5 個英鎊，服裝店的一個兇狠的無賴在糾纏我，我欠他一個帳單，而落到他手裡我就死定了。他肯定會把我投入監獄的，看在上帝的份兒上，那筆錢務必由下班郵件寄給我。請原諒我急切的心情，但監禁的恐懼幾乎使我發瘋。我不會沒有任何回報地得到這筆錢。等我一旦恢復健康，我就會為你提供價值 5 英鎊的最完善的歌曲集子，這你已經看到了。」這封伯恩斯寫給湯姆遜的信是在 1796 年 7 月 12 日寫的，不過不幸的伯恩斯就在同月的 21 日死去了。他創作的最後一首詩是《愛之歌》，其收入作為清償這次借款的一部分，而這離他的去世只有短短的幾天時間了。

　　西尼·斯密在早年與貧窮進行了艱苦的鬥爭。他過著貧窮的生活，但是他有著淵博的知識，還有個龐大的家庭。他女兒說債務給他帶來了很多個不眠之夜。帳單一張又一張地送進來，他仔細核對並逐張支付，他感覺到債務彷彿就壓在他頭頂上，他每天都被不安與恐懼折磨著。他女兒見父親有天晚上把頭埋在兩手之間，並且大叫著：「啊！我將在監獄裡度過我的晚年！」（何蘭德女士《西尼·斯密回憶錄》）但他在重負之下勇敢地承受了下來，以輕鬆的心情工作，在微薄的收入之外透過給《愛丁堡》撰稿勉強維持生活，直到最後獲得晉升，他從自己的忍耐力、勤勞和自立中獲得了最終的回報。

　　笛福的一生處在與經濟困難的債務的長期鬥爭中。他總是捲入爭吵，而大多數的時候都是他挑起的爭端。從青年時代開始，他就是一個激烈的小冊子作者，從此一發而不可收拾。他先後做過蒙茅斯公爵的士兵、制瓦

工人、策劃人、詩人、政治代理人、小說家、散文家和歷史學家。他的經歷真是夠豐富多彩的，不過除此之外他對牢籠似乎也不會太陌生，因為他有大量時間都是在監獄裡度過的。當他的對手指責他唯利是圖時，他令人同情地表明「為了追求安寧，他是如何捲入大量爭吵的」；「他是如何因為別人的負債而被起訴，如何受到大眾輿論的嚴厲譴責，但他只應該對自己的所作所為負責」；「有著龐大的家庭，除了自己的勤勞之外是那麼的無助，在這種情況下，他是如何不得不走上這條路，希望透過勤勞能走出債務與不幸的旋渦」；以及「在監獄、在療養院、在所有極端艱難的條件下，沒有任何朋友或者親人的援助，他是如何支撐起自己，勇敢地走下去的」。可以肯定地說，沒有人像不屈不撓的笛福那樣在生命中經歷了那樣的困苦與抗爭。然而他所有文學上的成就儘管量很大，卻也不足以使他清償所有的債務，因為有人相信他至死都沒有清償全部債務。（喬治‧查爾密斯《笛福的一生。》）

　　從個人角度看，身為作家的肖塞幾乎與笛福一樣艱難，但他的生活更像是一位學者，而不是一個好戰的辯論家。雖然他也曾經歷過債務，但債務從來沒有成為他的主人、支配過他的生活。在他職業生涯的早期，他就決心「不借那些自己無力償還的款項」。他不僅自己能做到這一點，還慷慨地幫助他的朋友，據說有一段時間他還資助了他的姐夫柯勒律治與拉弗爾的家庭。儘管生活很拮据，但嚴格限制自己不從事超出實際收入的享受活動就能做到這一點。如果肖塞不是這樣富有勇敢與堅韌的精神，那麼生活的重擔就會把他拖垮，但他還在不斷地努力、研究、寫作，賺足夠的錢來為自己和那些依靠他的人提供生活所需。沒有牢騷，沒有抱怨，他堅定地走著那條艱苦卓絕的道路。他不僅慷慨地幫助他的親人，還幫助危難中的老同學。有一段時間柯勒律治墮落到吸食鴉片的地步，他就把柯勒律治

第十二章　債務就像一把利刃

　　的妻子與家人接到了自己家裡。為了應付生活，肖塞強迫自己從事大量的超負荷勞動，在百忙之中他也隨時準備著給那些尋求他幫助的年輕人提出忠告。他鼓勵過科克·懷特、赫伯特·納歐勒斯和達塞特，這些人都是才華橫溢的人。他不僅給他們忠告和鼓勵，還有金錢上的幫助，他的定期資助使查特頓的妹妹從極度貧困中解脫了出來。正是這樣的行為使他自始至終高尚無私地在文學的執著追求中發現幸福與樂趣。

　　瓦爾特·司各特爵士一生最感人的事情，是康斯坦博出版公司倒閉使他背上巨額債務後他的生活態度。他曾經修建阿伯茲弗德城堡，成了一位地主，他還是當地的一個治安官，自認為很富有，但突然之間康斯坦博公司倒閉了，他發現自己的負債竟然超過 10 萬英鎊。當聽到這個不幸的消息時，他說：「很難想像一夜之間失去了一生的勞動成果，而最後我又成為一個窮人，但如果上帝還能賜予我幾年的健康與體力，我深信我能夠挽回這一切。」每個人都認為他已經徹底破產了，他自己也幾乎這麼認為，但他還沒有失去勇氣。當債權人提議償還部分債款時，榮譽感阻止他採納那樣的建議。他說：「不，先生們。只要給我時間，我能挽回一切。」他決定，如果能夠做到就要還清最後一分錢。他說到做到，他也竭盡全力去做了，但這件事最終還是奪去了他的生命。

　　在他臨去世之前也一直在努力著，他把房地產與傢俱分開，把他的個人財產交給債權人做信用抵押，他規定自己每年清償一定的債務。他著手創作新的文學作品，其中有一些具有極高的文學價值。所有這些作品的完成使他清償了大部分的債務，但對他聲望的提高幫助不大。他最初的任務之一就是撰寫 9 卷本的《拿破崙·波拿巴傳》，他幾乎是在痛苦、憂鬱與絕望中寫作，耗時 13 個月，給他帶來的收入是 14,000 英鎊。雖然受到身體

癱瘓的沉重打擊，但他繼續寫作，一直持續了 4 年直到他還清了所欠債務的三分之二。拋開是否負債的問題，單單這項成就無人能夠超越他。

在司各特生命的最後幾年，他身體癱瘓，很少拿得動筆。這種情況下他所作的犧牲與努力足以證明司各特是一位真正的英雄。直到最後時刻他都以一種不可征服的精神默默地承受著一切。當醫生勸告他不要從事過度的腦力勞動時，他說：「如果空閒無聊，我就會發瘋。與這一點相比，死和威脅就算不了什麼。」就在去世前不久，他坐在阿伯茲弗德城堡前草坪的椅子上打瞌睡，他突然站起來，掀掉他身上蓋的毛毯，大叫：「這是多麼難以忍受的無聊啊！把我弄到房間裡去，把我書桌的鑰匙拿來。」人們用車把他弄到了書房，把筆和紙放在他面前，但是他拿不動筆，也不能寫字，這時候司各特的臉上已經是老淚縱橫了。他的意志是不可戰勝的，但他的體力已經消耗殆盡了。最後他死了，就像一個孩子一樣睡著了。

司各特感覺到了，每一個有頭腦的人也都會感覺到，跟負債相比，貧窮的壓力要輕得多。貧窮並沒有什麼不光彩，相反它甚至還可能成為造就偉大精神的一種自我激勵。讓·保羅就說過：「在金山與寶座之下不知埋沒了多少思想的巨人。」裡希特爾甚至堅持認為「貧窮無比可貴，在生命中最好不要來得太晚」。無疑，司各特的負擔實在是太沉重了，而且因為當時他也已經進入老年了。

莎士比亞的名字人們眾所周知，不過他最初也是一個窮人來著。卡萊爾說：「這是一個問題，埃文河畔的斯特拉福地區如果不是那樣的困苦與貧窮的話，莎士比亞還會不會去做宰殺牛犢、清理羊毛這樣的事？」同樣，我們也大概也可以把彌爾頓和加登的那些著作的成功歸因於他們微薄的收入。

第十二章　債務就像一把利刃

　　詹森是一個非常貧窮的人，卻又是非常勇敢的人。他從不理會財富這個東西，但是他的思想總是超越他的財富，也可以說，正是思想使人變得富有或者貧窮、幸福或者悲苦，但詹森那有些粗魯直率的外表會掩蓋他那充滿人性的高貴品格。他很早就經歷了貧困與債務，他也希望能從中解脫。在上大學的時候，他的腳經常從鞋裡露出來，但他竟窮得買不起一雙新鞋。他學識廣博，卻身無分文。想要知道他在倫敦的最初幾年是如何在困苦與貧窮中掙扎的，我們可以讀讀他的《生活》一書：他一天的食宿費只有 4 個半便士，由於太窮付不起一張床位的錢，他就和薩維奇一起整個夜晚都在大街上流浪。

　　我們還可以在鮑斯威爾所著的《詹森的一生》中看到他更多的故事。「他說一個人可以每週花 18 便士住在某個閣樓上。極少有人問他住哪裡，如果有人問他了，他也很容易地回答說：『先生，你可以在這個地方找到我。』他每天與一群很好的朋友花 3 便士在咖啡屋一待就是幾個小時。他午飯吃 6 便士，早飯是牛奶麵包只花 1 便士，他不吃晚飯，但他會花錢去國外旅遊。」我們可以看到，他是在勇敢地抗爭，他從不抱怨自己的命運，而是努力地去改變自己的命運。

　　詹森這些早期的痛苦與抗爭在他的性格上留下了傷痕，但同時也擴大和豐富了他的閱歷，使他的同情心得到了昇華。即便身處最困苦的境地，他那熱誠的心靈中仍然為那些比他更貧窮的人留著空間，對那些需要幫助的人或者比他更窮苦的人，他從不吝惜自己的幫助。鑒於他悲苦的經歷，在債務這個問題上沒有人比詹森更有資格發言了。他在寫給鮑斯韋爾的信中說：「千萬不要讓自己習慣於借債，你會發現債務是一場可怕的災難。不要讓任何債務纏住你的身心，這是你首先要關心的事情。無論你有多少錢，花費總要留有餘地。節儉不僅是生活安寧的基礎，也是幸福的前

提。」他在寫給辛普森律師的信中說：「小債務就像小子彈，它們到處呼嘯而來，我們很少有不受傷的。大債務就像大炮，響聲隆隆卻危險很小。你必須要做到償還那些看起來數目很小的債務，你要確信有時間來做這些事情。」在給他的好朋友鮑斯韋爾的信中，他又說：「先生，去獲得你所能做到的心靈的寧靜吧，開支要以收入為上限，這樣你就不會錯到哪裡去了。」

那些靠智慧、靠能力、憑天才生活的人不知道怎麼就養成了那些奢侈浪費的習慣的。查理斯·諾帝亞在一次談到一位卓越的天才人物時說：「在知識和藝術領域，他是個天才，而在普通的日常生活方面，他只是個小孩兒。」也許可以用同樣的話來評價很多偉大的作家與藝術家。最偉大的作家和藝術家是如此執著地把他們身心與靈魂都投入到這項工作中去，以致他們並不關心他們天才式的努力成果可以換來多少英鎊、先令和便士。如果他們首先考慮金錢，那麼可以說我們這個世界大概就無法獲得他們那天才般的作品了。因為僅僅為了 5 英鎊的版權費，彌爾頓也絕不會在《失樂園》上耗費多年的心血；同樣如果僅想透過工作賺得生活所需，那麼席勒也不會歷經 20 年的艱苦攀登以求達到人類思想的巔峰了。

與此同時，天才人物也不應不顧日常的計算法則。他們如果入不敷出，毫無疑問就會債務纏身。也不要抱怨世界沒有給他們特殊的待遇，彷彿就是虧待了他們似的，但是他們首先如果揮霍無度的話，那麼他們要像其他人一樣來承受悲慘的後果。薩克雷在《彭登尼斯》一書中，刻畫夏登上尉的性格時，發人深思地指出了那些所謂「文化人」的過錯，然而他卻在有意無意中說出一個真理。他說：「如果律師、士兵或牧師經常入不敷出，常常不能支付他們的帳單，那麼他必定會進監獄，而作家也同樣如此。」

第十二章　債務就像一把利刃

　　文人受到重視是因為他們是文人，但他們無權要求因為是文人，社會就應對他們網開一面。為了這個世界，同時也為了他們本身，文學家與藝術家也應該像其他人一樣要考慮「準備避免不幸的生活」。斯塔爾夫人說過，「在這個世界上想像力與藝術必須要照顧好它們自己的舒適與幸福」。這個世界應該慷慨地幫助他們，所有善良的人都應該幫助他們，但是比這一切更為有益的是，他們首先應該自己幫助自己。

第十三章
慈善事業的不慈善

第十三章　慈善事業的不慈善

誰，誰，誰躺在這裡？
是我，唐卡斯特的羅伯特。
這是我曾用的，我曾有的；
這是我給予的，我現在有的；
這是我留下的，我失去的。

—— 1579 年，墓誌銘

許多遊手好閒之徒，乞討得來的便士比做工賺來的先令更讓他
歡喜。

—— 道格拉斯·吉羅德

偷了豬，假惺惺把豬爪施捨給窮人。

—— 西班牙諺語

一個人如果想要慷慨，就必須先要學會節儉。節儉不只給自己帶來方
便，而且與人為善，它興建醫院、廣施錢財、捐資辦學、宣導教育。只有
最善良的心靈，才可能生出仁愛，它有一種近乎於神的特質，世上的慈善
家，譬如，霍華德家族、克拉克森家族、夏維爾家族，都因它而成為道德
的典範、民族的偶像。

普通的人，心裡有同樣的情感。一個人，無論他如何窮途末路、勞碌
辛苦、身份低微，行善對於他來說也是天賦，更是祝福，因為行善帶給慈
善者的快樂，跟接受者相比，可不見得少呢。

置身沉悶乏味的生活，
窮人有時異想天開，
希望人與人相親相愛。
當人能懂得和感受，
急難之處相互幫助，

自己就能把幸福創造。

自己就是幸福源頭，

僅僅為此原因，

我們就已萬眾一心。

　　尤其，是那些說自己愛神、愛眾生的人，那麼幫助別人就是一份榮耀的職責。這份職責，無論身為個人，還是身為社會的成員，都是應當領受的。因為，身為個人，我們領受了命令，要幫助失去丈夫、失去父親的不幸的人們；身為社會的成員，社會要求我們每個人都應當為進步和幸福盡力。

　　人不需要非得有錢才能施予。約翰·龐德就並不富裕，但也正是因為他的影響，才有了許多學校，雖然還不完備，但是總勝過沒有。他性情溫和，從他所賺到的錢財中拿出許多給學生買食物。學生們都被他所吸引，因為他的友善，有時，也僅僅是因為他給了學生一塊熱騰騰的馬鈴薯。他給他們教誨，用自己做榜樣，堅定了他們的意志；他送他們走，送他們進入社會開始工作，去盡他們的職責。

　　還有創辦了主日學校及其他學校的約瑟夫·蘭卡斯特也不算富；給監獄做善事的湯瑪斯·賴特、推動了教育與禁酒運動的聖文森特·德·保羅和馬修神父，以及牛頓、瓦特、法拉第這些大科學家，夏維爾、馬狄恩、凱萊、利文斯通這些大傳教士，錢都不多。

　　沃爾頓的鄧恩博士的回憶錄，曾經記錄了一個慷慨的典範。鄧恩博士素無財產並深受其苦，但入主聖保羅教區的時候，在自己日常需要的開銷之外他的收入還是有富餘的。他認為，這筆錢財只是為了行善才留下來的，所以必須用於幫助其他人做些什麼。他有一份私人帳目，除他之外無

第十三章　慈善事業的不慈善

人知曉，只有神和天使是它的證人。帳目末尾他先計算了自己總的收入，然後是資助別人的費用和其他善事的費用，最後是餘留的款額。

鄧恩博士做的善事常常在暗中進行，就像《聖經》上說的，「不讓他的右手知道左手所行的善」。他為許多窮人交保釋金，資助窮學生，或者雇請一個可憐的僕人、幫助一個走投無路的陌生人，向最需要的地方寄送錢物。一位朋友，鄧恩是在他有錢時認識他的，他太慷慨，也太粗心，最終財產散盡、一貧如洗，鄧恩於是將 100 英鎊送給了他。這位沒落的紳士謝了他，說自己不需要，沒有收。沃爾頓講述了這個故事之後，寫道：「許多慷慨大方的心靈，寧可不讓人知道他們的貧窮，寧可忍受貧窮，也不願意承認貧窮以博取同情；同樣地，更有許多溫柔憐憫的靈魂，他們對人類的不幸懷著同情，想辦法盡力去戰勝不幸。鄧恩博士正是這麼回覆他的朋友：『您在富裕的時候，曾經給予了您的許多心緒不佳的朋友以歡樂、以信心，我希望您現在為了您自己的歡樂，接受我的禮物。』」於是他的朋友也就接受了他的資助。

其實，人們都誇大了錢財的能力。雖然，為了使那些不幸的人們擺脫他們悲慘的遭遇，為了讓他們重獲幸福，我們募集了大量的捐贈，但是單單靠捐贈是不能夠達到這個目的的，因為金錢從來都沒有影響到社會的重大變革。只有誠摯的決心，切切實實的獻身，以及努力的工作，才能夠使人們克服放縱、目光短淺和不上進的惡習，使他們在追求美好的目標時，實現自己的幸福。金錢也許有很多用途，但是金錢自身其實什麼也做不到。就像信教徒保羅把基督教傳播到了大半個羅馬帝國一樣，他自己卻是靠賣賬篷，而不是靠人們的捐助過生活的。所以，擁有一顆熱切、誠摯、忠實的心靈，可比有錢更為要緊。當然，有錢，還需要你願意去行善才行。

總而言之，現實就告訴我們錢財的力量被人們誇大得太厲害了。誠如那些決心在社會上出人頭地的人，都把它看作是最要緊的東西。他們有了錢，可能大度，但也更可能是倨傲。還有的人為了博得別人的好感，平日裡常常掛在嘴邊的是那些言不由衷的謊言，徒增人的反感。

　　更有些人對金錢崇拜得五體投地。以色列人有他們的金牛，希臘人有黃金做的朱比特神像。暴發戶如果知道誰有家產「10萬英鎊」，那麼他就會點頭贊許，別的人也與他們一樣，都是愛慕金錢和虛榮的，這也許正是人類天性中最低賤的部分。人們常常會問：「他有多少財產？」「他收入多少？」如果你告訴他們：「我認識一個仁慈善良的人。」那麼他們會毫不在意；如果你說：「我認識一個有百萬家財的人。」結果呢，人們就會對你刮目相看。過去，就在海德公園附近常常有人群忽然聚集，但是為的只是看一眼某個路過的富人。「哦，老克羅基來了！」人群會在一片讚嘆聲中，自動為他讓出路來。來的這位克羅基，其實不過是一位開賭場發家的闊佬罷了。

　　戈爾太太說過：「野心、貪婪，如果說它們可以使國家揚眉吐氣的話，那麼它們更會使國家的每個人都變得粗鄙不堪。現在，英國人都在拚命賺錢、夢想發財，但是他們已經不能看到那些更高的品德了……人們現在的許多奇思異想足以說明，他們對金錢的渴望，已經取代了其他一切高尚的志向，無論是現在的，還是過去的。」

　　對金錢的追求會將它前面的一切障礙都掃開，而現在，它已經成為人們的一種習慣。人們的注意力完全在它身上，其他的幸福，或者全不放在眼裡，或者早就被說得一無是處了。而後，這些擁有金錢的人又希望透過捐助來恢復自己的道德。像山一樣的財富沉重地壓在他們的心頭、壓在他

第十三章　慈善事業的不慈善

們的靈魂上，如果他們能夠抵抗住這種壓力，繼續保持勤勉的習性和堅強的心靈的話，那他們真可以說是用特殊材料做成的人了，但是因為人一旦有了錢，往往容易虛度光陰，很容易學會揮霍無度。

莫特爾學院院長格里夫斯牧師曾說過：「如果錢財不會使人們相互疏遠，世上一半的罪惡就會消失。如果雇主多接近工人，也允許工人多接近雇主，那麼我們就不會遇到現在這麼嚴峻的考驗了。雇主們應該有所作為，幫助那些工人不要沉溺於酒館；雇主們也應該從他們的財富中拿出更多的部分，為人們建造娛樂消遣的場所；他們還應該提供更好的住房、更清潔的公廁、更好的街道。如果這些都能夠做到，那麼業主也就無須停工，工人也不必罷工了。每天，我們都聽說在我們這片古老的威爾士大地上，創造出了數百萬的財富，聽到人們歡呼慶祝的聲音，我們卻聽不到、更看不到公園、圖書館和其他的各種公共設施，以及可以有教育功能的機構建立的好消息。15 個月以前，當我們正處於最繁榮的時候，我說過這些，那時人們都不注意。確實，如果金幣都像冬天的雪片一樣飛舞在我們的面前，那麼，還會有什麼人有什麼理由要去注意一位布道牧師的嘮叨呢？」

人們繼續辛苦地工作，希望錢財能攢得更多。看他們十分賣力的樣子，我們真會以為他們是在貧困中掙扎，其實在他們周圍，財富已經堆積如山。他們抓住一切機會搜刮，一分一分地賺，有時為了一點蠅頭小利，什麼低賤的活都肯屈尊，而實際上，他們累積的財富，早已經遠遠超過他們能夠享用的程度了，但他們仍然夜以繼日，不斷地絞盡腦汁，希望能夠再接再厲，不斷獲得財富。這些人也許在早年沒有體驗過教育的好處，因而完全不能感受到書本的樂趣，對書沒有任何興趣，有時，甚至自己的姓

名都拚寫不出。他們腦子裡只有一件東西，那就是錢！他們也只會盤算一件事情，那就是怎麼賺錢！他們除了信仰財富，別的沒有任何信念。

　　而他們又把自己的孩子完全置於控制之下，只教他們服從，卻不培養他們的才能。所以到了最後，這些累積的財富傳到孩子手裡的時候，以前他們花錢受到限制，現在限制解除了，於是他們就開始大手大腳地過起他們自以為是的生活了，但是他們從來就不知道，其實還有比這更好的生活方式。他們揮金如土，他們不願再像他們的父輩那樣做苦力，他們要做紳士，要像紳士那樣花錢。很快，錢財猶如長了翅膀一樣都飛走了。第一代累積財富；第二代揮霍無度；到了第三代那就只有一窮二白了，又重新淪為貧困的階層，這樣的事例舉不勝舉。蘭開郡有一句諺語，「兩雙木底鞋，一雙長筒靴」。意思是說，父親穿木底鞋，累積了財富；兒子有錢，把它花得乾乾淨淨；再到孫子輩，又穿起木底鞋來了。類似的社會變遷，在蘇格蘭也為人熟知。那裡人們說的是：「祖父累財，父親破財，兒子劫財。」意思是說，祖父辛辛苦苦累積了錢財，父親買地造房，到了兒子手裡，土地和值錢的東西都花光了，他就只能以偷盜為生。還有那些商人們，今天可能威風凜凜，但是明天就有可能沿街乞討，因為他們投機的本事，昨天會讓他們大發橫財，今天就會失去一切。

　　只有人到老年的時候，才可能永遠擺脫了為錢財勞作、期待和焦慮的時光，但是為了晚年生活能過得幸福，他們應當早在自己青年、中年的時候就保持他們心靈的健康。他們應當熟悉各類知識，對於那些能夠使人更有益的事情，都應當培養自己的興趣。在多數人的生活中，有足夠的閒暇可以去閱讀書籍，可以去掌握許多科學知識，了解那些與賺錢不同的、更加高尚的事業。你也要明白純粹的享樂是不能使人幸福的，純粹追求快樂

的人只是些不幸的動物而已，而純粹為生意忙碌、為金錢工作，其實也是一樣的糟糕。

如果研習文學、哲學或者科學卻可以帶給人靜謐的喜悅，這種喜悅可以一直陪伴人到生命的終點。而有錢人，如果除了賺錢之外沒有其他的樂趣，那麼他的晚年必定會是淒涼的：他可以繼續過以往那種單調乏味的生活，錢財可以越積越多，但那又有什麼意義呢？他已經老了，他不能痛痛快快地把錢都花掉了，他也不能把錢財都吃下去吧？所以他的錢財，與其說給他帶來恩惠，倒不如說帶來災難。他是守財奴，是吝嗇鬼，人們把他看作是個無恥的小人，他在自己心目中形象也越來越低。如果一個即將死去的人，在他面前除了那成堆的金幣外，別無任何其他慰藉的話，那是多麼悲慘的結局啊！世界正從他眼前消失，他卻還在緊抓著金幣不放，然後咽了氣，最後一個動作仍是在撫弄他的金幣。守財奴愛爾維斯死時還在高聲叫著：「我的錢！誰也不能奪走我的財產。」這是一幅多麼可怕、淒涼的景象啊！

除了守財奴還有窮人，他們也往往因為不夠節儉而遭報應，這跟富人因為節儉得過頭而遭報應的事情相比，真是一種巨大的諷刺啊！富人們越來越吝嗇，窮人們越來越感到自己的錢袋在縮小，不過最後到死的時卻都像個乞丐。我們知道許多這方面的例子。比如，倫敦一個最有錢的商人，過了一段貧苦日子之後去了農村，來到他出生的那個教區，請求領取救濟金。他雖然家財萬貫，卻惶惶不可終日，唯恐某天自己會身無分文。後來當地人給他發了救濟金，但是他死時的場景還是如同乞丐一樣。另有一個例子，諾思的一位大富翁，在感到快要死的時候竟然還去領取救濟金。當然，在上述例子中，這些富人的遺產繼承人，後來還都向支付救濟金的教

區當局償還了相應的費用。

　　這些富人死後又留下了什麼？無非是人們知道他們死時很有錢罷了，但是單單有錢是並不足以被人尊重的，世上只有庸俗人才崇拜錢財，金錢也不可能得到更多人的喝彩。在有錢人中，多的是庸俗的人，他們當中許多人極為無知、毫無道德，這種人的存在其實沒有任何社會價值可言。不久前，有一份英國百萬富翁的名單，共列有 224 位，他們中，有以吝嗇著稱的，有做投機生意的，有目不識丁的工人，有挖煤的苦力，有製造商，有的沒人知道他是誰，有的名聲極壞，而真正為人稱道的卻是極少極少。對於這些人，我們所能說的，只是他們「死時很有錢」。

　　「世上所有的有錢人，所有的守財奴，」傑勒米·泰勒說，「自己終會發現，世人也會讓他們發現，他身後所留的，無非是人們的一句『他死時很有錢』。他的財富，對於躺在墳墓的他沒有任何用處，只會在人們評價他的時候為並不光彩的記錄再添上一筆而已。如果這就是他一生辛勞的報償，那真是一種不幸的報償了。」

　　戈爾太太也曾說過：「在英國，爭奪財富的鬥爭之所以比大陸更為殘酷、更需要寬恕，其中一個原因就在於這裡分配家產的時候太不平均、太隨意了……由於實行長子繼承權，挑選『長子』，把其他的孩子都排除在外，這成了人們的一種癖好，所有的鄉村紳士都深受其害。那些覺得自己受到親人欺騙的孩子，對金錢會產生偏執的崇拜，自己的尊嚴、同胞的權利，都會全然丟開不顧了。他們自己受了傷害，便又去傷害別人，把自己的一生都視為一場恢復自己出生權利的戰鬥。我們看到的各種由於利益而結合的婚姻、各種卑鄙的交易、政治上的貪贓枉法，根源都可以追溯到這種邪惡的制度，讓一個孩子繼承一切，其他的孩子卻都不管不顧。」

第十三章　慈善事業的不慈善

　　但擁護民主的人士，對錢財的熱愛之情絲毫不亞於貴族，許多嚴肅的共和派人士同樣渴望成為百萬富翁，政體的類型對於人們追求錢財的願望實際上是毫無影響的。以老卡圖為例，他就是一個高利貸者，他的一個生財之道是，低價買入年輕瘦弱的奴隸，然後把他們餵壯，訓練他們做工，最後高價賣出。布魯圖斯在賽普勒斯島時，放貸的利息高達百分之四十八，但是遺憾的是並沒有人因此而鄙視他。美國的自由鬥士華盛頓，臨終前把奴隸都遺贈給了妻子，似乎沒有想過要恢復他們的自由。在紐約，市政府的徇私舞弊也時有耳聞，據說在最有權勢的公民中間，政治腐敗已經到了肆無忌憚的地步。密爾先生認為，在東北部各州，社會的公正和平等顯然已經實現，人口與資本、土地的比例足以使任何正常人都生活富足。然而，密爾先生又補充說：「這一切的有利條件卻為他們帶來了什麼呢？那就是所有的男人都投入了生意，而所有的女人則全身心地養育未來的生意人。如果說這也是一種理想的社會狀態，那麼這肯定不是我們的慈善家們願意盡心盡力去促成的那種理想狀態。」

　　薩拉丁大帝是他那個時代最偉大的軍事家和征服者，他曾經征服過敘利亞、阿拉伯、波斯和美索不達米亞。在他的手裡，無論權力還是財富都無與倫比，但他相信，這一切都是虛無的。所以在他的遺囑中，他命令從他的財物中，拿出數目不菲的一部分分給穆斯林、猶太人和基督徒，以換取這三大宗教的牧師為他向上帝禱告。他還規定，他死時身穿的外衣，應當由一位戰士用長矛挑著，向整個兵營、向他的軍隊展示，這位戰士還應當不斷停下來高喊：「看一看皇帝的遺物吧！他征服了那麼多國家，統治了那麼多地區，他聚集了無數的珠寶，占有了無盡的財富，但臨死，他只剩下了這塊裹屍布。」

唐・薩拉馬尼亞是西班牙最大的鐵路承建商，早年曾就讀於格萊尼達大學，他承認，當時他穿的是最陳舊的教袍。他學習很勤奮，畢業後進入西班牙報界，隨後又進入克莉絲蒂娜女王的內閣政府，擔任財政大臣。這使他得以展露自己的商業才能，能夠進行商業投機。他在西班牙和義大利投資興建鐵路，還成立了幾個輪船公司，其中他都是主要的股東。不過，他雖然置身商界，卻沒有忽略文學。他每週都要舉行一次聚會，邀請當時文學界和報界的名流出席。在他的房間裡，擺滿了莎士比亞、賽凡提斯、但丁、席勒和其他文學家的半身像。

　　薩拉馬尼亞對自己的健康始終心存感激，一次，說起這一點的時候，他提到了他的大學生活和在報界的日子。他說：「那時，對金錢的熱愛占據了我的靈魂，正是在馬德里，我才找到了我崇拜的東西，但是，它卻讓我失去了我青年時期的許多憧憬。先生們，請相信我說的，一個人的願望如果都能得到滿足，他就不會再感到有樂趣了。我建議你們，留心你正在涉足的這個領域。羅斯柴爾德的名聲只能停留在生前，那些真正不朽的東西只能靠勞動去爭取，而絕不能用錢買到。看一看我們眼前的這些人物雕像，他們光榮地獻身於人文事業，我在歐洲每一個地方都能看見他們的塑像，但我從來沒有發現，有誰為那些耗盡畢生精力都用來賺錢的人們樹立過雕像表示過紀念。」

　　富裕和幸福，兩者並無必然的關聯，但是在有些場合，我們甚至可以斷言，幸福與財富正好形成反比。有許多人，他們一生最幸福的時刻，正是他們與貧窮做鬥爭、逐漸擺脫貧窮的時候。也正是這段時間，他們為了別人犧牲自己，為了將來而放棄眼前的享樂；也正是這段時間，他們一方面每天為麵包而辛勞，一方面又滋養著自己的心靈，努力使自己的家庭境

況更好、生活更幸福、對社會更有貢獻。愛丁堡的一位出版家威廉‧錢伯斯，談到他早年的辛勤工作時曾說：「當我回顧那段歲月，內心充滿喜悅，唯一感到遺憾的只是我不能再這麼經歷一次了。當我口袋裡沒有一個便士，在愛丁堡的一個小閣樓裡專心學習時，我感覺到的快樂，比我現在坐在舒適豪華的會客廳裡感覺到的快樂要大得多。」

　　每一種生活都有它的補償。無論窮人還是富人，他們命運的差別沒有我們通常想像的那麼大。富人固然有許多特權，但是常常會為此付出很高的代價：他因為自己的財產會茶飯不思，也許會成為勒索的對象；他更容易上當受騙，容易成為眾人的目標；他的周圍聚集了一大幫向他伸手要錢的人，不把他的錢袋榨幹，他們絕不會甘休。在約克郡有一種說法是，「錢一旦多了，去得就快」。如果這個富人從事的是投機生意，錢財什麼時候都有可能不翼而飛，如果他還不甘心，還非要賭一賭「市場的運氣」的話，那麼結果一定會讓他心力交瘁。失眠就是富人常見的疾病，對得失的反覆盤算，會使他們徹夜不眠，難以入睡。這種盤算，非常耗人的精力、也非常讓人痛苦。富人的暴飲暴食，也易得痛風症。說起痛風症，它的情形，就像用一把鉗子，對準腳趾的關節，用力地夾住，再用力，這時已經覺得疼了，突然，再夾緊，再夾緊！這就是痛風。西登海姆形容痛風是「與其他疾病不同，受害者中，富人多於窮人，智者多於庸人，就連許多顯赫一時的大人物也都是被它奪去生命的。正是這裡，造物主顯示了它的公平」。

　　富人又可能患上厭食症，失去食欲，而窮人卻來者不拒，毫不挑剔。一個乞丐向富人乞討，說：「我餓！」「餓？」百萬富翁詫異到了極點，「你多讓我羨慕啊！」阿伯奈蒂就曾經為富人開過一個藥方：「每天只花 1 先

令，而且要自己去賺。」約克公爵向他徵詢健康問題的時候，阿伯奈蒂回答他說：「切斷供給，敵人就會棄城而去。」一個沒有頭腦的工人，他的胃口會好得像頭牛一樣，而其他的人時時對自己的胃提心吊膽，每一口食物都謹慎小心。所以一個成天辛苦工作的人，幾乎是不會有食欲不振的時候的。

　　許多人，他們只羨慕富人的財富，卻不能忍受在獲取財富過程中各種風險、饑餓以及危機的考驗。丹特澤革公爵曾說過一個故事：一次他在巴黎住旅店的時候，有一位多年不見的老夥伴來拜訪他。這位朋友看到他的住所、住所裡的傢俱，還有富麗堂皇的花園，都非常吃驚。公爵認定這種表情表示他的羨慕，便直截了當地說：「這一切都可以歸你，但有一個條件。」「什麼條件？」朋友問。「你往前走20步，讓我向你射100發子彈。」「我絕不會接受你這種條件。」「那好，」這位公爵兼帥回答說，「我經歷過的子彈還不止1,000發，而且距離都不超過10步。」

　　瑪律伯勒公爵一生出生入死，最後累積了無數財富，留下150萬給他的繼承人。公爵以吝嗇出名，據說一次當尤金親王在布萊海姆戰役前召他去開會的時候，他曾經因為帳篷裡同時點燃著4根蠟燭而責備他的僕人。斯威夫特談起他的時候說：「我敢打賭，不管哪次戰役，這位公爵是從不捨得丟棄他的隨身行李的。」據說又有一次，這次是在巴斯，他因為生病身體非常虛弱，但他堅持步行從辦公室回到住所，為的只是節省6便士的馬車錢，但這也許可以說得過去，也許他只是想步行鍛鍊鍛鍊身體。不過人們都聽說過一件事：一次，他遇到一位年輕有為的戰士，竟然主動願意去執行一項任務，於是公爵一下子就賞給他1,000英鎊。當有人讓這個士兵回憶一下瑪律伯勒公爵有沒有什麼弱點的時候，他說：「他太偉大了，我不記得他有什麼弱點。」

第十三章　慈善事業的不慈善

　　貧窮並不丟臉，如果在貧窮中能夠保持誠實，那是值得讚美的事情，我們也常常聽見這樣的讚美。如果一個人能在貧窮之中保持自己的尊嚴，不為金錢出賣自己，待人誠實，那麼他的貧窮是值得大大誇耀的。此外，一個能夠自立的人不能算是貧窮，比之那些無所事事、一身債務的紳士來，他要幸福得多。孟德斯鳩曾說過：「一個人一無所有並不是貧窮，只有他不去工作，或者不能工作的時候，那才是真正的貧窮。一個能夠工作並且願意工作的人，比之那些擁有萬貫家財、不必工作的人，要更加富裕。」

　　貧窮會磨礪人的智慧，所以許多偉人最初都很落魄。貧窮還能淨化人的道德、振奮人的精神。在勇士的眼裡，艱辛也是一種快樂。如果我們從歷史中去搜索證據，便會看到，人的勇氣、正直和大度，不取決於他的財富，反倒是取決於他的寒微。勇敢的人往往也都是個貧窮的人，他們往往感到自己有足夠的力量去實現自己世俗的追求。一位牧師曾說：「上帝造出了貧窮，而未造出痛苦，這兩者有天壤之別。痛苦讓人蒙羞，它往往出自不檢點，出自無聊和酗酒；貧窮而不失誠實卻讓人尊敬。在貧窮中能夠忍受、能夠堅持的人，尊嚴並無損害，但是一個甘於乞討生活的人，卻對社會毫無用處，只會造成禍害。」

　　一切人中，最幸福的往往是窮人，而不是富人。然而，儘管人們都羨慕窮人，卻沒有人會願意淪落到他們的境況。莫爾曾講述過一個故事：一次，一位東方的暴君因為生活太富足而感到無聊，便派人去尋找世上最幸福的人，還命令屬下：如果發現，就立刻脫下他的襯衣，帶回皇宮。這位使者發現了一位愛爾蘭人，看到他成天跳舞，異常開心，便認為他是世上最快樂的人，於是抓住他，試圖脫他的衣服，哪知這愛爾蘭人身上竟然連襯衣也沒有。

一位哲人說得好，「讓空虛和謊言都離我而去；貧窮並非我所想要，富裕也並非我所想得到；粗茶淡飯，我已足夠」。人的快樂的天性也是不平等的，這種不平等，跟財富的不平等相比更為重要。大衛‧休謨說過，「知足的天性足可抵過每年 1,000 英鎊的收入」。蒙田也說，「財富所賜其實有限，人性的好壞，並不取決於它。靈魂的力量遠大於財富，它決定了人性的善惡，進而決定天性的快樂或者憂傷」。

　　英國素以它的樂善好施而為人稱頌。基佐先生曾說，一個外國人來到英國，看到這裡豎立的各種人們自願捐資興建用來紀念各種不幸的紀念物，那時，他心裡對英國人豐富的資源感到很驚奇，對英國人使用資源的這種方式也深感欽佩，但這只是外人的眼光，本地的慈善家對於這種捐贈的效果看得更為透澈。他們會認為，不是所有的善舉都會純粹地產生出積極的作用，這一類行為有時也是很盲目的，常常給人誤導。是的，錢財如果施與不當，那麼它的害處也許將會多過好處。如果單單施捨就可以幫助窮人，可以使他們的生活獲得改善，那麼倫敦早已經成為世界上最幸福的城市了，因為每 3 個倫敦居民中，就有一個受益於各種慈善機構的資助。

　　為慈善機構募集錢財並不困難，這可以從長長的捐助名單中得到證明。倘若有哪位有勢力的人物去向一位富人要求捐贈，這位富人往往會一口應承，這最為省事，而他也把這看作宗教上的義務。然而，如果當人們利用這些捐贈來的錢財的時候不加考慮，不去真正為受贈者著想，往往會帶給這些受贈者最大的傷害。真正的仁慈不在於捐錢捐物的多少，而盲目地把慈善捐贈分配給窮人，其結果只能是傷害了他們的自尊，損害了他們的道德。這就是人們所說的「好心也能幹壞事」。許多善良的願望造成的罪惡，與它希望消滅的罪惡不相上下，因為它助長了窮人的惡習，也使他

第十三章　慈善事業的不慈善

們養成了依賴他人施捨的壞習慣。其實有一些更好的手段，的確可以讓窮人能夠憑藉自己的力量來實現自己的幸福願望。

有人以為，只要一年籌集到 300 萬英鎊，就可以消除倫敦目前存在的一切苦難，但現實是，儘管投入了這些錢，可是苦難卻繼續在增加。這會不會是由於這些慈善捐贈在解決了許多苦難以外，又出現了許多需要它去克服的苦難？那些目不識丁、遊手好閒的人，在接受了一筆捐贈之後，他們看到可以如此不費氣力地維持生存，那麼他們就再也不會去費力工作了。如果我們靠節儉、精打細算才獲得的一切，都有慈善捐贈可以賜予我們，那麼，還有誰會願意去節儉、去勤奮呢？一個人無須付出就可以得到一切好處、舒適和報酬，這種不勞而獲的驚喜，不就會使一切的努力和自立都失去了存在的依據嗎？那麼，我們為推廣慈善捐贈所設立的這種必要條件，反過來不是正在誘惑著人們去放縱、去揮霍，使他們走向貧窮嗎？

最不努力奮鬥的人卻最容易得到我們的幫助；最低劣的一種人，我們卻讓他最舒適；那些努力工作，以便靠自己的力量維持自己生活的人，卻被迫為那些無所事事的人的生存支付濟貧稅。慈善事業就是這樣向社會上最腐化的那一部分人伸出援手，卻對那些真正努力掙扎、誠實善良的人置之不理的。這正如卡萊爾所說：「哦，我的好心的朋友啊，你們只要事情還能將就，就不肯去干預，反而用新稅率、新的財產估價，繼續把它牢牢抓住不放，直到它已經完全發揮不了作用、完全腐爛為止。以後，你們還要緊攥不放，還要說：『快，我們應當再幫幫它。』」

純粹的施捨只是毫無意義的縱容，而且往往是一種惡習。單純資助錢財是絕對不可能達到慈善的效果的。不久前，曾有一位作家說過：「由於品德而犯下的罪行，由於虔敬而造成的褻瀆，由於聰明而出現的愚蠢，這

一切也許都不及由於仁慈而導致的殘忍。在我們這個世界，智者所做的工作，有一大半是為了抵消好心人所犯的過失。」

已故的里頓勳爵曾說：「公共慈善事業往往成為對公開的懶惰和惡習的獎賞。知道了這一點，知道了人類智慧中所包含的一些謬誤，這對我們的內心是多麼不幸的一個教訓！這給人們善意的同情心造成了多大的耗費！個人的這些過失，又會對一個國家的道德品質造成多麼大的扭曲啊！慈善是可以滿足一個人驕傲心理的一種情感，是一種貴族式的感情！當穆罕默德同意淫亂這最無法控制的罪惡存在的時候，當他鼓勵慈善這最容易實踐的美德發展的時候，他證明了自己的洞察力。」

倫敦有些神職人員認為，慈善事業與宗教的傳播並不一致。斯通牧師就認為：「如果一位牧師看望窮人的時候，手裡只拿著《聖經》，而沒有麵包、毛毯或者錢幣的話，他便不會受人們的歡迎。這不足為怪。我們現在的慈善救濟金體制，正是在滋養人們貪圖物質享樂的精神，證明他們那些私欲的合理。上帝給我們最重要的、真正有益於我們的一個教訓是，人的生活狀況必須與他的行為相關，但我們設計的這套體制，不是讓人們去用心領悟這個教訓，而是告訴他們，貧窮本身就成為了獲得救濟金的理由，這等於鼓勵他們放縱、墮落、欺詐，還有不誠實。」

真正的慈善家，他會努力去消除種種不幸、依賴和貧窮的現象，他尤其會盡力幫助窮人實現自立。這就是教區婦女傳教協會的長處所在。她們在倫敦的幾個教區與窮人進行親密的交往，在許多方面努力幫助他們，但是她們沒有不加區別地胡亂施捨錢財給需要幫助的人，而是把「幫助窮人自立，使他們感到能夠自立，借此提高他們的品格」作為自己的目標。慈善事業在各個階級都大有可為，而在地位較高的婦女中，能夠找到願意參

第十三章　慈善事業的不慈善

與這項高貴事業的人，這才是最讓人高興的事。

近年還湧現了大量的協會組織，它們發現了許多更高級、更理性、更加體現基督教精神的慈善形式，這讓人欣慰。這類協會的工作範圍涉及改善工人住宅，建造澡堂和洗衣房，為工人、海員和僕人建造住房，培養他們節儉、為將來著想的習慣，使人們能夠享受到知識的好處。只有這些協會才是真正在幫助人們自立，而不是無形中磨滅人們自立的精神；只有它們才值得我們給予贊許和鼓勵。它們改善群眾的總體狀況，可以說，它們是博愛精神的最高體現，因為慈善協會不僅有良好的動機，而且願意去追求更美好的一個結果。

富人眼看自己死期將近，這時他格外關注自己的錢財。如果他們未曾結婚，沒有繼承人，那麼，他們終身累積的無數財富會讓他們感到煩惱，不知如何處置才好。他們必須立下遺囑，把它轉讓給某人。從前，富人為了能使自己心安理得，會把錢財捐給大眾，有的建起救濟院，有的修建醫院。他們累積的錢財，最後是用作施捨散發給窮人。這種做法今天依然存在，其實這往往造成許多災難的出現。例如，在埃爾溫有一個叫弗格森的人，他有一大筆錢，到了臨死之際，卻不知該怎麼處置。雖然他的財富已經有 50 萬之多，可是這也不能為他延長 1 個小時、哪怕 1 分鐘的生命。他請來兩位牧師幫助他訂立遺囑，死後遺囑公之於眾：這筆財產，一部分給了各種遠近親疏的親戚；一部分給了多個教派的教士。這筆錢財，給了那一大堆的窮親戚一份天大的橫財，但是之後，他們中絕大部分都放棄了自己的工作，有的整日裡飲酒作樂，有的自以為是，惹得左鄰右舍對他們也深惡痛絕。另有一些窮親戚，雖然不喝酒，但是也丟下了工作，開始大肆揮霍起來。總之，弗格森為他的親戚遺留的這些錢財，其實只是為他們帶來了災難，但在另一方面，受託管理他的慈善事業的人們，從中撥出一

筆資金，設立了三項每年一度的獎學金。直到在這裡，弗格森的捐贈才終於發揮了一些好的作用。

而斯蒂芬·傑拉德，一位美國富商，他的遺贈方式則完全不同。他本是一個孤兒，從小就在一艘船上做侍者，後來大約 10 歲或者 12 歲的時候，他就做了他的第一次航行，目的地是北美。他幾乎沒有受過正規的教育，讀書寫字也只是略知一二。他慢慢地開始賺錢，然後開了個小商店。在紐約水街居住的時候，他愛上了波莉·盧姆，但是姑娘的父親不同意他們結婚。在傑拉德堅持不懈的努力下，最後如願以償，娶了波莉做他的妻子，但這椿婚姻實際上並不理想，妻子對他毫無感情，他也變得脾氣乖戾、暴躁。之後他再次出海，終於在 40 歲時擁有了自己的帆船，在紐約、費城和新奧爾良之間進行沿海貿易。

然後他在費城定居，做了一個商人，完全投身到他的生意上，因為他下了決心，一定要成為富翁。他日子過得極節儉，無論什麼工作，只要能夠賺錢他都肯做。他以一副鐵石心腸對待自己的生活，賺錢的欲望完全支配了他，對他而言，生活就是永無休止的勞碌。不過，我們也需要記住，傑拉德在家庭生活中是個不快樂的人，倘若上帝賜予他一位讓他感到幸福的妻子，他的天性也許會溫和許多。他與妻子一起度過了痛苦的 10 年，之後妻子患上了精神病，在賓州醫院裡住了 20 年後離開了人世。

然而，在傑拉德的心裡，有的不只是堅硬、嚴厲，他的內心深處，有一些非常人道、仁慈的東西。1793 年，狂熱病在費城大流行，他就表現出了自己天性中那美好的一部分。當時，成千上萬的人被奪去了生命，到處都找不到護士去照看醫院裡的病人，因為人們都認為，去看護病人等於自己去尋死。

第十三章　慈善事業的不慈善

　　這位暴君，不為錢財所動，不為美色所誘；

　　它的震怒，使一切都是徒勞；

　　那些窮人，沒有朋友，沒有侍從，

　　只有在救濟院，在這為他們準備的家裡，死去。

　　患病的人越來越多，這時，傑拉德拋開了他的生意，主動出任公共醫院的主管，並任命彼得‧海姆做他的助手。他的生意才能在這裡立刻發揮了作用。他有驚人的組織能力，而他的工作很快也收到了效果。以前混亂不堪，現在顯示出秩序，清潔的環境取代了從前的骯髒，節儉代替了浪費，時時的警惕代替了以往的疏忽。傑拉德要每一個病人都得到細心的照看，自己也親自去照看受疾病折磨的患者，服侍那些危重病人，料理死者的後事，等等。最後，大災難終於結束了，傑拉德和海姆又回到他們以前的工作崗位。

　　參觀過費城貧民窟的旅遊者，他們都會在筆記本上記下了這樣的話：「斯蒂芬‧傑拉德、彼得‧海姆，他們是委員會的成員，當時，他們看到醫院如果沒有合適的主管，病人很可能會被拒之門外，出於同情，他們自願要求擔任這個職務，由此而激起的驚奇和滿足，我們只能想像，卻無法用言語描述。」

　　今天在費城，我們還可以看到一排排美麗的住宅，這正是傑拉德勤勉節儉的見證，而更好的見證是傑拉德學院裡他的大理石雕像。傑拉德大部分財富最後都用於公益事業，其中主要的一項是建立一個公共圖書館和一所孤兒院。也許是因為他自己曾經就是一個孤兒，體驗過那種孤零零的感覺，所以他對那些被遺棄的孩子表現出了特別的同情。在傑拉德學院，有一個房間的布置特別奇特，因為傑拉德特別吩咐，要專門挑出一間合適的

房間用來保存他的著作和論文。不過，他並沒有要他的親屬對房間做小心的看護，所有的東西都是隨隨便便地放進去的：他的箱子、書架，他的綁腿、照片，還有陶器。他的那條很老、很普通的長褲背帶，就隨便地吊在書架那兒，它們都在無聲地講述著它們自己的故事，一個簡單樸實而又感人至深的故事。

倫敦第一流的醫院中，有一座是書商湯瑪斯・蓋伊興建的。人們說他一直是個吝嗇鬼，不管怎麼說，他一定是很儉省的，否則不可能做出這樣的捐贈。要做到這點，一個人就必須具有能夠為了別人犧牲自己的偉大胸懷。湯瑪斯・蓋伊很早就動了做慈善事業的念頭，最早的一個專案是在塔姆沃斯興建的一座救濟院，在那裡一共收留了有男有女 14 個人，傑拉德每年還給他們發撫恤金。以後他想得更加周全，又為他們建起了一個圖書館。以前他自己上學也是在塔姆沃斯，曾經目睹了許多忍饑挨餓、無家可歸的人們，以及惡劣的衛生狀況和冬天寒冷的天氣給他們帶來的巨大的痛苦。所以，傑拉德建立這個救濟院，就是為了幫助那些人擺脫這種境況。同時，蓋伊還是倫敦的一個書商，但他的發跡主要不是由於賣書，而是由於買賣南海公司的股票。後來公司破產，他也賠進去了許多，但是好在這之前他已經賺到幾十萬英鎊了。這筆錢，他把它用於興建以他的名字命名的醫院，這所醫院於 1724 年在他去世不久完工。

在蘇格蘭，很多捐獻人多數時候都是把捐款用於興建具有教育功能的醫院。這首先包括愛丁堡的西爾略特醫院。西爾略特醫院的創建人喬治・西爾略特是詹姆斯一世的金匠。這所醫院可以容留、培養 180 人，隨著醫院的資產價值越來越高，他的事業也越來越大，現在在城市的不同地方接受免費教育的人數已經達到了 4,000 人。此外還有喬治・沃森醫院、約翰・沃森醫院、兒童醫院、兩座婦女醫院、考文醫院、唐納森醫院、斯圖爾特

第十三章　慈善事業的不慈善

醫院，以及新近開放、極為壯觀的菲特斯醫院，這些蘇格蘭捐獻人建立這些醫院，目的正是為了對兒童進行系統的教育。愛丁堡可以說是一座教育捐贈之城，教育捐贈還包括已故的神學博士安德魯·貝爾在聖·安德魯斯興建的馬德拉斯學院、約翰·麥克拉特興建的美元研究所，以及迪克遺產委員會。最後這筆遺產捐贈用處最大，它的目的是，提高亞伯丁、班福和莫雷這些縣的教區學校和學校校長的素質和地位，結果它確實提高了公立學校的教育品質，這一點可以從劍橋大學得到證明：在劍橋大學，各系成績最優等的學生，都是來自上述這些北部地方的縣。

英國的捐獻人近來也開始仿效蘇格蘭，他們建立的機構中，比較出色的有：曼徹斯特的歐文學院；利物浦的布朗圖書館和博物館；惠特沃斯捐款設立了一項意在加強技術教育的獎學金，每年 100 英鎊、總數為 30 名；伯明罕科學學院，由約書亞·梅森爵士創立，意在向青少年傳授「合理、廣泛、實用的科學知識」。我們希望，這些機構能為其他同類的捐贈所效仿。此外，我要說的是，一個人毫無必要直到臨死時才捐獻出他的財富，其實在他還活著的時候，也可以捐贈錢財，實現他的那些善良的願望。

在倫敦的主要捐獻人中，美國銀行家帕博多先生的名字我們不應當忘記。關於他的事蹟，足可以寫一本厚厚的書了，但本文篇幅所限，只能用一段文字簡單地加以描述。他最早注意到倫敦工人糟糕的住房條件，或者說，至少他是第一個採取了補救措施的人。當時，倫敦由於大量修建地上地下鐵路，所以開闢、拓寬道路，興修新的公共建築物，與此同時這也使窮人們失去了居住地，之後當地的人們似乎就跟他們的住所一樣一齊銷聲匿跡了，沒有人知道他們去了哪裡。也許現在他們的居住條件更加擁擠，更容易滋生各類疾病。於是，成立了各種協會、公司，試圖在一定程度上

補救因此而造成的不良後果。這方面的先行者是西德尼‧沃特盧爵士，他以後又有許多人效仿。不過，直到帕博多先生為倫敦的窮人留下大量的捐贈物之後，更妥善地處理好這些問題才出現了轉機。他的財產託管人在倫敦的許多地方為工人建起了一排排的住宅，而且範圍不斷地擴大。帕博多住宅是工人住宅的一個範例，這裡乾淨、整潔、舒適。這些美觀實用的住宅也在不同程度上減少了那裡人們的酗酒惡習，也提高了他們的道德水準。帕博多先生希望的是，他的這些舉措能夠「直接地改善窮人的生活條件，提高他們的生活品質」，「不僅現在的倫敦人，而且未來的倫敦人，都會對這一切感到滿意」。從託管人所做的一切來看，他們確實忠實地執行了他的意圖，而這本身也是非常高尚的行為。

所有這些捐獻人，早先並不是家財萬貫的人，有的人甚至一度也很窘迫。比如約瑟夫‧惠特沃斯曾是克萊門特先生手下的一個技術人員，而約書亞‧梅森先後做過走街串巷的小販、麵包房的工人、制鞋匠、裁縫工、寶石匠、銀匠、制筆商、煉銅工、電鍍工，而在最後這個行當中他賺到了大錢。帕博多先生呢，他則是透過自己的努力，從美洲的一個小職員一直做到倫敦的銀行家。他們的那些捐贈，正是他們靠自己的自立、勤勉、節儉才賺得的。

慈善事業也許只能開花，未必都能有個好結果。的確如此，構思一個慈善計畫很容易，但是想要徹底地執行卻很難。筆者有一次也被人說動了心，想建立一個「工人之家」，但很快就遇到阻力，最後還是不了了之。我所考慮的是那些為英國修建鐵路和碼頭的工人們，他們工作非常辛苦，卻不注意節儉；他們心腸很好，但時常酗酒；他們在工作的時候，常常會發生危險，一旦受傷，很有可能終生殘疾。例如，在修建曼徹斯特、謝菲

第十三章　慈善事業的不慈善

爾德和林肯郡鐵路的過程中，一共發生了96例骨折事故；此外灼傷、撞傷、脫臼的例子不計其數。有一個工人由於爆炸失去了雙眼，另一個人則斷了手臂，還有許多人或損傷了指頭，或殘了雙足，總之從此都失去工作能力了。已故的愛伯羅先生是一位著名的鐵路承包商，也是我的一位好朋友，他看到鐵路工人的不幸遭遇，便有心給予這些受傷工人以幫助，使他們能夠安度晚年，於是便設想了一個計畫。他告訴我：「我剛才拜訪了一位非常有錢的鐵路承包商，他對您有一個請求，希望您協助他建立一個『工人之家』。您知道，許多承包人和工程師都因為建鐵路發了財，有的達到數百萬之多。我的這位承包商朋友，不久前在路上，看到路旁的水溝裡有一個穿得破破爛爛、樣子非常悲慘的老人，『喂，是你嗎？』『啊，』老人回答，『是我。』『你怎麼在這裡？』『我在等死，我幹不了活了。』『為什麼不去養老院？那裡會有人照顧你的。』『我不要去養老院。要死，我也願意死在露天底下。』這位承包商認出老人是他以前的一個工人，曾經在他和別的承包商手下幹了多年。他們承包商賺了大錢，而這些工人卻落到了這種地步。承包商良心受到了極大的震動，他想到還有許許多多的工人，他們一定也同樣需要幫助。不久，他生了病，病中他想到自己也許可以為那些工人做些什麼，於是就想到要建立一個『工人之家』。他現在讓我邀請您協助他，把這個機構建立起來。」

在我看來，這個計畫讓人非常欽佩，於是便答應盡力而為。不過，當我們找到那些最有可能為這個計畫出力的人，徵詢他們的意見時，我們卻經常遭到冷遇，但是也出現了一個令人欽佩的例外。有一位非常高尚的人，為建立我們的「工人之家」自願捐出一筆鉅款，但是這樣的好心人可不多見，而由於絕大多數人的反對，「工人之家」計畫也只好成為泡影了。當然，他們找到了大量的藉口，說「這些鐵路工人最不懂得節約，他們把

賺到的錢都揮霍掉光了，都用來買啤酒、威士卡、香檳。如果他們死在那種地方，那是他們活該。如果他們願意，他們本來可以讓自己擁有舒適的家。他們憑什麼就該得到比其他工人更好的待遇？有養老院，讓他們去養老院好了」等等。而計畫的倡議人在身體康復以後也不再記得這件事情，總之最後的結果還是不了了之。

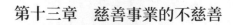

第十三章　慈善事業的不慈善

第十四章
世界上最寶貴的財富

第十四章　世界上最寶貴的財富

文明的最好堡壘是一套宅第。

—— 迪斯雷利

貧者的高雅在於整潔。

—— 英國諺語

美德從不與汙穢為伍。

—— 康特‧蘭福德

太多的僕人服侍你
你將發現：在每個方面
你都生活於舒適的溫室中
成為面黃肌瘦的弱苗。

—— 喬治‧赫伯特

人們常說健康就是財富。確實，少了健康，任何財富都不名一文。凡是以勞動謀生的人，無論所從事的是體力勞動還是腦力勞動，都視健康為一切財物中價值最貴重的一種，少了它，生活就會變得索然無味。人體的構造也告訴我們，享受樂趣是生活的一個主要目的；人體的整個安排、結構和功能，全都是為了這一目的而設的。

視覺、聽覺、味覺、觸覺、嗅覺，每種感官的快樂都妙不可言，但是這種種的快樂，又有哪種能與感覺到身心的健康、感覺到生命活力的那種快樂相比呢？無怪乎索思伍德‧史密斯博士就說：「享受樂趣不但是生命的歸宿，也是生命得以延長的唯一辦法。一個人越幸福他就越長壽；越不幸則就越早逝。享受幸福越多，生命就越長壽；遭受痛苦，便會折壽。」幸福的生活，健康是常規，而痛苦、不幸卻是例外，但痛苦也不全是罪惡，它也是善意的提醒，它會使我們覺察到自己的放縱無度。它彷彿專司

督察之職，告誡我們務必調整自己的生活狀態了。它的言外之意是告訴我們：「回歸自然，恪守其道，重回幸福的懷抱。」如此一來，痛苦豈不免顯得自相矛盾嗎？它居然是我們身體健康的一個前提，就像在湯瑪斯·布朗博士眼中那樣，死亡是享受生命的前提。

因此，享受幸福必須遵守自然法則。上帝賜人以理性，就是要讓他發現、遵守這些法則。如果他不能善加利用，無視生存的法則，那麼痛苦、疾病就會接踵而至。

我們一旦違反人體內的自然法則，那麼便會立即遭到報應。如果是好吃懶做、暴飲暴食，則可能染上痛風、癱瘓或消化不良一類的疾病。如果是飲酒過度，則全身浮腫、手腳發顫、渾身乏力，還會食欲不振、體力衰竭、體質下降。凡酒鬼所遭受的種種痛苦，必一一落到他身上。

人體如此，社會也是如此。如果一個地方排水不暢、清潔不力，而居住的地方又擁擠不堪、極不衛生，在周圍惡濁空氣的包圍之中，就會發生流感、霍亂或瘟疫。這些疾病起於貧民窟，但是馬上也會波及富人區，凡它足跡所至，屍橫遍地，慘不忍睹。這種情形下的種種苦難和不幸簡直可以說就是人為造成的，但是避免這種災難其實也不難，這是人人都可以做到的事情。

凡是人群聚居的地方，空氣必定會受到汙染。如果通風不足，空氣中便會充滿人體呼吸排出的廢氣。這種不乾淨的空氣，如果再次進入人們肺部便會有害身體。由此可見純淨空氣是多麼的重要。即使是缺少食物帶給我們的危害，也遠不如空氣的不純淨給我們的傷害大得多。一個年滿 14 歲的人，一天 24 小時呼吸的氣體大約在 600 立方英尺，如果臥室太小，會讓他多少會感覺到不舒適，久而久之便會感到呼吸困難。

第十四章　世界上最寶貴的財富

　　將老鼠置於一個密閉玻璃器皿中，它反覆呼吸自己的空氣，不久就會死亡。如果把人置於一個密閉狹小的空間，他也會一命嗚呼，並不會比一隻老鼠堅強到哪裡去。在加爾各答的黑牢裡英國士兵之所以斃命，也正是因為缺少純淨的空氣的緣故。而一些製造業發達的城市，半數嬰兒不到 5 歲就夭折了，那主要也是缺少純淨空氣在作祟。曾經有一個關於水手的故事：在一艘輪船密閉的貨艙內，一位水手看見同伴馬上就要死於熱病，於是將他抬出貨艙，為的是讓他死在露天底下。不承想，抬出來後他非但沒有死，反而甦醒過來，最終還完全康復了。他之所以能夠康復，也要歸功於乾淨的空氣。

　　成年人如果長時間呼吸了不潔的空氣，最常見的後果就是發熱病。索思伍德·史密斯博士曾說，一個市鎮最重的負擔當屬「熱病的負擔」。據估計，單在利物浦，每年就有 7,000 人遭受熱病襲擊，其中 500 人因此喪生。熱病襲擊的物件，往往在 20 ～ 30 歲之間，多是一家之主，全部家庭的生計都在他們肩上。因而熱病不僅引起死亡，又往往造成許多孤兒寡母。在許多較大的製造業市鎮，這是當地居民最重的負擔。普雷菲爾博士在做了仔細研究後指出，由於發生各種實際可以避免的疾病和死亡，南開郡每年的損失高達 500 萬英鎊。而這還只是物質與金錢的損失，精神的損害更是無法計量的。

　　英語古詩中的那些「出身平民但幸福快樂的鄉村情郎」和「溫柔的牧羊人」，現在到哪兒去了呢？今天他們是哪裡也找不到了。鄉村姑娘和她的情郎在我們這個時代只會是非常不起眼的一對戀人，住在簡陋的村舍裡，一星期只有 12 先令左右的收入，只能勉強維持家庭。這位情郎遠不會成天坐在淙淙的溪流邊，用笛子吹出動人的歌謠，來度過他愉快的時

光。可憐的人，如果他生活在現在，那麼他也必須從早到晚每天工作，而收入又只有可憐的一點，他哪裡能有那樣的時間、閒情呢？在我們的達芙妮眼裡，這樣的「鄉村情郎」也只怕是變成了既不會念又不會寫的蠢驢了呢。

聽一聽菲尼埃斯‧弗萊徹的《牧羊人之家》：

> 不管朝廷的牙爪快樂與否，
>
> 牧羊人的生活總是無比幸福。
>
> 雖然蓬門簡陋，棚舍低矮，
>
> 卻能安全地把錢財，
>
> 連同它的嘲諷和討好，
>
> 統統關在門外。
>
> 他不用擔心臣僕的棄義背信，
>
> 因而輾轉難眠。
>
> 他照看群羊，放聲歌唱，
>
> 自己也像一隻純潔的羔羊。
>
> 他的生活甜蜜充實，
>
> 不用擔心上當受騙。
>
> 狂風怒號時，
>
> 原野中的山毛櫸為他撐出清涼一片，
>
> 直至風雨複歸平靜。
>
> 他的生命之舟不會在世俗洶湧的大海上顛簸，
>
> 也不會在懶散安逸中迷失航向。
>
> 只要上帝高興，
>
> 他的生活就充滿幸福和感激。

第十四章　世界上最寶貴的財富

噢，這溫柔的牧羊人，如今他哪裡去了？莫不是那飛轉的紡織機已經把他吞沒？唉，也許哈裡斯夫人說得對 ——「這樣的人從來沒有過。」他有過嗎？我們非常非常懷疑，這樣的人從來是不存在的，只是詩人在想像裡捏造出來了他。

在傳說中，阿卡迪安人在還沒有鐵路，還沒有實行公共衛生改革的時代，過著牧歌般的生活，然而這不過是一個美麗的神話，政府的報告將這個神話擊得粉碎。這裡的農民，住得極為簡陋，只有破舊不堪的小木屋，整潔得體是全然不可能的。縱然是再大的家庭，一家人的生活起居也只能在兩間屋子有時甚至是一間屋子裡勉強度日。白天待的屋裡，除了一家人外，又要堆放各種炊具、洗漱用具、勞動工具以及換下的髒衣服。夜晚父母和子女睡一起，偶爾前來投宿的人也往往擠在這唯一的一間屋裡。那種屋子通常沒有窗戶，只有屋頂未蓋嚴實的茅草會透進屋外的亮光。丈夫不能感到家庭的舒適，於是便時常去到酒店裡打發日子。孩子們長大了，也不知道一點文明禮貌。而等待著妻子和兒女未來的命運就更為悲慘了。村裡的人都極少能夠見到報紙，但不時地會有鄉村的消息傳到他們的耳朵裡，說的是附近某處地方整個的村莊被夷為平地，目的竟是為了不讓乞丐們把它當作安樂窩。

某位議員曾在議會委員會裡大言不慚地承認，他「推倒了 30 座左右的村舍，如果不採取這種措施，那裡就會成為不少年輕夫婦的住地」。那麼，那些被奪去住家的人又會怎樣？他們如果得到主人的同意，又會在被推倒的村舍裡擠到一起，或者湧進濟貧院裡去。一個更常見的辦法就是湧入市鎮，那麼至少還有一絲希望，可以為他們自己、為他們的孩子找到一份吃飯的職業。

在我們的製造業城市，空氣、衛生和管理，幾方面都是差強人意的，遠沒有達到它應該成為的那個樣子，但即使城市的這些不幸，在那些鄉里人看來，也強過鄉下的那些不幸了。為了維持家庭，為了就業，年復一年地，他們潮水般湧入大城市。什麼「值得誇耀的農民」，什麼「村裡的驕傲」，都是一派胡言，這才是他們真實的狀況。

這些民工的物質狀況如此，他們的智力狀況也未見得好多少。西部邊遠縣城的農民，倫敦東部的貧民，他們都同樣缺少教化。據赫拉福德縣主教委員會的一份報告顯示：「在我們的教區裡，充斥著歷史遺留的各類迷信。有的人視某些日子吉利、某些不吉利，在這裡是極為普遍的現象。有的以敬畏的心理端視著月亮，某一時刻以為應當虔誠祈禱以求平安，而某一時刻又以為應當用豬獻祭；又有許多人家，在門外放上做成十字形的樹枝，不容許有稍稍的移動。這裡，人們對詛咒的力量抱著虔誠的信仰，如果從教會得到一個 1 先令的指環，在他們的眼裡，那就會有治病的奇效，而用死人的手觸摸一下自己的頸部，頭頂的粉瘤隨之就會消除……長期以來，在這些未受教化的鄉里一直流傳著『罪惡的眼睛』的迷信，人們為之擔驚受怕。人們又傳說，如果病人突然去世，通常總有些人能夠看到他的魂靈。」

西尼·史密斯曾經說過，「一切民族在它的童年時代都過著豬一般的生活，即使最開化的民族也不例外」。他的話不只是發表一個觀點，的確也是實情。如果在那個時代就有今天這種衛生報告，我們便能夠知道那些牧羊人和鄉村情郎的生活的真實狀況了，他們住處的實際情形，與菲尼埃斯·弗萊徹的描述必定大相徑庭。即使今天普通的機械工人，與薩克遜或者諾曼時代最大的土地貴族相比，他們的住處也要舒適得多。倘若我們要

第十四章　世界上最寶貴的財富

說出真相的話，那便是，今天我們的農業勞動者生活條件固然十分惡劣，但他們祖上的生活條件還不如他們。

如果我們要使人的生活不是停留在一種動物的生活中，首要的手段是給他一個健康的家庭。無論如何，家庭畢竟是世上最好的學校。正是在這裡，兒童才成長為男人和女人，他們最高尚的品行或最惡劣的舉止，都出自這裡的教化。由這裡的培養，他們的道德水準、智力程度就大致成形了。因為家庭的存在，人們才可能真正變得有人性、有教養。一個良好的家庭會窗明几淨、彬彬有禮；而一個墮落的家庭卻會藏汙納垢、傷風敗俗。

學校的教師，對於兒童性格的養成幾乎無能為力，真正決定這種性格的是他的父母、他的兄弟姐妹和同伴。學校裡的教育即使再完備、知識再多，倘若學生每天仍必須回到他那骯髒、墮落、不幸的家庭，那麼他所學的一切都無法抵消這種家庭的影響。家庭教育直接影響一個人的性格傾向，如果這種性格傾向是由於惡劣的家庭環境造成的話，那麼學校的教育也許會使他變得更壞。

我們不應當把家庭僅僅看作是供人起居食宿的地方，它還提供著自尊、提供著舒適、提供著人們其樂融融的生活氛圍。如果每個人都有自尊，那麼我們將會看到，這個社會存在的各種敗壞社會風俗的惡行，有四分之三將會無影無蹤。而對於一個家庭來說，它要成為一個幸福歡樂的地方，要對所有家庭成員，尤其是孩子們發生有益的影響的話，就必須營造出舒適、乾淨、友愛、高雅的氛圍。而要有這樣一種氛圍，必定離不開一位明白事理、辛勤持家、有條不紊的主婦。家庭的品質，可以說完全是依賴著它的主婦，也就是說，一個家庭的幸福或者不幸，全掌握在家庭主婦

的手裡。不提高家庭的品質，一個國家就不可能獲得進步；而不借助婦女，這種提高即無從談起。她們必須知道如何使一個家庭舒適安逸，當然，首先她們必須接受教育。

因而，為了使婦女能夠勝任她們將來在實際生活中的角色，必須給她們以足夠的教育。這種教育必須考慮到她們將來的多種角色：她們既是妻子，又是母親，還要做家庭主婦，但今天即使是上流社會的家庭，也都極少以這樣的眼光來指導少女的教育。一般的工人階級的家庭，家中的少女被打發出去做工；而富人的家庭，少女小姐們則把更多的時間花在學習一些華而不實的技能上了。然後呢，男人們就是在這樣一些女人中，挑選英格蘭未來的妻子和母親。

男人們通常也對婦女的智力和技能不加注意，只是到了他們發現家庭粗鄙無味、鬱鬱寡歡的時候，才知道這一切的價值。男人注意的只是她們的容貌、她們的舉止，還有窈窕可愛而已。如果一旦墮入愛河，至於意中人會不會針線活、能不能下廚房，就全不考慮了。然而，真正結婚以後，哪怕感情最熱烈豐富的丈夫，也會從他盲目的熱情中清醒過來，很快意識到一個漂亮臉蛋的價值其實遠遠抵不過兩隻巧手。至於衣服無人縫補、飯菜不能下口，那時候的煩惱就會降臨到這個倒楣的男人還有這個倒楣的女人身上。以上這些都是一種舒適安逸的家庭生活所必備的基本要素，假使這些都不能具備，這個家庭就會讓人憎恨了。這時，妻子無論容貌多麼姣好，也難得丈夫的歡心，那由法律、由教堂締結的婚姻，最終也會被酒館裡的酒杯所分離。

男人對於家庭這方面也是一無所知的。如果他們稍稍知道家庭的重要性，那麼就不至於匆匆忙忙在時機還不成熟的時候便自立門戶。不懂事的

男人再加上不懂事的女人做他的妻子，這樣的家庭，小孩兒一定不能培養成通情達理、照顧家庭的人。於是，家也不再是家，只是一個投宿的旅店，而且還是一個不那麼舒適的旅店。

其實不單單是生活窘迫的勞動者如此，大的製造業發達的城鎮裡，那些收入豐厚的工人也同樣如此。一個男人，倘若一星期可以賺兩三鎊的薪水，他就會大把大把地花錢買酒，卻捨不得每星期從薪水裡面拿出十幾個便士來，為他自己、為他的小孩兒營造一個體面文明的家庭。這會帶來什麼樣的惡果？他們這麼做其實是降低了自己家庭的品質，現在他們整天與粗鄙骯髒的鄰居擁擠在一起，住處看不到任何乾淨衛生的痕跡。這種住宿條件，遠遠不值得他們支付那筆哪怕是微不足道的租金。而這一切勢必會帶來自尊的喪失、品德的低下、身體狀況的極度惡化，最終導致鬱鬱而死。這樣的環境裡，哪怕居住的是人類最偉大的哲學家，他的品質也會降低到動物的水準。

而人們為此節省的花費，或者倒不如說，他們本應該用來花在更好的住房上的費用，並沒有節約下來，而是不明不白地浪費掉了。此外更加不幸的是，惡劣的工作環境使得人們疾病不斷，工作不得不屢屢中止，銀行的儲蓄、慈善組織的施捨也為之耗盡，最終很快又淪為貧民。這種無視營造一個衛生舒適的住家環境所造成的危害，對於中上層階級固然嚴重，卻遠不能與一般工人階級相比。毫不誇張地說，大城鎮裡那些慈善組織的花費中，有一半可以歸納到用於不衛生的家庭造成的損失上。

不過，這還不是最糟糕的結果。由上述種種情形造成的健康狀況的下降，又是引發酗酒的一個主要原因。查德威克先生一次曾向一位喜歡酗酒的工人表示，他不應當把收入的一半都用在喝酒上，那位工人卻回答他

說：「先生，如果您也和我們一起居住生活，那您也會喝酒的。」一位李先生曾說：「倘若我說酗酒的惡習全都是由於不良的衛生狀況造成的話，那麼人們一定會覺得很不可思議。只有那些和我有類似經歷的人，才可能明白：正是由於一個家庭缺少健康、缺少歡樂、喪失了活力，還有面對外部環境的嚴峻人們意識到自己束手無策，才有成千上萬的人為了逃避這種不幸和壓抑，躲到毒品和酒精裡去尋找發洩。他們如同遭遇海難的水手，一陣搏鬥之後發現沒有生還的希望了，於是便用酒精來麻醉自己，然後再被大海吞沒。」

　　也許會有人為他們辯解說，這些住房雖然品質低劣、極不衛生，但也是因為這些工人別無選擇，他們只能找這一類的住房來居住。不過，不是存在所謂的「供給與需求」一說嗎？現在可以找到的住所，由於它們價格低廉，事實上正是人們最需要的住所。可是，倘若這些工人拒絕尋找這些衛生狀況欠佳、價格低廉的住處居住，只願意租那些條件較好、衛生整潔的住房，那麼房東勢必會改善房屋的品質，使它們更加舒適、適於居住。所以，真正的出路在於工人自己。如果他們願意提高自己的租金標準，那麼，這項改革就大致可以說是大功告成了。

　　前面提到，雇主為了改善工人的住宿條件已經費了許多的精力，像帕博多先生和伯迪特·考特斯太太這些慈善家也在推動這項事業的發展，但是其實它的成敗還是取決於工人階級自己的行為。當他們在兩個居所之間選擇的時候，一個衛生狀況良好，一個衛生狀況欠佳，那麼他們都應當選擇前一處而不是後一處，但實際情形往往相反。雖然，租金一週增加 6 便士或者減少 6 便士有不同，而且，人們倘若不知道健康的重要性，那麼便會因為它的價格最為便宜而選擇那處不衛生的住所；可是，如果我們算上

病人看病的費用，計上薪水的損失，那比起租金上節省的一點點來說，到底誰多誰少呢？更何況還不能享受到舒適安逸，沒有乾淨整潔的環境，而且整日呼吸汙濁的空氣會使我們情緒低落、萎靡不振。

其實造一座乾淨衛生的住房，花費並不比造一處不乾淨的住所的花費要多。對出資造房的一方來說，所需要的只是他對衛生狀況的了解，以及他願意提供一個良好的住宿條件。無論乾淨與否，房屋的占地面積、消耗的建築材料總是一樣的，難道清潔的空氣比汙濁的空氣更為破費嗎？明亮的光線也需要我們花費一分錢嗎？

此外，如果能由一位節儉乾淨的女主人操持你的家庭的話，那麼家真的算是舒適的窩，是美德的營壘，是幸福的寓所了。家庭生活中一切高尚文明的東西，都可以在這裡看到。一個男人在這裡也會留下許多甜蜜幸福的回憶，伴隨他的都是妻子、兒女以及左鄰右舍的歡聲笑語。這樣的家庭在我們的眼裡，不只是為了人們睡覺而造出的巢穴，而是偉人的訓練場，是心靈的避難所，是暴風雨的庇護棚，是勞作後溫柔的棲息地，是悲痛中的安慰，是成功後的自豪，是無時無刻不在的永恆的喜悅。

是的，為了普及衛生學知識，很多人已經做了大量的工作，但是它不是教授們在大學講壇上講授的高深學問，也無須學生們手把手地教會人民，它沒有任何玄妙之處，但是一直到近幾年，它才略微獲得人們的認可。而最後它之所以能廣受重視，甚至在議會的許多法案中也有體現，那不是醫學界的功勞，而主要是由於一位律師 —— 愛德溫・查德威克 ——的功勞。

愛德溫・查德威克在同時代的人眼裡，一直沒有得到應有的評價。他是他那個時代最不知疲倦、最有成就的工作者，他的工作甚至影響到了當

時的立法。然而，論名聲，他甚至不及議會裡許多不入流的政客。

查德威克先生屬於南開郡的一個家族，生於曼徹斯特附近，主要在倫敦接受教育。26 歲時，他決定以律師為職業，於是進入內殿法學院學習，在那裡他以賣文為生。他不具有任何過人的才識，但目光遠大、堅忍不拔，一旦認定一項目標，無論初看起來距離多麼遙遠、工作多麼繁重，他全不退縮。

愛德溫·查德威克剛剛開始他的職業生涯不久，內心就漸漸被一個主意占據了。這個主意其實並不新奇，不過這次擁有這個主意的，卻是一個異常熱烈、精力旺盛、能夠吃苦耐勞的人，這個人就是愛德溫·查德威克。

這裡不妨簡略地介紹一下他是如何一步一步地實踐他的主張的。政府的保險統計師摩根先生曾在議會委員會上作證說，儘管中產階級的境遇已經顯著改善，但他們的預期壽命並沒有相應延長。這與我們這位愛德溫·查德威克的主意正好相對，他便試圖指出這位保險統計師的錯誤之處。他對無數的統計記錄做了詳盡的閱讀和審核，包括政府的藍皮書、公開發布的壽命統計表及人口統計表等。他完全埋頭於小山一樣的檔堆裡，從最意料不到的地方收集了大量的事實，為的便是要證明他的主意，向世人闡明他的天才思想。

最終的結果發表在 1828 年 4 月的《威斯敏斯特評論》上。查德威克先生在這份報告裡，提出了大量的事實和論據證明了以下幾個觀點：第一，環境會對人的健康造成影響；第二，一旦環境改善，健康狀況也會相應改善；第三，許多對壽命有不利影響的疾病和狀況其實是可以由人力加以控制、可以消除的；第四，對於延長人的壽命而言，接種疫苗、減少過度飲酒、養成良好的衛生習慣、加快醫學研究的步伐、建設條件更加良好的街

第十四章　世界上最寶貴的財富

道和住宅，這些具有首要的意義。他所引述的事實，都有絕對可靠的來源，由他的論證就可判定，摩根先生是錯的。現在人們普遍承認，境遇較好的人們預期壽命已經並且仍在不斷地提高，可是，這首先是由愛德溫·查德威克為我們證明的。

　　1829 年，查德威克先生在《倫敦評論》上發表了另一篇文章《預防性的警告》。傑勒米·卞欽讀到了這篇文章，這時他已 82 歲高齡，仍讚不絕口，一心希望結識這位作者。之後雙方結下了長期的友誼，一直持續到 1832 年這位哲學家去世，中間從未間斷過。傑勒米希望，他的這位青年朋友能夠把全部的時間都用來協助他完成《行政法典》，他答應，如果查德威克先生願意全心全意地推行他的主張，他可以讓他在最終的成果中享有一個獨立的地位，但是查德威克先生拒絕了這個提議。

　　查德威克先生繼續完成了他的法律學習，1830 年他進入了律師界。1832 年，他正準備進入普通法領域，偶爾也為《威斯敏斯特評論》撰寫文章，突然，他與索思伍德·史密斯博士和圖克先生一道，被任命為一個專門委員會的成員，以調查工廠勞工問題。這個問題由於阿斯利勳爵和薩德勒先生的著力推動，正引起人們的注意。委員會的報告再次表達了公共衛生的思想，把「不完善的排水、通風、供水」等視為引發疾病的原因，它與勞動過度一道，同樣損害著人們的健康、縮短著工廠勞工的壽命。

　　同年，格雷政府任命了一個重要的調查委員會，以調查英格蘭和威爾士的濟貧法實施情況。查德威克先生又被任命為委員會的助理調查員，任務是收集這方面的證據。分配給他的區域是倫敦區和伯克郡。他的報告於次年提交，這份報告堪稱一切報告的典範，其中充滿了各類事實，而且對之做了很好的歸類。報告的作者透過揭示事實，甚至有意地保留證人的原

有用詞，以便使它讀來栩栩如生，即使是對藍皮書最有成見的人士，也不禁饒有趣味地把它讀完了。

查德威克先生顯示了自己在這方面的驚人才能，他提出的建議也富於實用價值，於是，報告提出不久，他就由助理調查員榮升為首席調查員。

時至今日，我們可以冒昧地提出，這項法案是現代所有法律文獻中最有價值的一種，這是可以確定的。然而，法案透過後的若干年裡，這項法案卻成為有史以來最不受人們歡迎的一項法案，但查德威克先生並不洩氣，他堅持自己的信念，相信法案所依據的原則是合理可行的，他不遺餘力地為這項法案辯護。有句話說得好：「受人歡迎是輕而易舉的事情，但要實踐一種從未有過的善舉，那只有真正的勇士才能做得到。」愛德溫‧查德威克正是這樣的一位勇士，如果他所從事的是正當的事情，他的勇氣是從來不會消失的，即使是件受人非議的事情他也不會放棄。

查德威克先生雖然埋頭於濟貧法卷帙浩繁的文獻證據中，但他從沒有忘記他的公共衛生的想法，他所有的報告都浸透了這種思想。在他看來，現有的貧困，其中有四分之一的根源可以在各種可預防的疾病中找到。他對於勞工，更廣而言之，對於貧苦階級的生活狀況所做的詳盡的調查，使他對環境中的各種問題有了充分的了解，正是這些存在的問題威脅著社區的生存，並借助於熱病、肺病和霍亂之手奪去無數人的生命。由此，公共衛生的思想更牢牢抓住了他的心。

時間已經到了 1838 年，查德威克先生這時仍然擔任濟貧法委員會的祕書一職。一天，一位白人禮拜聯合會的職員突然神色慌張地闖進了濟貧法委員會的辦公室，他向委員會報告了一個可怕的消息：在這個地區的一個死水池周圍，一場熱病正在蔓延，它已經奪去數十人的生命，它的為害

第十四章　世界上最寶貴的財富

劇烈，不禁讓人懷疑它可能與某種亞洲霍亂有關聯。聽到這些，在查德威克先生的建議下，委員會立刻任命阿諾特、凱伊和索思伍德·史密斯 3 位博士，讓他們著手調查是什麼導致了如此嚴重的死亡事件，並進一步報告整個倫敦的衛生狀況。最終，委員會的調查終於演變為公共衛生的調查。

在這期間，查德威克先生一直以委員會成員的身份，研究如何以最好的方式在英格蘭和威爾士建立一支高效的衛生監督組織。這有一份報告可為證明。這份報告論據的精彩絲毫不亞於狄更斯的小說，它對下層民眾的生活方式和習俗表現出了異乎尋常的洞察能力。查德威克先生在處理了這一問題之後，又重新投身他一生都為之奮鬥的偉大的事業：公共衛生運動。

1839 年，倫敦大主教在上院提議，由查德威克先生組織成立，索思伍德·史密斯、阿諾特和凱伊 3 位博士組成的首都衛生狀況調查小組，應當把他們的活動範圍擴展到英格蘭和威爾士全境，不論城市、鄉村，還是製造業城鎮，所有的居民都應該包括在內。蘇格蘭首都愛丁堡的居民也為此請願，要求把蘇格蘭包括在內。於是，在 1839 年 8 月，約翰·羅素爵士致信濟貧法委員會，以皇室的名義授權他們將已經在首都開始的對可防止的疾病的調查擴展到英格蘭全境。全部工作現在都移交到查德威克先生手裡，這包括籌畫、負責全國的調查工作，對各種證據進行審查、篩選，加以歸類和精簡，以便最終成文出版。

1842 年，第一份城市健康狀況報告已經預備出版。這份報告本該以濟貧法委員會的名義作為正式報告發表，但是委員會中有些成員對於新的濟貧法與查德威克先生有不同看法，他們擔心這份報告有太多的地方會冒犯眾多權勢機構，便拒絕為它承擔責任。於是，查德威克先生便獨自承擔了全部責

任，報告於是以他個人名義發表，不過，就所做工作而言，也確該如此。

查德威克先生為準備這份報告以及其他報告所做的艱苦、枯燥的工作遠非我們所能想像，他要面對來自全國各地的無數手寫和印刷的材料，從中摘錄對正在進行的這項工作最引人注目、最具出版價值的部分，這份辛苦，非親身經歷者無法想像。查德威克先生一生查閱的文檔不計其數，如果把它們都堆放在一起，恐怕甚至連他自己也不免嚇一跳。

查德威克先生的衛生報告一出版即轟動全國，在他之前，這種現代文明的華麗外表下所掩藏的種種駭人的情形，還從未有被公開揭示過，但查德威克先生的意圖不只是要造出一種轟動的效果，他有自己一貫追求的目標。對他來說，如果報告所提出的種種改進措施不能付諸實施，那它就是毫無意義的。由此，一個致力於改善衛生狀況的團體成立了，以往政治上對立的派別，在這方面卻能夠同心協力了，於是在任的內閣大臣們成為它的重要領導人。

1844 年，一個衛生委員會受命成立，它的任務是從實際的角度全盤考慮整個問題。委員會發表了兩份意在推動立法的報告，但這時適逢自由貿易的論戰，委員會有長達幾年的時間幾乎無所作為。此時，我們的衛生改革家查德威克先生身為委員之一，正在首都開展調查。委員會發表了 3 份報告，詳盡討論了倫敦的排水系統、下水道汙物處理系統和供水系統的缺陷。報告的內容在後來一些重要的立法法案中得到採納。

1848 年《公共健康法》的透過以及全國健康委員會的成立，宣告了公共衛生觀念的最終勝利。委員會的工作是監督法案的執行，查德威克先生即是它的成員之一。以後，為了把委員會所贊同的公共衛生原則能夠具體執行，又透過了許多附加法案。不時地仍有各種報告公之於世，為人們提

第十四章　世界上最寶貴的財富

供許多有價值的資料。這些報告涉及的內容包括：把城市汙水應用於農業灌溉的問題，有關流行性霍亂、檢疫、排水的問題，公共住宅的問題，等等。簡單地說，公共衛生運動成為一項重大的事件，而它所以能夠如此，主要要感謝愛德溫·查德威克先生，這位傳播公共衛生觀念的先行者。

雖然，最終由於他的脾氣過於急躁，更主要是由於他天性不夠隨和，以致他失去了在健康委員會中的職務，但是他的不隨和，主要針對的是危害公共利益的各種地方勢力和私人利益。所以，真正獨立思考、態度客觀的人士依然對他的性格給予了很高的評價。無論毀譽如何，他的事業一直流傳至今。

由此，查德威克先生使自己成為一切贊助公益事業的人士中成就最大、最為務實的一個。他完全可以與克拉克森或者霍華德相提並論，他的工作具有同樣的意義，而以結果來看就更是如此了。

衛生學說白了就是清潔，它最關鍵的因素就是保持空氣和水的純淨。從此來看，它恐怕是人類一切知識領域中最為簡單、也最容易理解的一個領域了，但也許恰恰是由於這個原因，它始終極少受人關注，人們對習以為常的事情總是不肯注意。至今許多人仍然有這樣的想法，以為給房間通風、為排水道清汙、保持住宅和個人的整潔，都是人人知道的事情，哪裡還用得著什麼科學？

當然衛生學也許還不能算是一門名聲顯赫的學科。與它打交道的是各種汙垢，研究的是如何把它們從皮膚、住宅、街道、城市等處清除。它用這麼一句話就可以概括大意：「遇有汙垢，立即清除；如果保持清潔，這有助於人類的健康。」假使在一個大城市中，有一條衛生狀況極差的街道，我們會發現，傷寒病就會頻頻地光顧這裡。而如果把街道打掃乾淨，

把下水道的汙物清除，保持空氣和水的純淨，病菌就沒有容身之地，這比可打針吃藥划算多了。李先生曾說過，全英格蘭每年大約有 5 萬之多的傷寒患者，病因卻是可以預先加以防範的。這豈不等於每年讓 5 萬人在他們極其惡劣的住所裡等待著死神的光臨？一起謀殺的消息就能夠讓我們驚駭，讓我們感嘆那條被暴力奪去的生命；而千千萬萬的人每年由於生病而結束生命，而且這些事情無時無刻都在發生，這一類消息屢屢傳到我們的耳朵裡，我們對此卻無動於衷。每年由實際可以預防的傷寒病毒毀滅的人口，數量竟是盟軍在滑鐵盧戰役中陣亡人數的兩倍。全體居民中，由於無視健康生活所需要的各類條件，絕大多數人都為此損失了他們自然壽命的一半。正如一位衛生官員所說：「傷寒全是人們無視衛生措施的報應。」

但查德威克先生相信，他從利物浦、曼徹斯特以及在里茲的地下室裡，從那裡的工人身上所發現的一切，比衛生官員的發現又嚴重了百倍。在大城市的各條街道安家的愛爾蘭貧民，由於那裡惡劣的衛生狀況，他們頻頻受到傷寒病毒的襲擊，以至於國內有些地方就稱呼這種病為「愛爾蘭熱病」。像這一類衛生狀況不佳的住所，可怕的已經不只是生命在被無情地吞噬，更讓人驚恐的是道德不斷地在死亡。因為伴隨著那種汙濁生活的是人們種種的惡習和罪行。這裡，道德的敗壞已經是一種常態，在這裡既沒有清潔的環境，也沒有文明的舉止，更沒有彬彬有禮的態度；這裡，語言淫穢不堪，放蕩無恥的景象隨時可見，這一切，只是會使人更加好吃懶做，更加嗜酒如命，更加自暴自棄。想一想，這樣的道德風氣對婦女、對兒童能夠意味著什麼！

在身體的健康和道德的健康之間，在家庭的幸福和大眾的幸福之間，都有著密不可分的關係。不衛生的住所對一個人道德上的敗壞遠甚於瘟疫

本身。哪裡汙濁的空氣影響到了人的健康，損害了人的體質，哪裡就有心靈品質的低劣、猥瑣。如果一個人沒有了自尊，那麼蠢笨、懶惰、厭倦的情緒就會無處不在，性格也會被敗壞，但是人們還是渴望抓住那瞬間的快樂，渴望感覺到血液的流動，於是人們就又跑到酒精中去尋求解脫，於是就有了種種痛苦與不幸、種種無恥與醜行，還有種種犯罪。

如果無視日常生活所需要的健康條件，它的代價是十分高昂的。對於富人來說，它將花費他們無數的錢財：因為他們要支付濟貧稅，以幫助那些被傷寒奪去了丈夫的婦女、奪去了父親的孩子；他們也會有要四處求醫的時候，因為那從茅屋陋舍傳播的熱病，遲早也會侵入這些大戶人家，奪去他們的父親、母親或者孩子的生命；他們還要為各類診所、養老院、療養院、救濟所提供捐助。而對於窮人，它索取得就要更多了：健康——窮人們唯一的資本，也被奪走；這卻是他們全部的希望，沒有了健康，他們就身無分文，坐以待斃。可見，這方面的漫不經心是多麼的可怕啊！對社會、對個人都是如此。

那麼，既然這樣，又有什麼原因使得衛生學沒有被普遍地採納和實行呢？恐怕這主要還是由於麻木不仁、坐享其成的心理作怪。在地方政府，多的是麥克萊特太太一類的角色，但是這些人都不願意為此勞神。要消除這些疾病，最為重要的就是要提高稅率；其次，需要辛勤的工作和始終如一的關心。而各種邪惡的利益頑固地拒絕讓步，公然藐視批評意見。他們把過去的一切都看得十全十美，不願意有任何改變，所以一旦發生了傷寒、霍亂之類的疾病，他們就會為自己開脫，以為這是天意，責任不在任何人。

好一個「責任不在任何人」！多少賬要算在它的頭上！正是這個「不在任何人」，它造出的不幸要比世界上的一切都多。正是它，叫我們的食

物腐爛變質，叫我們受酒精的毒害；它給我們飲用汙染的水，向大街小巷傳播病菌，使城市汙水無處排出；它讓所有的監獄、收容所人滿為患，培養出一幫小偷和酒鬼。

這個「責任不在任何人」，它背後有一套理論，一套可怕的理論，兩個詞就可以把它表示清楚，那就是自由、放任，換句話說，就是聽之任之。如果膏藥裡摻了雜質，那麼對於受害者，補救的唯一辦法就是聽之任之了；「本店概不退貨」，誰有本事，讓他自己去發現自己上當受騙了吧；住著不乾淨的住宅，聽任不幸的宰割吧，不要阻礙死神的腳步。

一個富人，聽到一位可憐的婦人帶著她重病的孩子被迫離家乞討的消息時，滿不在乎地說：「這和我有什麼關係？」與此同時，濟貧院方面對可憐的婦人和孩子也愛莫能助，打發她走了。幾天後，婦人抱著她的孩子來到了富人的門前，但是小孩兒已經死了！更可怕的是，病菌隨之傳播到街道、傳播到富人那珠光寶氣的臥房，就連富人的孩子也不能倖免。

雖然，這種觀點隨著社會的發展已經越來越少了，但是如果它最終能與傳說裡的老妖怪一道消失，那就是我們的萬幸了。無論在哪裡發生了苦難和不幸的事情，也許我們還是應當找到承擔罪過的人，但是如果還是聽之任之的話，那我們也就難辭其咎了。我們單槍匹馬、赤手空拳也許不能制服這些惡魔，但我們可以團結起來，可以用法律的武器把全社會的道德力量集結在一起，來制服這些惡魔。許多人的意志聯合起來，那就是法律，那些單獨、憑一己之力做不到、做不好的事情，法律卻能夠辦到。當然，法律也不可能管得太多，但是那些真正應該「聽之任之」的事情，它也許正好有用武之地。

但是我們知道單純改善城市的環境，比如，在排水供水、清汙修路以

287

第十四章　世界上最寶貴的財富

及禁止把地下室作為住所等方面的改善，其實效果是非常有限的，除非我們的工作更進一步，讓居民的家庭環境也獲得改善。一套完備的公共衛生措施，必須保證整潔的外部環境，排泄物能夠迅速地清理，這樣，我們的街道上、房間裡才會流動著乾淨的空氣，不會混有各類可能導致疾病、痛苦和死亡的有毒物質。地下室也應當禁止作為住所，日後興修的樓房，也要有一些管理措施，但市鎮當局所能做的僅此而已，它無法去做更多的事情，它不能讓每家每戶都按照它的決定去做，而且其實也沒有必要這麼做。

為此，還需要大量個人的努力。是的，法律是不能包攬一切的。人們居住的房子，可不都是政府的，而是大大小小的雇主和資本家出資修建的。因此，如果公共衛生運動要取得成功，那就必須把這些方面都包括進去才行。

已經有一些資本家花了許多的氣力，為自己手下的工人建造合乎衛生標準的住所，而員工們健康狀況的改善、道德水準的提高，也在為資本家帶來回報。希望那些好心腸、充滿仁愛精神的資本家能把他們的善舉推而廣之。如果每個市鎮都有一些建築商切切實實地考慮這些問題，為工人提供良好的住宿環境，以及健康舒適生活所需要的條件，比如通風、整潔、男女分離等等，一一予以滿足，那麼他們這就是在為整個社會做好事，而且，也是在為自己做好事，那真是一件功德無量的事情。

但這一切，也需要得到生活比較窘迫的居民的積極配合，也需要他們誠心誠意地參與到公共衛生運動中，不然成效總是有限的。我們可以改善我們的供水，但如果家庭主婦不去使用，如果她自己又懶又髒，她的家庭就仍然會骯髒不堪。我們也可以提供良好的通風條件，可是如果氣勢洶洶

的主人不搬走，整天仍然把門窗都關得嚴嚴實實，戶外的清新空氣無法進入住宅，房間裡就還會充滿發黴的氣味。所以無論什麼時候，都需要一位女主人掌管家務，這樣的女主人，卻不是議會的法案可以造就的。再說衛生委員會如果遇到一個不要乾淨的潑婦，那也是束手無策，不可能用告示強迫她變成乾淨整潔的家庭主婦；同樣地，也不可能把胡作非為的酒鬼變成一個勤儉持家的好丈夫。因此，還需要每個工人家庭的主婦們的不懈努力。最近一位研究家庭改革的作者發現：「首先，我們必須指出，居住環境對於勞工階級的身體與道德上的危害固然十分嚴重，但更多的問題卻是來自他們自己。我們可以認為，與其說人依賴房子，不如說房子依賴人，因為意識對物質的力量總是超過物質對意識的力量。一個有著文明整潔的衛生習慣的家庭，縱使給他們一套住宿條件十分惡劣的住宅，他們也會盡力把它布置得更好。任何讓人不快的東西都引起他們的注意，凡是他們力所能及的，他們都會把它移走。而即使是配備得非常舒適方便的模範住宅，倘若居住的是一些放縱不羈、衛生習慣不好的人，那它很快也會變得亂七八糟、不成體統。一對莊重勤儉、愛好整潔的夫婦能夠把最糟糕的宅第裝點得熠熠生輝，讓人肅然起敬；而花花公子之流、貪杯好賭之輩會使居處讓人如坐針氈，最終掩鼻而去。以上種種說明，居家環境的好壞也相當依賴於住戶的性格和行為，所以，有必要讓他們意識到自己的責任，讓他們知道和關注這些與居家環境的改善有關的方方面面。」

　　這一點我們務必時時放在心頭，但與此同時，我們要盡一切努力，盡可能地為勞工階級提供舒適美觀的住宅。因為實際的情形是，在許多地方，這些工人由於條件所迫，不得不選擇一些無體面可言、等於慢性自殺的住所，聽任這些地方對自己的身體和道德的摧殘。

第十四章　世界上最寶貴的財富

　　是啊，家庭是塑造人的工廠，有什麼樣的家庭，就會有什麼樣的人。環境的力量會損害我們的意識，過多地置身汙穢不潔的環境會使任何文明禮儀都消失殆盡，人不可避免地會變得粗鄙不堪、趣味低下。我們大城市的貧民窟裡，許多住宅都陰暗潮溼、雜亂無章，讓人心情壓抑，這樣一種環境，哪裡還能夠奢望培養出溫文爾雅的性格，讓他嫉惡如仇、兢兢業業，以追求人生路上不斷的進步和滿足呢？如果我們不能採取各種方式改善住宿條件，那麼，居住在這裡的人們，他們道德水準的下降、社會地位的低賤，一定是擺脫不了的。

　　我們希望的不只是人們享有更好的居住條件，我們更加希望他們能夠學會領略和欣賞這一切的好處。一位愛爾蘭地主一次讓他的佃農搬進他特意為他們修建的住處，比起他們原先的茅屋來，這裡自然要舒適得多。不久以後他回到他的莊園，卻看到他們的屋子裡與以往沒有什麼不同，仍然毫無整潔、舒適可言：小豬睡在床底，母雞在床上蹦來蹦去；混凝土地板與以前的泥地板一樣髒，窗戶的玻璃沒有一塊是完整的，花園裡雜草叢生。他看了大為洩氣，絕望中寫信把這一切告訴了友人。友人回信說：「你的第一步就錯了，你應當首先教會他們懂得整潔、節儉和舒適。」所以，作為第一步，我們首先應當使人們了解為什麼要保持整潔，它是一種怎樣的美德，它如何有利於健康，但是，這一切又需要這些人聰明，能夠理解用文字表述的思想，能夠識別，會閱讀，會思考。所以，他們首先應當像兒童一樣，入學接受正確的教育，但大部分工人沒有受過教育，有半數都是不識一字的文盲，我們對這種狀況無動於衷，卻希望他們具有一個受過教育的人才可能具有的種種美德，這又怎麼可能辦得到呢？

　　教會人們養成愛乾淨的衛生習慣，這具有頭等的意義。整潔的意義不

僅在於身體的健康，它還給我們一個自尊的氛圍，影響整個家庭的道德面貌。它是節儉精神最理想的代表，它對於家庭來說，正如衛生對於人體。家務中方方面面的事情，都應當以它做指導。所以良好的衛生習慣是舒適和幸福的表示，是文明最顯著的一個特徵，是一個民族進步的象徵。

帕雷博士常常指導到異國旅遊的人，讓他們注意當地人是否注意整潔，注意是否有防止汙染的規定。他認為，只要看看人們是否養成了文明的習慣，看看他們普遍的道德和社會狀況，就可以對他們有一個深刻的了解了，這一切比其他的描述更有說服力。人們的整潔程度與他們的文明程度是一致的，那些不愛乾淨的人等於也是沒有開化的人，城市裡最不要乾淨的階級也是城市中最危險的階級。如果我們要教化這些還未開化的人們，我們便要把他們腦海中骯髒的念頭一一除盡。

骯髒的思想並不屬於我們的天性，它就像吸食生命、毀滅生命的寄生物。它面目可憎，讓人厭惡，凡是它存在的地方就不可能有美好的事物。最美麗的婦人也會因為它而姿色全無，它也會使兒童易於急躁、失去耐心，使成人冒冒失失、自甘墮落。凡是骯髒藏身之處，必定不可能有謙遜的美德，因為它自身就有粗魯無禮的特性。那些不整潔的人，他們是絕對不可能有一顆潔淨的心，因為身體是靈魂的居所，必須時時地擦拭才能跟它相匹配。骯髒是放縱與酗酒的近鄰，衛生調查官已經明明白白地為我們指出，最骯髒的階級也是酗酒無度的階級，他們最容易從酒精和鴉片的麻醉中尋求逃避現實的途徑。

整潔能夠帶來的道德的和身體上的美感，無須我們在此浪費筆墨，它是自尊的表示，是許多美德的基礎，尤其是純潔、精巧、高雅，都離不開它。我們甚至還可以說，思想和感情的潔淨，也是由於身體的潔淨造成

的，因為人的心靈和思想處處都受到外部環境條件的影響。看似一個人外在的習慣，其實卻是在一個人的性格、道德感情和思想能力上都深深打上了它的烙印。

摩西是公共衛生改革最偉大的實踐家。一般說來，在東方民族中，整潔也是宗教的一個要求。他們不只把它看作虔誠的一個表示，而且就是虔誠本身。他們把追求內在的神聖與外在的修身看作是有關聯的，以為如果以不潔的形象出現在他們崇拜的造物主面前，那就是對神明的輕視。因而，回教徒對於洗浴習慣的關注，幾乎與清真寺不相上下，在聖地附近一定會設洗浴的場所，以方便信徒們可以在朝覲之前除去身心的汙垢。

關注一些看起來似乎微不足道的小事情，其實這無論對於男人、女人，還是孩子來說，都關係到他們的幸福。除非能夠妥善處理這些事情，不然我們的身體、心靈和感情就絕不可能感到舒適和快意。就以兒童來看，只有他的飲食、衣著和洗浴都得到了細心的照管，他才會感到愜意滿足。所以生活中那些看起來最尋常不過的事情，其實往往具有重要的意義。如果兒童飲食失調、穿衣不當，那麼對長大後他的體質和脾氣都會產生不良的影響。兒童如此，成人也同樣如此。

成人如果不時時注意這些尋常小事，必定也不能獲得舒適愜意的感覺。每個人都希望自己有一個溫暖舒適的家，而溫暖舒適卻需要由整潔、節儉、規律和勤勉這些特質共同組成。簡而言之，就是無論事體大小，都要處處盡責。燒菜做飯、縫補衣裳、鋪床疊被、擦洗地板，都不是什麼了不起的大事，但一個婦人在她有自己的家庭之前，對這些必須能夠應付自如。一次，阿希伯頓勳爵在對沃爾烏西培訓學校的學生演講時說：「為什麼有的家庭主婦能夠精打細算，有的卻粗枝大葉？有的衣食無憂，有的卻

饑寒交迫？同樣的居住條件，為什麼有的孩子健康壯實，有的卻弱不禁風？同樣的工作，為什麼有的工人可以不費吹灰之力，有的卻要使出渾身的力氣？這裡的不同不在於機遇或者運氣，而是耐心地奉行自然法則。那些有天分的人，理解了這些法則，並且將它作為自己的指導，而那些冒冒失失的人，卻把它都忽略掉了。」

不過，對於許多婦人來說，她們之所以能夠在培養健全的人格、營造舒適的氛圍方面比別人更勝一籌，可不完全是耐心奉行自然法則的結果，而是在家庭、在學校受到的良好教育的功勞。所以無論男女，如果要把事情做得更好，那麼他們就必須了解自己的工作目標是什麼。

我們就以生理學作為例子來說明這個問題。我們認為，每一位婦女都應該接受一些這門學科的教育。為什麼這麼說呢？因為如果婦女懂得生理學的某些法則，那麼她的孩子的成長就會更順利、更健康、更幸福，而且更聰明。生理學法則對兒童也是同樣發生作用的，遵守這些法則才可以保證他們的健康舒適。所以，讓婦女了解這些法則，了解它們的作用，不是很合理的事情嗎？如果她們對這些一無所知，就可能犯下各種錯誤，給小孩兒造成痛苦、疾病、甚至死亡。在我們的大城市裡，半數的嬰兒不到 5 歲就夭折了，這麼高的死亡率又是由於什麼原因造成的？如果孩子的父母稍稍懂得一些健康生活的法則，多了解一些空氣的知識，知道通風、清潔和營養方面的一些法則的話，那麼我們就可以奢望，委託給他們照看的那些孩子的道德和身體狀況都會大大地改善和提高了。

前面提到的那些很平常的事情，如果人們能夠予以適當的關注，那麼他們的孩子就不會受到那麼嚴重的疾病和死亡的威脅了，但是人們對於這些自然法則都是一無所知。而如果這些法則一旦被違反，如果我們無視它

第十四章　世界上最寶貴的財富

們的作用，我們就會自食其果。其實這些法則都是通俗易懂的，如果社會一定要使人們不去學習它們的話，那麼不良的後果不久就會表現出來了。也正是由於人們對正確的生活方式所必需的那些最細微卻又最必要的條件都毫無所知，所以才造成了成千上萬的人被奪去生命的悲劇。

婦女還需要掌握一門重要的藝術，那就是如何勤儉持家。雖說她們沒有收入，但至少她們需要開支。所以，應當告訴她們，必須注意把錢用得恰到好處。為此她們絕對需要掌握算術知識。有人也許會問：「算術對婦道人家有什麼用？」這一點，男人結婚以後就會明白。如果一位家庭主婦全然不懂加減乘除，如果她不懂如何對收支狀況進行記錄，那麼用不了多久，她就會吃驚地發現自己遇到麻煩了：她不懂收支平衡，於是總是入不敷出；如果衣服買太多，那麼在食品和教育上的投入就捉襟見肘了。她往往顧此失彼，使全家都無安寧。只得借債度日，她還會使她的丈夫難堪，給他帶來晦氣，直至讓他完全破產。

說起操持家務，真是一言難盡，烹調尤其值得一說。烹調手藝不佳是許多家庭失和的一個原因，彆腳的烹調是一種浪費，是花錢買罪受。一塊燒得不好的牛排，一個煮得不熟的馬鈴薯，就會把上帝好不容易才撮合起來的婚姻就此拆散了。教育家們在對未來的一代進行教育，讓他們掌握那些平平常常的事情時，一定不能忽略這個方面。這在女性教育中是最尋常、也是最容易忽視的。

人類花費的一大部分勞力，都用在食品的生產上了。莊園主和農夫把他們畢生的精力都用於各種穀物的種植、培育和收割，而牧民們專注於養殖牛羊。他們生產的所有產品，包括玉米、牛肉、羊肉等，又移交到人類的另一半 —— 女性 —— 手裡，由她們做成食物，供一家人享用。她們以

什麼方式發揮她們的能力？她們懂得烹調嗎？她們學過烹調嗎？在我們這個國家，烹調是一門還未被完全發掘的手藝，難道不是嗎？

成千上萬的工匠、勞工，由於妻子全然不懂烹調這門手藝，她們的食物中有一半的營養總是白白地被浪費，而且時飽時饑。至於她們自己，對於如何有效地利用食物，怎麼樣才能把食物做得香甜可口、易於消化，也是完全糊裡糊塗。

即使是在中等階級，這方面狀況也很糟糕。一位作者寫道：「如果我們可以看到在中產階級的飯桌上發生的一切，眼前會是一幅怎樣的景象啊：飯菜無法下嚥，有許多是浪費了的；人們變得急躁易怒，動輒行為失態。丈夫生妻子的氣，因為他實在沒有什麼可吃的，只好多喝酒，以彌補食物的不足。這裡，已不只是食物的浪費，更嚴重的後果是它無謂地損耗了我們的精力，妨礙了我們良好的生活習慣和健康狀況。」

而那些對飯菜感到滿意的人們，只會適度地飲酒，因為滿足了的食欲就不會再去四處搜索下肚的東西了。可口的飯菜帶給人們的不僅是食欲，還有幽默的談吐、健康的體魄。這裡，我們所說的「可口的飯菜」，並不在於它是美味佳餚或者粗茶淡飯，而在於是不是適得其所。有的富人花天酒地，但是仍然可能疾病纏身；有的窮人節衣縮食，卻可能百病不侵，當然這需要命運女神的眷愛，讓他的妻子是一位好廚師才行。所以一個家庭最不幸的莫過於有一位不善調養或者懶惰成性的妻子。女性對於自身的一切常常能夠十分細心，對裁縫、對購買鞋帽異常挑剔，衣服哪怕只是有一丁點兒的脫線，她們也能夠明察秋毫，但有些女人，她們的知識只是集中在自己的衣著上，越出這以外，她們什麼忙也幫不上，反而是累贅。譬如，設想她們對下廚房該做的事情一無所知，什麼都隨便應付了事，那

第十四章　世界上最寶貴的財富

麼，飯桌上的一切就會變得讓人無法忍受：湯淡而無味，肉半生不熟。那麼丈夫很快就會從這可怕的地方逃跑了。

斯密先生曾說：「在英格蘭，消化系統的發病率要遠遠超過其他國家。」原因是，沒有哪個國家的食物做得會像英格蘭這麼糟糕的。我們在國外的旅行者，看到飯店裡一頓飯隨隨便便就擺出十來個碟子，盛了各不相同的小菜，哪怕是感受力最不敏銳的一個人，也會大為驚嘆，但是如果這時他想到了英國，想到了擺放在路旁的千篇一律的羊肉排骨、馬鈴薯泥，這種感覺就會尤為強烈了。我一次在法國旅行，在一個路旁的旅店，看到那裡未加裝修的房子、破舊的傢俱，於是對友人斷言說：「這裡肯定吃不成飯了。」「先別急。」友人微微一笑。結果，半小時不到，桌子就擺放好了，鋪上了乾淨的桌布，各種湯、雞肉、法國牛排、黃油麵包都一一登場。這麼一頓正餐，在英格蘭多數城市的一些主要旅店看到了都會自嘆不如。

如果把烹調作為女性教育的一項內容，社會就會受益無窮。尤其對於窮人，它的收穫無可估量。「一個煮得火候恰好的馬鈴薯，一塊烤熟的羊肉排骨，一盤鮮美的什錦湯，都值得給予最高的獎賞。我們提到了煮馬鈴薯，有人也許不屑一顧，以為是雕蟲小技，何必如此大驚小怪？輕蔑往往來自無知，他們也不例外。要把馬鈴薯煮得恰到火候並不容易，100 個人裡，只怕也挑不出一個人曾經看到過、品嘗過這樣的馬鈴薯。」（《審查官》）

總而言之，烹調的手藝與其他許多事情一樣也需要常識。用量應當不多不少，現在有許多都是由於缺乏一些烹調知識而完全浪費了的。這種浪費所指的還不只是拙劣的手藝造成的浪費，而且，我們這裡許多丟棄不用

的東西，一位法國婦女都可以把它變成甘甜味美的食品。烹調的問題關係到健康、道德和家庭的幸福，可以說它是節儉之神的女傭，它利用上帝的慷慨施捨帶給人類無窮的美味。英國的婦女們，無論高貴還是淺薄，確實應當掌握這門可以為她們的家庭帶來許多舒適、健康和財富的技藝了。

瑪格麗特·格雷太太曾說：「我認為，隨著財富分配日益不平等，人口的壓力日益加大，在我們中間也出現了一種做作的高雅，上流社會的婦女把她們的精力完全放到了這裡，她們只願意在有限的地方發揮作用。一位女人如果整天這樣，她就只是一位女人，此外什麼也不是……女人在離開了牛奶場、糖果店、儲藏室、養雞場、廚房和果園之後，她們還未能找到一個商業和藝術更重要、更有用的領域，讓她們可以投入自己的閒暇時光。

「歷史上可曾有過什麼時候，一方面造就出眾多受過良好教育的人，同時卻又出現大量受到忽略的窮人？而正是她們這些貴夫人的生活太優越、太快活了，以至於她們不願意為任何事情花費上一點心思。」（《達爾斯頓的約翰·格雷回憶錄》）

許多才智出眾、有思想的女士，也在為她們那種受到社會指責的虛度光陰的生活感到厭倦，近年也開始做一些更加高貴的工作，比如走訪貧民窟、看護病人等，但她們前面，還有另一所有意義的學校，可以讓她們去學學普通的烹調手藝，以後再由她們向人們傳播這門技藝。這也是一件功德無量的事情，必會得到眾多為一日三餐所苦的丈夫們的溢美之詞。貧窮人家的婦人，尤其需要那些受過良好教育或者境況好過她們的人們，向她們伸出援手。她們中多數都是早早結婚，毫無任何準備就跨入了一種新的生活，燒菜做飯，縫補衣裳，打理錢財，這些全不知道。這往往也就造成

第十四章　世界上最寶貴的財富

了不愛乾淨、不修邊幅的習慣，使得家裡亂七八糟，丈夫們只能逃之夭夭，跑到附近的小酒店裡尋歡作樂了。下面這個故事，是一位伯明罕的工人約瑟夫・科貝特告訴議會委員會的，說出了許多製造業城市工人的實際狀況。

「我母親很小的時候就在一家工廠做工。她很聰明，也很勤快，而且，她的品德也受人稱讚，人們都以為她可以做一個工人的好妻子。她早早地結婚了，生育了 11 個孩子，我是她的大兒子。她盡心盡力完成一個母親和妻子所應盡的職責，但不幸的是，她家務方面的知識十分缺乏：至於如何料理家庭，使丈夫和孩子感到舒適溫馨這樣一些教育她絲毫沒有接觸過。她一個接一個地生孩子，每次分娩後身體一恢復，馬上又去工廠上班；每天到了一定的時候，就讓人把孩子帶來餵奶。家裡人越來越多，已經感覺不到一絲一毫的舒適了。她怎麼都做不到讓家裡快樂、舒服一些。她沒有想過要讓我的父親熱愛家裡的一切，她並不知道這有多重要。我在父親的臉上，從來沒有發現過幸福的神情。這一切之所以會這麼陰鬱、沒有歡樂，我覺得主要還是因為我的母親完全沒有受過任何技能的訓練和教育。之後父親就越來越放縱自己了，而這又使得我母親的手頭更加拮据。她想過不再去做工，但家裡太需要錢了，她沒有辦法。我們的家很大，其實每時每刻都要有人照看。我常常看到她在因為勞碌了一天之後，又連著幾個晚上坐在那裡洗洗補補。父親還是沒有感到任何舒適的感覺。一般在一些操持得很好的家庭，各種家庭的義務身為丈夫的並不會感到不耐煩，即使是一個工人的家庭也是這樣，只要操持得當的話，但這些義務常常使我父親大發雷霆。這時，他受到一種盲目的、荒唐的念頭的誘惑，開始到酒店裡去尋歡作樂。母親不懂操持家務，父親又暴躁放縱，可怕的貧窮，不斷的爭吵，他們在我弟弟妹妹眼中變成了壞榜樣，也對我們弟兄的行為

產生了不良的影響（我們都很早就出去做工，只能賺一份微薄的收入，一星期只有幾個先令），饑寒交迫，所有這些童年時期的不幸遭遇都積壓在我的心裡，壓得我透不過氣來。這在我心裡埋下了一個很深的願望，希望這個城市（伯明罕）成千上萬個同樣不幸的家庭能夠獲得改變。我自己的經歷告訴我，讓女性接受一些家庭方面的教育，讓她們學會給家庭帶來歡樂和舒適，那麼很多的不幸就都不會發生，就不會有那麼多嗜酒如命的丈夫和不服管教的孩子了。我自己也是一個工人，按照我的觀察，女性的教育一直不被人們注意，但我以為它比其他任何事情都更加重要，它是女人在年幼的心靈上應該最早被打上的印記。」

第十四章　世界上最寶貴的財富

第十五章
幸福生活的藝術

第十五章　幸福生活的藝術

對任何年紀的人都不要去品頭論足，
溫和謙恭地尊重別人的出身。
雖然他的出身並不高貴，
但如果他的品行總是像個紳士，
那他就是一個真正高貴的人。

—— 喬叟

每個人都是他自己的事業之子。

—— 賽凡提斯

致力於養成一種高貴的性情，雖然你貧窮，但總有一天你會得到
報償。

—— 喬治·赫伯特

雖然人們被指責說他們並沒有了解自己的軟弱，但是又有多少人了
解自己的力量呢？對人的了解就像對土地的了解一樣，有時地下埋
藏著一條金礦帶，土地的所有者卻並不知道。

—— 斯威夫特

別讓我們所無法擁有的東西，
摧毀了我們那快樂的性情。

—— 西伯

在世間所有美好的藝術中，生活的藝術也占有一席之地。就像文學一
樣，它也屬於人文科學的範疇。它是一種能使我們的生活方式變得更有價
值的藝術，比如說在生活中充分利用每一件物品。生活的藝術是一種從生
活中獲取最高快樂並由此達到人生最高境界的一種藝術。

要想生活得幸福，如果不運用某些藝術是不可能實現的。好比詩歌和
繪畫一樣，生活的藝術也主要是來源於天賦，但是所有人也都能在後天培

養和開發它。它可以由父母和老師來培育，當然它更可以透過自我修養而得到完善。一句話，如果一個人沒有才智的話，那它也就無法存在。

幸福並不是一顆難以尋覓的稀世珍寶，人們無論付出怎樣的努力也無法找到它；相反，它是由許多平凡普通而又細小的珍珠所串成的項鍊，正是它們使我們的生活散發出快樂和優美的情趣。所以，幸福就是散布在普通生活道路上的各種不太引人注目的快樂，這些簡單快樂卻又往往在我們熱切地追求名與利的快樂時被我們忽略。相反地，在我們誠實而正直地生活的過程中，幸福會發出它會心的微笑。

其實在現實生活中，體現生活藝術的例子比比皆是。我們不妨來考察一個例子。有兩個各方面條件相同的人，其中一個懂得生活的藝術，而另一個人則不懂。前者具有好奇的眼光和充滿才情的心靈。在他面前，大自然永遠是嶄新的，充滿了美好的事物。他生活在現在，回憶著過去，憧憬著美好的未來。對他來講，生活具有一種深刻的意義，要腳踏實地地負起責任以告慰自己的良心，這樣，生活也就快樂了。他不斷地完善自己，隨著年齡的增長他更加富有同情心，他幫助那些絕望的人們擺脫困境，積極從事各種美好的工作。他的雙手永遠不會疲勞，他的心靈永遠不會倦怠。他愉快地度過自己的人生，幫助別人成了他生活的一種快樂。不斷增長的才智使他對人、對物每天都有新的領悟。他為自己的人生留下了無數的榮譽和祝福，他的最大紀念碑就是他曾經做出的那些美好的行為以及他在自己的國人面前樹立的有益的榜樣。

而另一個不懂生活藝術的人，他的生活樂趣可謂少之又少。在生命走向結束之前，他也沒有達到真正的作為一個人應有的人生狀態。雖然金錢為他帶來了一切，然而他還是覺得生活是這樣空虛、枯燥乏味的東西。即使是一次美妙的旅行也不會給他帶來任何益處，因為對他而言，自己這樣

的經歷是毫無意義的東西。他活著只是為了向小旅館的老闆和服務員收取傭金，所以即使在擁有世界上最優美風景的地方旅遊，他也會覺得索然乏味；即使他遊歷在如畫的鄉間，面對路過的農夫和大批的羊群，他是絕對不會去搭訕和欣賞的，而是把自己龜縮在馬車裡昏昏欲睡而已。美術畫廊在他看來是令人厭煩的東西，他之所以進去看它們，那是因為看到別人也在這樣做。這些「樂趣」很快就使他厭倦了，他對生活徹底地膩味了。當他年老的時候，成了一群趕時髦的閒蕩者，生活中已沒有任何能讓他提得起興趣的地方，彷彿生活變成了一場化裝舞會，在舞會裡他只認識那些流氓、惡棍、無賴、偽君子和吹牛拍馬的阿諛奉承之徒。儘管他已不再熱愛生活，然而他還是害怕失去生活。然後，他的人生舞臺終於落幕。儘管他擁有大筆的財富，然而他的生活仍然是一場失敗，因為他根本就不懂生活的藝術，因為不懂生活，生活也就不會有樂趣。

所以，財富並不能給生活帶來真正的熱情，只有思考、欣賞、品味、修養才能帶來生活的情趣。在所有這些東西之中，一雙有洞察力的眼睛和一個有感悟力的心靈是必不可少、無法替代的。具備了這些品格，最低賤的人也能改變一生的命運。因為勞動和辛苦是與高尚思想和純潔品味密切相聯的，所以許多勞動者也許會因此而變得高尚和高貴。蒙田認為：「所有的高尚道德存在於最輝煌壯麗的人生之中，但是也同樣存在於普通下層百姓的生活之中。其實我們每個人身上都擁有著人類與生俱來的全部優秀的生活哲學。」

即使是在物質方面很舒適的情況下，良好的生活情趣既可以培養出真正的節儉者，同時也是人們快樂的促進者。每當你經過朋友家門前的臺階時，你會不由自主地注意一下他的屋子裡是否具有某種情趣。例如：家裡

是否存在一種乾淨整潔、井然有序、落落大方、優美文雅的氛圍，它會給人們帶來愉快的感受，雖然這種感受我們不能準確地加以描述，但是它的的確確存在著。看看窗臺上是否有鮮花、牆上是否掛有繪畫，這是一個家是否有品味的表現。多麼美好的情景啊！一隻小鳥在窗臺上歌唱，家裡擺滿了書，陽光灑在家裡的擺設上，雖然傢俱是普通的，卻很整潔怡人，甚至可以說是精緻……這就是有情趣的表現。

生活的藝術體現在家居生活的每個方面，它會教會我們挑選健康衛生的食品，而不存在揮霍浪費的行為。飲食或許比不上過去的豐盛了，然而這種生活卻會更加有滋有味；所有的東西都那麼乾淨整潔，杯子裡的水是那麼充滿活力，生活在這樣的環境之中自然帶給人愉悅感，也許你不會再渴望那些更加豐富的美味佳餚或更加刺激的風味飲料了。

讓我們再看看另一種家居生活：那裡大肆鋪張浪費，既沒有情趣也沒有給人一種很溫馨的家居氛圍。雖然這種家庭的日常開銷是巨大的，然而你仍然感覺不到是「在家裡」。家裡的氛圍絲毫沒有舒適之感。書籍、帽子、圍巾、襪子四處散落、雜亂無章；蒙塵的椅子上堆放著亂七八糟的東西；整個屋子混亂不堪。這樣的家無論花多少錢也是白費。因為這是一個缺乏情趣的家，而且家庭的主人還沒有學會生活的藝術。

然而你可以在鄉村小屋的家中看到與上述情形完全相反的情況。貧窮的生活因為充滿了情趣而變得甜美有味。他們選擇心地善良、心胸開闊的鄰居當自己的好朋友，在那裡，空氣是純淨的、街道是乾淨整潔的。門前臺階下雖然是泥沙，然而窗戶卻一塵不染，也許正在盛開的玫瑰或天竺葵透過玻璃而在屋內散發著清香呢。無論主人多麼貧窮，他們都懂得如何充分利用自己的資源來營造生活的情趣。而在別的地方你會看到與此不同的

第十五章 幸福生活的藝術

情景：臭味難聞的鄉村小屋，髒兮兮的小孩兒在街溝裡玩耍，邂逅的女人懶洋洋地倚在門上，彌漫在整個房屋周圍是沉悶的貧困氛圍！從每週的收入上講，那個富有情調的鄉村生活的主人也許沒有什麼巨額收入，甚至比後者的收入還要少很多。

同樣相似的對比也發生在兩個在相同背景的人身上。其中一人像百靈鳥一樣興高采烈，總是歡快活潑、穿戴整齊，像他的工作所要求的那樣乾乾淨淨；星期日早晨穿戴整齊地同家人一起上教堂；除了在儲蓄所存上多餘的錢之外，在自己的錢包裡無論如何都要留下一點錢以備急需；喜歡閱讀書籍和訂閱報紙，並且常常帶回家裡給家人閱讀。而另外一個人呢，與前者具有相同的條件，甚至每週的收入還高於前者，但是他每天早晨上班時，總是帶著一副陰鬱而沮喪的面孔；對生活、對工作總是牢騷滿腹；他也不修邊幅，穿著馬虎，髒兮兮的；星期日睡懶覺一直到中午，當他懶洋洋地打開房門時，只見他臉未洗、頭髮蓬亂、無精打采、毫無生氣；讓孩子們在骯髒的泥地裡嬉戲，顯然沒有人在照看他們；到星期六晚上，就花光了自己一週所賺的收入，然後是債臺高築，借錢還債；從不參加任何俱樂部，也不節省任何東西，有多少吃多少；當然他是從不閱讀書報之類東西的，他也懶得思考任何問題，他只會幹些苦工、吃喝玩樂以及睡大覺。那麼，為什麼在這兩個人之間會存在如此的天壤之別呢？

原因其實很簡單：其中一人擁有才智，並懂得從生活中發現歡樂和幸福的藝術，自得其樂並使周圍的人也快樂；而另一個人則沒有開發他的才智，根本就不懂得使自己和家庭幸福的藝術。對第一個人來說，生活就是一幅充滿愛意、幫助和同情，充滿關懷、遠見和精打細算，充滿思考、行動和職責的豐富多彩的畫面。而對第二個人來說，生活就是狼吞虎嚥地大塊吃肉、大口喝酒，職責是不去想的，思考也是不存在的，謹慎地精打細

算更是無從談起。

但是，讓我們看一下他們兩個人的結局吧：前者受到同事們的尊敬，受到他家人的熱愛；他是朋友們良好生活和良好品行的典範。而後者則過著今朝有酒今朝醉、過一天算一天的悲慘生活；好友都像躲避瘟疫一樣躲避他；他的家人害怕門外響起的腳步聲，他的妻子對他的回來感到心驚肉跳；他死後不會有人感到惋惜，也許除了他的家人會為他有些悲傷之外，而這個家庭又要依靠別人的捐助施捨才能維持下去了。

就為這些原因，一個人也應當學會幸福生活的藝術。即使是最窮苦的人，也可以透過這種藝術從生活中獲得巨大的快樂和幸福。這個世界不需要「眼淚彙聚的溪流」，除非我們自己希望出現這種景象。相反，在很大程度上，我們都有主宰自己命運的力量。無論在任何情形下，我們的頭腦都是我們自己所擁有的東西，所以我們應當愉快地珍惜那裡生長出來的思想。我們還可以在很大程度上調節駕馭我們的性情和氣質，我們也可以開發出我們天賦中最美好的那些東西。我們更加可以閱讀好書，學習書中睿智的思想，過一種安詳、寬厚和有品質的生活。所有這些美德足以使我們贏得別人的尊重，足以給後代留下最寶貴的財富。

生活的藝術最好的體現是在我們的家庭生活當中。世界上沒有比一個懂得生活藝術的幸福家庭更令人身心俱爽了。哪一個家庭令人煩躁不安、爭吵不斷、邋遢淩亂、馬馬虎虎、骯髒發黴，這個家庭就絕不會給家人帶來多大的舒適和幸福。

比如說，丈夫在外辛苦了一天，希望回到家中身心舒適地好好休息一下。其實在他回家之前，他的妻子只要把家收拾得乾淨、整潔，使人感到溫暖，那麼這個家庭環境就能使丈夫獲得理想的感覺了。這才是真正的節

儉行為、最好的持家之道、最寶貴的家政管理。只要簡簡單單地做一些事情，就可以使家變得如此舒適宜人，以至於一個男人覺得當他走近家時，彷彿在走近一座聖殿一樣，而當他走進家裡時，沒有任何啤酒館的吸引力能把他從家中拉走了。

也許有人會說我們太過於崇拜舒適宜人的氛圍了。「舒適」（comfort）這個詞語從本質上是個英語詞彙，而且據說很難把它的全部意義準確、傳神地翻譯成其他的外國語言。其實這詞跟「爐邊」密切相關，大概含有「在一個比較溫暖的地方，人們都力圖到戶外活動」的意思。人們往往會在街上曬曬太陽，可以說人們生命中的至少有一半時間都是在戶外度過的。而努力工作是人們實現舒適的必要條件，如果說我們回到家裡僅僅是為了吃和睡的話，那麼就很難說我們是生活在家裡。

然而我們的現實情形與上述情況簡直有著天壤之別！每年戶外那漫長而陰冷的天氣使得我們龜縮在家裡很久很久。於是，我們想方設法創造各種能使自己身處家裡也能愉快的好方法。因此，人們很多產生於心靈的快樂交往的故事都是發生在我們的家中。這樣，我們的家庭彷彿就成了我們的上帝、我們的聖靈。

所以，我們不會滿足於僅僅有個家，它還必須是舒適宜人的才行。最悲慘的人，莫過於那些沒有家的人 —— 無家可歸者！但是那些雖然有個家然卻缺乏舒適環境的人，他們的悲慘之情其實也不亞於無家可歸者。就像查理斯·蘭博對這類人所作的評價一樣：「最不幸的人，是有家卻等於沒有家。」舒適是一個家的根本、一個家庭的核心因素。也可以說，舒適才是家的靈魂。

當然，舒適可並不僅僅意味著溫暖、良好的傢俱設備，或者精美的飲

食。它意味著某些比這更高級的內容。比如它意味著乾淨、整潔的氛圍，有條不紊，還有節儉，等等。舒適是人類成長的土壤，不僅是身體上的而且還是道德上的成長土壤。事實上，舒適源自於人們身上的那些眾多優秀的品德。

對舒適來說財富並不是非要不可的，這與財富跟奢侈豪華之間的關係截然不同。一個只是適當地擁有一些生活必需品，由一位衣著乾淨、行為節儉的家庭主婦操持家務的貧苦人家，也許就擁有舒適生活所需的一切因素。如果說感覺到不舒適是由於缺乏足夠的財產的話，那麼倒不如說是由於缺乏最基本的家政管理的知識所致。

必須承認，舒適也是相比較而言的。對某個人來說是舒適的事情，對另外一個人也許就是一件痛苦的事情。不妨舉一些有趣的例子：比如過去一種幾百年前被認為是貴族的生活方式 —— 睡在稻草床上、同一大群家畜一起共住一屋，等等，那麼在今天我們這個文明進步的時代看來，這就會被認為是一種痛苦了，或者是笑話，是難以置信的事情了。再說那位征服大不列顛的偉人威廉，他的背脊就沒有見識過襯衫，他的窗戶也沒有享受過窗格玻璃的待遇。還有伊莉莎白女王是首批穿襪子的人之一，在她之前的所有女王都還沒有穿過襪子哩。

舒適的產生既要靠物品因素，更要靠人的因素。與其說它是源於漂亮的傢俱、熱氣騰騰的房間，或是豪華的家居和便利的設施的話，不如說它是源於舒適的感覺得以呈現的那位操持家務的人的品格和性情。

「一堆充滿愛意的牧草遠比一群心懷仇恨的牛羊要好得多。」所以，美好的性情可被看作是舒適狀態永恆不變的條件。那些舒適愜意的人，他們的性情絕大多數都是溫和友善的。

第十五章　幸福生活的藝術

　　性情舒適的人是有常識的、有決斷力的，而且是深謀遠慮和勤奮節儉的人。他們同誠實、正義、善行和真理有一種天然的親和力。他們絕不陷入債務的泥潭之中，因為那是一種不誠實的表現。他們努力工作，並為將來隨時可能會降臨到自己身上的艱難日子做些準備。他們對家居生活精打細算，但他們在適當的場合並不缺乏好客、仁慈的行為。他們的所作所為也沒有任何虛飾誇張的賣弄。

　　性情舒適安詳的人做事是有條不紊的。他們有條理、冷靜從容、節制、勤奮，他們穿戴得體，他們懂得如何使自己生活得舒適，同時他們也不會盲目地去趕時髦。他們寧願把錢花在買些使人溫暖的鞋襪上，也不會去買什麼金銀項鍊；他們寧願買些有益於健康的合適的床上用品，也不會去買那些華而不實的窗簾；他們選購的椅子樸實牢固，而不是那些華而不實、人一坐上去就散架的貨色。

　　家庭的組織管理在很大程度上取決於婦女，她是每個家庭及其家務活動必不可少的當家人。因此，家庭的幸福必定在很大程度上要依賴於她的才智的發揮。男性的生活圍繞著女性而旋轉，毫無誇張地說，她是他的社會體系的核心，她是家庭生活的女王。每個家庭的舒適主要取決於家庭主婦的品格、她的性情、她的組織才能和她處理事務的能力。一個男人可能是節儉的，但是，除非他的家居生活也是節儉的，否則，他的節儉相對來講就是無效的。有一句格言就說：「一個男人是不可能興旺發達，除非他有個好妻子。」

　　雖然節儉的家庭生活是簡樸的，卻是有益的。雖然它不受世人青睞，它卻使許多人獲得幸福。它造福於個人，但在提高他們的同時也在促進社會本身的進步。實際上，它在把最大可能的幸福賦予了更多的人。如果整

個社會缺乏節儉，那麼立法、善行和捐贈都只不過是徒勞無功的行為而已，有時甚至比這更糟糕，因為沒有節儉，所有那些慈善的給予都只不過是一個不存在的希望。

當一個男人得知他的收入被一位有決斷力和善於管理家務的妻子認真仔細地節儉使用和明智地花費時，他會多麼愉快、多麼努力地從事他的工作啊！這位女性的影響力絕不僅僅局限於自己的家裡，她的榜樣的影響力會走進千家萬戶，她會成為廣大婦女的典範與表率。她的孩子們也會模仿她的習慣，她的實際生活會成為無意識地塑造孩子們生活的模範，因為模範總是比詞語還要有更強的說服力。

當然這一切也都是必須要講究方法的。亞瑟‧荷爾普斯爵士曾經認為：「當今的婦女在受教育時，最大的不足是缺乏方法的訓練。舉個最淺顯易懂的例子：為什麼男廚師總是比女廚師優秀？一個簡單的原因就是男人在安排布局上比女人更有條理，男人比女人也更加注重利弊權衡和掌控措施的分寸。

所以，為了更有效地操持好家務，必須講究方法。沒有一定的方法，無論是在辦公室、在車間還是在家裡，任何一種工作都不可能取得令人滿意的效果。透過適當地對工作進行安排布局，在適當的時間完成每件事情，就可以節省勞動，這樣，你就可以完成大量的事情了。在方法面前，混亂會不見了，邋遢馬虎也會馬上消失得無影無蹤。

在家庭的花錢、存錢方面也要講究方法，這正如方法在完成工作方面的價值一樣，在她身為家庭主婦的時候也有同樣的價值。金錢就像流水一樣從有的人手指間滑過。我們早已看到過許多人都是揮霍浪費的人，但是更糟糕的是許多婦女也是這樣：至少她們不懂得如何把丈夫的收入最大

第十五章　幸福生活的藝術

限度地發揮作用。你會發現很多東西都錯位了 —— 花俏又織得很糟的襪子、精美的女帽、破布鞋、絲綢長袍和襯裙等，都雜亂地堆放在一起；丈夫出門在外穿的衣衫不整，還有髒兮兮、皺巴巴的褲子。

當然，勤奮是必不可少的，但是如果你沒有好方法，那麼勤奮也將會是沒有效率的付出而已。勤奮有時也許看上去顯得忙亂，但有條不紊和勤奮的婦女會以一種平靜、沉著的風格出色地完成她的工作。

而深謀遠慮是另一個除了勤奮之外最重要的持家本領。深謀遠慮來自後天培養的判斷力，它是一種實踐的智慧。深謀遠慮主要來源於經驗，由知識所激發和培育。它與合理、適當密切相關，它選擇做那些適當的事情並以適當的方式去完成它們，它還會衡量行動的成本、次序、時間及方法等。

準時是另一個優秀的持家本領。只要對這個好習慣略微加以發揚光大，那麼在家庭生活中該可以避免多少牢騷和抱怨啊！遲來的早餐和遲來的午餐，延誤了上教堂和去市場，拖至深更半夜才進行的不合時宜的清潔活動和洗滌活動，明天再結的帳單，沒有兌現的預約和承諾……想起這樣一個不守時的家庭主婦，我相信人們在心中就會湧現出無數令人感到討厭的情緒！不守時的婦女就像不守時的男人一樣，是不討人喜歡的，因為她浪費了家人的時間，打亂了丈夫的計畫，引發了全家不愉快的心情。對於商人來說，時間就是金錢，對於管理事務的婦女來說更是如此 —— 它是祥和、舒適和家庭和諧的保證。

除以上所說的那些特質以外，堅忍不拔是另一個良好的持家習慣。制訂一個良好的計畫，然後持之以恆地實施它，沒有充分的理由不要輕易退縮。勤奮而誠實地堅持它，那麼在美好的季節裡你一定會收穫甜美的果

實。如果是在實踐智慧的基礎上制訂的一個深思熟慮的計畫，那麼，所有的事情都會朝有利於它的方向發展，在家庭成員中就會逐漸建立一套相互依賴的關係。

也許我們可以為上述道理的真實性舉出許多現實中的例子，但是，由於篇幅有限，我們只好讓讀者從自己的經驗中去體會上述道理了。

還有其他許多值得一提的能使生活變得幸福的藝術。其中情緒管理也是一門具有很好效果的生活藝術。如果我們善良友愛、心性愉悅、克制忍讓，那麼我們就能隨心所欲地過著愉快的生活，同時把這份愉快傳播給我們周圍每個角落的人們。我們能鼓舞自己和別人產生愉快的思想，我們可以養成節制的習慣。如果一個做丈夫和父親的人脾氣暴躁，他的妻子和孩子們會怎麼想呢？我們應當用詞謹慎，避免詛咒和惡語，因為這是毫無用處、最沒有意義的野蠻粗鄙的表現。

這導致我們順便談談這個問題：在這個國家，在懂得良好的禮貌方面，我們沒有受到足夠的教育，很多人說話態度粗暴生硬、拒人千里之外。雖然並不是禮貌造就一個完整的人，但是正如一句諺語所說的「禮貌使人變得更加快樂」。一個人可能心靈高貴、誠實可信、品行端正，但是他可能仍然是不懂禮貌的一個人。只有處事溫文爾雅、風度翩翩、和藹可親，才會造就出一位真正的紳士。

談到良好的風度，我們的意思並不是指禮儀規矩，那僅僅是被所謂的「美好社會」所採用的一套平常的規則而已。許多這樣的禮節規則實際上包含著粗魯無禮的內容。禮節不允許身處上流社會的人們在街上去擁抱一個衣衫襤褸的人，哪怕這個人是他的兄弟。

良好的風度包含著許多必不可少的因素，但它們主要是由溫文爾雅、

第十五章　幸福生活的藝術

謙恭有禮和仁慈友愛所構成的。這些品德是不可能由規則去塑造出來的，它們只能由榜樣薰陶出來。人們常說溫文爾雅是透過外在的表現使得一個男人贏得我們對他的由衷敬意的藝術，但是一個人也完全可能對一個自己毫無敬意的人表現出溫文爾雅來。良好的風度是一種美好的行為。有句話說得很好：「美好的禮貌要優於美好的相貌，而美好的行為要好於美好的禮貌。它比地位和權力更能給人帶來快樂，它是優秀品格的具體表現。」

可以說風度就是一個人行為的美麗光環。確實，一個美好的行為如果不是以美好的風度來完成的話，那麼，就失去了它一半的價值。一個可憐的人陷入了困境，他向一位朋友求助。他得到了幫助，但獲得的形式卻是「在那裡，你自己拿吧，但我一般是不喜歡借東西給別人的」。這種幫助是別人用腳踢給他的，很難心情舒暢地接受它。這種給予會給接受者的內心造成長久的怨恨。因此，美好的風度意味著也是一種友善，在人類所有令人愉快的交往中，仁慈無處不在，風度也就隨之而來。

有一個這樣的故事：一天，一個可憐的士兵走進一個理髮廳，向理髮師打招呼，理髮師正在忙於給顧客理髮。士兵向理髮師尋求幫助，他說他已經脫隊好幾天了，除非他能夠乘馬車趕上去，否則，他將受到嚴厲的懲罰。理髮師非常恭敬地聽了士兵的講述，給了他 1 堅尼（舊英國金幣），讓他乘馬車趕路。士兵被理髮師的友善行為驚呆了，他忍不住大聲喊道：「上帝保佑你，先生！我怎樣償還你呢？我現在已經一無所有，除了這個……」於是，他從衣兜裡掏出一張髒兮兮的紙片，說：「它是一張製作黑色塗料的技術清單，它是我得到的最好的一件東西了。為了從官員處得到它，我花費了很多錢，賣掉了許多家當。希望你能從中得到某些東西，作為對你獻給我這位可憐士兵友愛之情的報答。」令人驚訝不已的是，那張

髒兮兮的紙片後來證明給理髮師帶來了高達 50 萬英鎊的財富。原來，那張紙片的價值絲毫不亞於後來著名的戴‧馬丁黑色塗料公司的技術配製清單。那位理髮師就是後來這家公司的創建者戴‧馬丁先生，他的製造業是英國大都會最著名的產業之一。

良好的風度也被視為出身高貴的一個特殊象徵，那些表現出這種風度的個人都出生在上流社會。正如富裕階級一樣，最窮苦的階級也可能相互間表現出良好的風度來。一個人也許身無分文，但是他也能對別人表現出溫文爾雅、友善慈愛的風度。溫文爾雅的風度會流傳很廣而無須花費任何代價，它是無須花錢就能得到的別人的尊敬，但是我們必須學會懂得良好的風度和其他事情，因為風度不是天生的，大多數人還是需要透過教育才懂得風度的，而這種教育只能在年輕時候進行。

不可否認，許多人都是帶著功利的動機去學習禮儀風度的，但是為什麼他們就不能很純潔、沒有目的地尊敬自己以及相互尊敬呢？正是透過風度可以顯示出自尊和彼此的尊重來。我們對歐洲大陸那些最貧苦的人們所表現出來的那種溫和與禮貌印象深刻。當他的同事從自己身旁經過的時候，工人們會脫帽並向他的同事致敬。這樣做無須付出任何代價，卻給人以體面和尊嚴。工人們在對他的同事表達敬意的同時也尊重了自己和他所屬的階級。其實我們不僅得做到在打招呼的行動中體現友善慈愛，就是在向別人施恩時也應表現出美好的風度才行。

在這個問題上，我們可以從法國人身上學到很多東西。他們不但彼此之間禮貌相待、溫文爾雅，而且他們還非常尊重他人的財產。為了正確地理解法國人的品格，我們必須全面地考察遍布法蘭西全國的全體法國人的人格品性。在那裡，我們發現財產所受到的尊敬遠遠大於在我們國家所受

到的尊敬。即便是乞丐也尊敬路邊樹上的果實而不會去偷它，雖然沒有人看管這些果實。出現這種現象的原因是法國是一個擁有無數小業主的國家，財產在這個國家分布很廣泛和普遍，所以即便是最貧窮、最下層階級的人，他們的父母也會教育他們的孩子要愛護和尊重別人的財產。

這種對財產的尊重也伴隨著對別人的感情的尊重，這才形成了我們所說的良好的風度。這種風度在法國各階層的孩子中都得到了灌輸，他們幾乎從不粗魯無禮，他們對陌生人很禮貌，他們彼此之間也禮貌相待。蘭恩先生在他的《旅行者見聞》中有這麼一段話：「我們行為中這種尊重別人感情的做法一旦在全社會流行開來並進入每個人的家庭教育的時候，它就會成為一種具有巨大價值的道德習俗。它是透過風度這一外在的媒介所完成的對父母和孩子的道德教育……它是法蘭西民族在品格上和在社會經濟上的一個特徵。這種實踐上的道德品性在法蘭西比在任何其他歐洲國家更為普遍地透過生活方式來教育他們自己。」（薩謬爾·蘭恩《旅行者見聞》）

同樣友好的情感，我們也可以在全社會的工人之間的社交活動中看到。在他們的生活中存在著很多讓他們展示其美好舉止的機會，比如在車間、在大街上和在家裡。如果你希望透過友好的表情和行為方式來使別人愉悅，那麼，你很快就會形成一種把美好的風度同任何行為結合起來的一種習慣。這樣做，你不僅僅是在透過自己的友善給予別人快樂，你自己更會收穫到 10 倍於你給予別人的快樂。那些從自己的座位上站起來把座位讓給婦女或老人的人，雖然這種行為本身微不足道，卻贏得了他的心靈對他的行為的獎賞。而且，就在他完成的刹那，快樂的激動會傳遍全身。

勞動人民更加需要在相互之間表現出良好的品行舉止，因為他們必須經常在一起生活，他們經常要與自己的同事相互交流；但是富人階級則不

需要那麼複雜地與人交往，除非他們選擇這樣做。因此，富人們可以選擇他喜歡的人交往。同富人相比，勞動人民的幸福更加依賴於與他們有密切關係的人們的友善神情、言辭和行為。在工廠是這樣，在家裡也是這樣。在家裡，他沒法閒下來去做他喜歡的事情，他必須陪伴家人，在他的妻子旁邊，是一群圍在她身邊的孩子，他必須仁慈友好地同他們生活在一起。這就是對家人做出仁愛和負責任的行為，他還必須理解、寬容和忍受家人之間那些令人頭疼的煩惱。

必須承認，工人階段在塑造自己良好的品行舉止的道路上存在許多困難，他們的條件很有限，他們的處境也很不利，然而，不管一個人多麼貧窮，只要他願意，就沒有什麼東西可以阻止他成為一個文明禮貌和仁慈友愛的人。因為文明禮貌和仁慈友愛是每一個人良好品行的本質所在。即使在非常艱難的逆境裡，一個人也可以盡自己的最大努力去做到這一點。如果他以文明禮貌和仁慈友善的言談舉止對待所有的人的話，那麼其結果一定是會令人滿意、令人陶醉的，以至於他自己也會情不自禁地在同樣的過程中持之以恆地堅持這種品行。他會把快樂傳播給家裡的人，與同事成為好朋友，他會贏得每一個心地正直的雇主的關愛和友善的敬意。這位具有文明素養的工人會在所屬的那個階級中產生很大的影響力，他透過自己堅持不懈的穩重踏實、彬彬有禮和仁慈友愛來引導他那個階級的成員去模仿他的品行。正是採用這種方法，富蘭克林在還是個工人的時候，就已經改變了他所在的整個工廠的習慣。

另外，人們除了從好品德中產生出來的樂趣之外，還有許多是從各種娛樂活動中產生出來的健康而清新的樂趣。一個人的人生不可能只局限於工作、吃喝和睡覺。他還必須有時間去娛樂、有時間去享受精神的快樂、

第十五章　幸福生活的藝術

有時間去從事身體鍛鍊才行。

其實「娛樂」一詞有著比人們通常對它所持的看法更為深刻的含義。實際上，娛樂是教育的一個重要組成部分。那種認為男孩兒或大人在戶外玩些遊戲活動是浪費時間的看法完全是錯誤的。因為任何形式的娛樂活動都不是浪費時間，相反它們都是在享受生活、延長生命。

如果你願意，娛樂和鍛鍊就會使你享受到美好的快樂，獲得身心的健康。如果你從不娛樂，從不放鬆自己，也從不進行任何鍛鍊的話，那麼，健康很快就會消失，取而代之的是疾病纏身。德比勳爵說：「那些認為沒有時間進行身體鍛鍊的學生遲早會發現，他們將會有時間生病。」

仁慈的造物主賦予了人類享受快樂的重要能力，上帝把我們置於一個舒適可愛的世界裡，在我們周圍充滿著美好而美麗的東西，賦予我們仁愛的天性，使我們懂得去同情、關懷、幫助別人，學會去生產、去娛樂，由此獲得了尊貴而幸福的生活。就讓我們積極地履行上帝賦予我們的使命，讓我們仔細欣賞上帝創造的大自然的神奇和美麗吧。

如果你能使一個人變得愉快，那麼，你的行為也會變得令人愉快；讓一個人陷入憂鬱的思緒和痛苦的狀態中，那麼，你就會發現你也成了陰鬱的、牢騷滿腹的、乖僻和很可能是邪惡的人。因此，我們發現，粗暴和犯罪無一例外都是出現在那些從不熱衷於歡樂和高興的人身上，他們的心靈已經閉鎖，對人世間所有的一切愉悅都失去了興趣，對人與人之間愉快的交往也沒有了興趣。

但是，每一個人都有一種強烈地渴望輕鬆與娛樂的天性，就像其他的天性一樣，這種天性之所以紮根於人身上，是有它的特殊目的。它不能被壓抑，而會以這種或那種形式發洩出來。任何促進純潔無邪的娛樂活動

的良好努力，其價值同所有那些反對邪惡行為的布道訓誡等值。如果我們不為享受健康的快樂提供機會，那麼人們就會找到邪惡的活動來取代它們。西尼‧史密斯說得很對，他說：「為了有效地反對邪惡，我們必須用更好的東西取代它。」

　　但是很不幸，我們的那些戒酒運動的宣導者根本就沒有充分意識到，這個國家的酗酒惡習是由粗俗的興趣愛好、是由這個國家太有限的娛樂活動和缺乏培養自己興趣愛好的途徑等因素造成的。比如工人的興趣愛好仍未得到良好的培養，因為滿足他們生活的物質需求足以占據他們全部的思緒，滿足胃口成了他們最大的快樂，當他們休息的時候，他們只會把自己沉溺於啤酒或威士卡之中。德國人曾一度是酗酒最凶的民族，他們現在卻過著最節制的清醒的生活。「像一位德國農民那樣醉醺醺」曾經是一句流行的諺語。他們是如何戒掉酗酒之惡習的呢？主要是透過教育和音樂的手段。

　　音樂具有一種能使人變得仁慈博愛的效果。藝術的薰陶對人們的道德品質具有一種非常有益的影響。它可以為每個家庭提供一個快樂的源泉，它可以給家增添一種新的吸引力，它還能使人際間的社交活動更加令人愉快。馬修神父曾經就用唱歌來加強他宣導的禁酒運動的效果。他發起了一場在愛爾蘭全國各地建立音樂俱樂部的活動。因為他覺得，就像他曾經讓民眾遠離威士忌一樣，他必須以某些更健康的東西來取代它才行。於是他給他們帶來了音樂。歌唱活動廣泛地出現了，這樣的活動提升了人們的興趣愛好，使人們的品行更加溫和謙恭，使愛爾蘭人民更加仁慈博愛，但我們仍然擔心，馬修神父樹立的典範恐怕早已被人們遺忘了。

　　強尼教授說過：「造物主把我們周圍的氛圍變成美妙的聲音，他賦予了我們多麼豐富的樂趣啊！然而這一美好的造化在我們身上幾乎快要喪失殆盡

第十五章　幸福生活的藝術

了，原因在於我們對承擔這一快樂的組織機體長期以來缺乏開發和培養。」

　　廣泛地開發和培養我們的音樂天賦，這將給我們造福多大啊！像德國孩子一樣，我們的小孩兒也應該在學校接受音樂教育。音樂聲也應從我們家家戶戶的窗戶中飄逸而出。是的，我們古老的英國式無伴奏三重唱不應該再被繼續遺忘下去，男人和婦女也可以在工作的間歇唱唱歌，就像德國人上戰場和從戰場回來時都唱歌一樣。這種活動絕不會產生惡劣的後果，因為它是在音樂和歡樂之中完成的。如果真能這樣，那麼整個社會的呼吸都將變得甜美，快樂與勞動、音樂與生活將被完美地結合在一起。

　　那麼，為什麼不在哪怕是最下層人家的房間裡添置些雅緻優美的東西呢？我們當然應該乾淨整潔，因為這是貧苦人家獨特的雅致優美，但又為什麼不擺些看上去令人舒適愜意、愉快欣喜的東西呢？沒有理由能證明貧窮人家就不能添置一些美麗和令人舒適愉悅的東西，這樣做，也正是人之常情，因為愛美之心人皆有之，它是最美好且最有益的人類的本性之一。它是社會文明的美好裝飾品，但是優美雅致並不一定就是屬於富貴人家的專利，它們是所有人都可以享受的一種愛好。美好存在於任何事物中，它存在於大自然、存在於藝術、存在於科學、存在於文學、存在於社會生活和家庭生活之中。

　　鮮花就是大自然給予人類的美好的東西之一。它是那麼美麗，而價格又是那麼便宜！當然我們不說那些名貴的奇花異草，就說那些我們稱之為普通的鮮花吧。例如，一朵玫瑰，就是大自然最美麗的微笑。「歡笑的花朵」就是詩人對鮮花的讚嘆。然而，在盛開的鮮花身上，還蘊含著比快樂更多的東西，只有一個聰慧的人才能看出鮮花中所蘊含的全部美麗、仁愛和生命力。

想像一下：有一個人曾經發現了鮮花，而在此之前，鮮花不為人所知，我們會如何看待這個人呢？難道他不應當被看作是發現美的一個人嗎？難道我們不應當把他尊奉為一位傳遞美好的使者嗎？而他栽培出來的這些鮮花的後代從它們誕生的那一刻起直至今天，就一直在同人類交流對話，在述說著造物主創造力的神奇、美妙和聰明，它使大地開花結果，它不但像食物一樣珍貴，而且也把大地裝扮得美麗而愉悅。

　　如果你從野外帶一朵最普通的花回到家裡，把它擺放在桌上或壁爐架上，這樣，你就是放了一束陽光在那裡，那裡就會發出鮮花的歡笑。鮮花更會對那些精神萎靡的病人帶來巨大的安慰，因為它們都是甜美和歡樂的生命，它們就像來自鄉村的使者，並似乎在說：「來看看我們生長的地方，讓你的心因我們的存在而高興吧。」

　　還有什麼別的東西能比鮮花更純潔無瑕的呢？它們就像還沒有受到邪惡玷汙的天真無邪的孩子一樣，它們是純潔的化身，是無憂無慮的歡樂的源泉。曾經有這麼一個美麗的幻想：發明出一種花的語言，這樣，情人們就可以用它來表達他們熱烈而含蓄的感情了。然而，鮮花的聲音不僅對情人們，而且對所有的無論是年老的還是年輕的、富貴的還是貧窮的人都是開放的。

　　「對我來講，」沃茲沃斯說，「被打落在地上的可憐的花，都會引發我心中飽含眼淚的思緒。」

　　無論怎樣，都放一枝鮮花在屋裡吧！如果你的願望不大，它只須花上你的 1 便士就夠了，而它給予你的滿足將極大地超過你付出的價錢。如果你能在窗戶上也放上一束鮮花那就更好了。還有什麼事情能比陽光透過鮮花湧進屋裡更令人愜意舒心的呢？還有什麼事情能比透過鮮花看外面的世

第十五章　幸福生活的藝術

界更令人心情舒暢的呢？還有什麼事情能比看一眼綠葉的顏色更令人愜意的呢？如果你能在窗臺上培育一株植物，那麼，你就擁有了你所能發現的風景畫中最美的畫面。這難道說不是詩的意境嗎？

是的，在窗臺放置鮮花會使空氣變得清新甘甜，使房間顯得優美雅致，使陽光具有新的魅力，使人的眼睛為之一亮，把大自然與美連在了一起。鮮花是一位好夥伴，它永遠是美麗和微笑的化身，但是請你不要因為它價格便宜就輕視它，因為每個生命都會像你一樣擁有華貴的時候。普普通通的事物雖然價格便宜，但是普通事物又往往是最有價值的。就像植物那樣，只要我們能擁有新鮮空氣、水和陽光，那麼我們也就應該別無所求。

確實，我們所感受到的美好事物還不及大自然中美好事物的一半呢，因為我們關閉了我們去感受其他眾多美好事物的途徑。我們只滿足於眼前存在的、肉眼能看得見的東西，而沒有去追尋那些超越物質之上的精神方面的事物。如果我們打開自己的心扉去感受，我們將會發現，在我們生活的每個角落，都蘊藏著很多寂靜無聲的樂趣。我們可以同每一束陽光的天使生活在一起，跟每一束鮮花的小天使一起坐下聊天。是的，我們渴望了解更多愛的知識，以便我們更加熱愛生活；我們需要培養這麼一種藝術，以便我們能從一切平凡的事物中獲得蘊藏在我們身邊的快樂。

一個整潔而乾淨的小屋，不管它有多小，它也是健康宜人的：陽光透過窗戶歡快地照射在一些書籍上，門邊沒有螞蟻爬蟲，碗碟櫃乾淨整齊，屋內還有一束鮮花。是的，就是這樣，因為沒有一個人會窮得沒法做到這些能帶來愉悅的事情。

但是為什麼除了欣賞自然美之外，人們就沒有欣賞人工美的興趣愛好了呢？那麼人們又為什麼要把一幅圖畫掛在屋裡？這是因為人類已發現了

許多藝術作品的美感了，而且現在那些精巧的製作方法使得每個人都可以在自己的屋子裡裝飾一些美麗的圖畫了。就是工藝技術和科學使得連最貧窮的人也能享受得起藝術的樂趣了。

任何一件藝術品，無論是代表了一種高貴的思想，還是描述了一種英雄的行為，或者是能給我們的屋子帶來一些鄉村的氣息，其實這些作品都是我們欣賞藝術和提高自我修養的好幫手。它使得我們的家裡變得更加令人愉快和更有吸引力了，它使我們的家庭生活變得更甜美，它使家裡散發出優美雅致的氣息來，它還能使一個人從只關注個人的一己之利中解脫出來，因為經過藝術的薰陶之後，我們就可以擁有一個更加廣闊的心胸，使我們的內心更加寬容、友善和充滿內涵。

舉個例子：一位偉人的肖像畫有助於我們去理解他的人生。這幅畫賦予了他一種個人的人格魅力。如果你再仔細端詳畫中人的相貌，那麼我們就會覺得似乎我們對他了解得更多了、與他更親近了。在我們面前每天掛著這樣一幅畫像，無論是在用餐時還是在閒暇時，它都會浮現在我們眼前，這會無形地提升我們的精神氣質和心靈品性，這種心靈的提升也是我們邁向更高人生境界的橋梁。

聽說有這麼一位信仰天主教的騙子：每當要騙人的時候，他總是習慣性地要用面紗把他最喜愛的聖徒像給罩起來。從某種程度上講，一個偉大而有美德的肖像就是比我們自己還要優秀的夥伴，雖然我們不可能達到英雄的水準，但我們可以在他的影響下達到某種程度。

一幅價格昂貴的畫也許會讓人們覺得它很美很好，但是這種做法是不必要的。我們看到許多價格高昂的東西被人們買下，但這些東西的價值還不及拉法葉的木刻畫《聖母馬利亞》價值的百分之一，儘管這幅畫只值 2

第十五章　幸福生活的藝術

便士，不過這幅畫所蘊含的美，特別是聖母馬利亞的頭像，使人想起黑茲利特曾說過的話：「在這麼一張美妙的肖像面前，要做出不文雅的舉止幾乎是不可能的。」因為它是母愛、女性美和真摯虔誠的化身，它會使所有有良知的欣賞者無不為之感動。正如曾有人對這幅畫所表達的想法一樣：「如果把它掛在家裡，看起來似乎有點天國的氛圍在屋裡。」

即使是最貧窮的人也絕對具有對美的鑒賞力，那些富人卻反而可能缺乏這種眼光了。那些最便宜的木刻畫也許能與手工藝者交流美感，而價值連城的名畫卻不一定能與百萬富翁進行任何交流。因為前者是出於欣賞，而後者卻是出於收藏或者出於利益。

你在看畫像時它能給你愉快嗎？這是衡量一幅畫真正價值所在的試金石。你也許厭倦了它，你的興趣也許跳離了它，也許你把目光轉向了更好的事物，就像讀者可能從喜歡蒙哥馬利的詩轉向喜歡彌爾頓的詩一樣。然後，你卻會把一幅拙劣的畫撤下，換上一幅理念高雅的畫。這樣，你屋裡牆壁上那些更替的圖畫倒正是在證明你個人情趣在逐步提升。如果這些畫能用框架框起來，那當然很好；如果沒法上框架，那也沒關係，就掛在牆上。我們知道歐文·鐘斯說過，「把版畫掛在牆上不是一種好的愛好，他應該在牆上只糊些牆紙就行了」，但即使是歐文·鐘斯也不可能永遠是正確的。在這個問題上，我們認為他錯了。在我們看來，如果一個人不在家裡的牆上掛上幾張畫，那麼無論屋子裡的各種傢俱是多麼昂貴和數量多麼眾多，但是它看上去仍然像沒有布置和裝飾過一樣。

總之，我們每個人生活的藝術是可以用不同的方式表現出來。也許它可以用這幾個字來概括 —— 物盡其用。因為世界上沒有任何東西我們可以不屑一顧：即使是普通得不能再普通的小東西也都有它發揮作用的地

方。即使是件再小不過的東西，它也能給家裡帶來生機和雅致，賦予生活新的魅力。透過它，我們可以享受到富人們的「公園和森林」，好像它們是屬於我們自己似的。我們吸入普通的空氣，在普照大地的陽光下取暖。我們讚美茵茵的綠草、流動的白雲和歡笑的鮮花。我們熱愛我們大家共有的大地，聆聽來自大自然的所有聲音。生活的藝術能把我們的快樂延伸到所有的社交活動中去，它還能產生出善良的願望和仁愛的真誠。只有懂得和學會生活的藝術，我們才可以使別人幸福、使自己被賜福。生活的藝術改善著我們的生存、昇華了我們的命運。由此，請讓我們把時間與永恆聯結在一起，在永恆之中，真正的生活藝術擁有它最完美的結局。

西方流傳百年的「儉約」財富管理術：

學會自立、理性投保、擁有正確金錢觀……別說這些是老生常談，致富本來就沒那麼難！

作　　者：[英] 塞謬爾‧斯邁爾斯（Samuel Smiles）

翻　　譯：江利

發 行 人：黃振庭

出 版 者：財經錢線文化事業有限公司

發 行 者：財經錢線文化事業有限公司

E-mail：sonbookservice@gmail.com

粉 絲 頁：https://www.facebook.com/sonbookss/

網　　址：https://sonbook.net/

地　　址：台北市中正區重慶南路一段六十一號八樓
815 室

Rm. 815, 8F., No.61, Sec. 1, Chongqing S. Rd.,
Zhongzheng Dist., Taipei City 100, Taiwan

電　　話：(02)2370-3310

傳　　真：(02)2388-1990

印　　刷：京峯數位服務有限公司

律師顧問：廣華律師事務所 張珮琦律師

國家圖書館出版品預行編目資料

西方流傳百年的「儉約」財富管理術：學會自立、理性投保、擁有正確金錢觀……別說這些是老生常談，致富本來就沒那麼難！ / [英] 塞謬爾‧斯邁爾斯（Samuel Smiles）著，江利 譯 . -- 第一版 . -- 臺北市：財經錢線文化事業有限公司 , 2023.07
面；　公分
POD 版
譯自：Thrift
ISBN 978-957-680-655-1(平裝)
1.CST: 成功法 2.CST: 生活指導
177.2　　112007735

-版權聲明-

本書版權為出版策劃人：孔寧所有授權崧博出版事業有限公司獨家發行電子書及繁體書繁體字版。若有其他相關權利及授權需求請與本公司聯繫。

未經書面許可，不可複製、發行。

定　　價：430 元

發行日期：2023 年 07 月第一版

◎本書以 POD 印製

Design Assets from Freepik.com

電子書購買

臉書